"十三五"国家重点出版物出版规划项目

诺贝尔经济学奖获得者丛书
Library of Nobel Laureates in Economic Sciences

为什么资本不从富国流向穷国？
经济增长演讲集

Lectures on Economic Growth

小罗伯特·E·卢卡斯（Robert E. Lucas, Jr.） 著
郭冠清 译

中国人民大学出版社
·北京·

译者序[1]

一、卢卡斯的生平及其对学术的贡献

小罗伯特·E·卢卡斯（Robert E. Lucas, Jr.）这位一直生活在"两代人居住在荒岛世界"里的"理性预期"理论大师，与他的前妻丽塔·科恩——一位早在1989年与他离婚时就预期他能在1995年10月31日之前获得诺贝尔经济学奖的"理性预期"实践大师，平分了1995年10月10日获得的诺贝尔经济学奖的1 000万瑞典克朗奖金。对于卢卡斯领导的宏观经济学"理性预期革命"，诺贝尔奖委员会略带夸张地评价道："卢卡斯是1970年以来对宏观经济学研究具有最大影响的社会科学家"[2]。令人吃惊的是，对于这位经济学天才在增长理论方面卓越的贡献，诺贝尔奖委员会和相关的报道几乎只字没有提及，或许，瑞典皇家科学院认为他会像化学家居里夫人一样，两次登上诺贝尔奖领奖台，只是与他分享奖金的将不再是他的"女巫"前妻，而是深受其影响的新增长理论另一代表人物戴维·罗默（David Romer）。确实，他不仅领导了对在20世纪70年代"滞胀"面前束手无策的凯恩斯理论的"理

---

[1] 本文原载于杨春学主编的《经济名著导读》（学习出版社，2012），内容有所修改。
[2] 转引自托马斯·卡里尔（Thomas Karier, 2011）所著的 *Intellectual Capital—Forty Years of the Nobel Prize in Economics* (Cambridge University Press) 第158页。

性预期革命",而且也与罗默一道使增长理论在沉寂了 30 年之后获得"重生",并开拓了内生增长理论的研究。正是他的非凡研究,使我们突然明白了经济增长的内生动力,找到了东南亚奇迹背后隐藏的原因,甚至对突破马尔萨斯贫困陷阱的工业革命也很有把握地说有了了解,而且更为重要的是,对增长理论的理解使我们真正感觉到经济理论是一门有用而不是"朝三暮四"的学科(或许我们会顿悟到,经济的发展需要是内生的增长,而不是"三驾马车"的拉动)。卢卡斯在理论界的影响,仅从他 1988 年发表的《论经济发展的机制》一文的引用次数超过 1972 年发表的诺贝尔经济学奖奠基之作《预期和货币中性》的引用次数 3 倍可以看出。卢卡斯开创的新增长理论的研究,使我们进入"一旦开始思考这些问题,就很难再去思考其他问题"的状态。

卢卡斯 1937 年生于华盛顿亚基马的一个普通家庭。他父母经营的冰淇淋小店,在他不到两岁的时候就倒闭了,第二次世界大战爆发后,他们举家又回到了父母曾经生活过的西雅图。大萧条的经历使他的父母亲抛弃了软弱的共和党,而成为罗斯福总统和新政的支持者,但是世代为共和党的家庭经历使他能够自由地思考他喜欢的问题。在他七八岁的时候,父亲看到"五六种牛奶车都送同一种奶,问他是否浪费",见他无法回答便语重心长地告诉他,"在社会主义体制下,只有一辆牛奶车送牛奶,可以使重复送货过程中浪费的时间和汽油节省下来用在别的事情上"。这是卢卡斯记忆中最早接触的经济问题,而且是一个让他思考了几十年对市场自发性和盲目性批判的颇有诱惑性的问题。对卢卡斯来说,另一个有影响的事情是他中学的时候帮助焊接工的父亲解决了一个工程设计问题,这使他感受到了数学的魅力,于是成为一名工程师一度成为他的梦想,当然,要成为工程师就需要学好数学。

17 岁那年,卢卡斯经过 44 小时的奔波到达了芝加哥大学,由于那里没有工程学专业,他直接选择了数学专业,但是大学里大部分讲授的内容他在中学阶段就已经掌握,根本无法满足这位天才对知识的需要,于是他转到了让他一度热血沸腾的历史专业,并于 1959 年获得历史学学士学位。随后,因为需要奖学金的资助,他转入加州大学伯克利分校，攻读历史学研究生，并在此期间选修了经济史学的课程和旁听了几门经济学课程。不曾想，萨缪尔森的经济学教科书竟让他如此"抓狂"，使他踏上了经济学不归之路，于是他又重新回到经济学重镇芝加哥大学。在那里，货币主义创始人弗里德曼的课程让他"难以置信地兴奋"，一批卓有成效的自由主义大师也为他日后神采飞扬地登上诺贝尔奖的殿堂创造了条件。同时，芝加哥大学自由主义学风和对任何形式计划的敌意氛围使他逐渐得出了小时候父亲的"社会主义有效率地配送牛奶的想法"是错误的结论（持不同意见的读者不妨比较一下计划和市场资源配置的效率，思考一下为什么计划经济会出现科尔奈所讲的短缺）。

从1963年到1974年，卢卡斯在卡内基工学院（后来改名为卡内基梅隆大学）任教。在工作期间，他花了不少时间学习动态系统，并设法弄明白这些方法如何最好地用于经济问题，他日后常用的动力学分析方法和预期的思想就是在这里形成的，当然在这期间他也得到了卡内基工学院如西蒙和莫迪利安尼这样杰出大师的思想启迪。在1970年，卢卡斯晋升教授的时候，他完成了第一篇关于理性预期的学术论文《预期和货币中性》。卢卡斯把这篇论文投到美国经济学会的核心杂志《美国经济评论》时，该杂志以"论文运用数学推理太多"为由拒绝发表，直到两年后在《经济理论杂志》上发表。而这篇退稿的文章，正是他走向诺贝尔经济学奖领奖台的代表作。1974年卢卡斯重新回到那个被称为自由主义天堂和培养诺贝尔经济学大师摇篮的芝加哥大学，开始了他的教学生涯，并于1980年成为芝加哥大学的约翰·杜威优异服务勋章教授。

卢卡斯获得了众多的荣誉。1976年被吸收为美国经济计量学会会员，1978年成为《政治经济学杂志》的编辑，1979年任美国经济学会执行委员会委员，1980年以后成为美国全国科学院成员，同年被聘为美国文理研究院研究员。1995年因他提出的理性预期理论，深化了我们对宏观经济政策的认识，给政策制定提供了一个全新的视角，而获得诺贝尔经济学奖。有人误传卢卡斯2001年在北京病逝，但卢卡斯至今仍不忘每天在口袋里装着已戒的香烟，并健康地等待着再次登上诺贝尔奖殿堂。也许诺贝尔奖大师的生命力并不像我们想象的那样脆弱，而且，经济学家长寿是一个不争的事实，91 岁的赫维奇问鼎诺贝尔经济学奖和诺贝尔经济学奖得主科斯年过 100 岁而健在，就是一个很好的说明。

卢卡斯所讲的理性预期 1961 年由约翰·穆斯（John Muth）首先提出，指的是经济当事人为了避免损失和谋取最大利益，设法利用一切可以取得的信息，对所关心的经济变量在未来变动时做出尽可能准确的预期。理性预期并不意味着我们预期的结果与实际的结果就一定一致，而是说作为一个理性经济人会利用一切可得到的包括政策决策在内的信息，形成对未来的预期。对于理性预期学说的了解，离不开它的时代背景。曾经认为可以对经济进行"微调"的凯恩斯主义，面对 20 世纪 70 年代初由石油冲击带来的"滞胀"现象，陷入非常尴尬的状态，因为如果采取扩张性政策将会导致通货膨胀更加"胀"，采取紧缩性政策将会加剧失业的"滞"，而当时具有一定影响的货币主义一样开不出良方。这时，理性预期学说以"埋葬凯恩斯主义"的面貌开始登场，卢卡斯毫不留情地断言，美国的财政部官员和银行家们"200 年没有学到任何有用的东西"，"凯恩斯主义经济学已经死亡"。卢卡斯认为，人们的预期是合乎理性的，货币政策和财政政策只能在极短时期影响实际产量和就业，理性经济人会根据政策本身形成其预期，并据此提前调整自己的行为。因此，当政府实行旨在减少失业的扩张性财政政策和宽松的货币政策时，人们会正确地认识到上涨的价格是绝对价格，而不是相对价格的提高，因而不会增加实际的产品和劳动供给，结果，政府政策导致了通货膨胀，然而失业与通货膨胀之间互为消长的菲利普斯曲线实际上并不存在。政府若想使失业偏离自然率，其唯一方式是"欺骗"公众，但这只能一两次有效，因为虽然理性经济人会犯错误，但不会犯系统性的错误，人们很快就会凭经验正确地预期任何规则性的政府政策，从而采取相应的对策，使政策归于无效，这就是理性预期假说的"政策无效性"命题。它不仅证明了凯恩斯主义干预经济有效的命题，而且也否定了货币主义关于短期内宏观政策依然有效的结论，得出了短期内政府干预经济也不会出现正面效果的结论。至于基于过去的经验构建的经济计量模型，因为没有考虑理性经济人对自身行为的调整，亦将变得无效，这就是有名的"卢卡斯批判"。随着人们对凯恩斯主义"理论上无能"和"政策上有害"副作用的认识和对理性预期学说的进一步了解，理性预期学说也从卢卡斯"虚构的世界"走向"现实的世界"。在理论方面，理性预期已成为包括新凯恩斯主义在内的各个学派的基本假设，而且一个以理性预期为基础的取得广泛认可的新兴的宏观经济学综合学派已经形成；在实践方面，政府在制定政策时将公众的"理性预期"列入不得不考虑因素，尤其是在货币政策方面，世界上20多个国家已从"逆风向"的相机抉择货币政策过渡到"盯住通货膨胀"的规则货币政策。

卢卡斯在领导"理论预期革命"方面的贡献，常常使我们忽视他在增长理论方面取得的成就，就如同我们很多人都知道李嘉图价值理论学说（李嘉图学派因为无法解释"劳动和资本交换与价值规律的矛盾"和"等量资本获得等量利润与劳动价值论的矛盾"而解体），而对他在国家贸易等方面的成就几乎一无所知一样。本序言试图引领读者一同分享这本集中体现卢卡斯在增长理论方面成就的论文集。该论文集充满了需要具备高等数学基础才能理解的数学模型（而且对模型的理解需要熟悉相关文献）。为了使缺乏数学基础的读者能够对它有所了解，本序言用"传统的弓箭手"取代"先进的大炮"，用文字描述代替数学公式。

什么力量使最富裕的国家和最贫穷的国家之间的生活水平差距达到40倍以上？为什么韩国人的收入水平是他祖父的32倍而印度人却只有2倍？对于国家之间收入水平和增长率的巨大差异的思考和解释构成了《论经济发展的机制》一文的主要内容。在该文中，卢卡斯针对新古典增长模型无法解释国家之间收入水平和增长率差异的缺陷，提出了两个具有重要意义的内生增长模型，第一个模型是人力资本外部性模型，解释了各国持久收入的差异；第二个模型是"干中学"模型，解释了各国之间增长率的差异。

在揭示了各国收入水平和增长率的巨大差异之后，卢卡斯开始思考第二个与经济增长相关的问题：既然资本的产出率（严格讲是资本边际生产率）在富国和穷国之间存在着巨大的差异，那么，在资本品的贸易是自由和竞争性的前提下，为什么资本不从富国流向穷国？比如20世纪80年代末美国的收入约是印度的15倍，这意味着在资本份额为0.4（美国和印度的平均值），两个国家的生产服从相同的柯布-道格拉斯函数的情况下，印度资本的边际产值将是美国的58倍。面对如此大的资本回报差距和如此自由的贸易市场，资本显然会很快从美国和其他富裕的国家流向印度和其他贫穷国家。然而，资本流动这一标准的新古典预言毫无精密性可言，资本品并没有从富国流向穷国。对于该问题的解释构成论文集中另一篇论文《为什么资本不从富国流向穷国？》，在该文中，卢卡斯通过三个备选答案回答了这个问题。

在了解了经济发展机制和找到了资本不从富国流向穷国的原因之后，我们不禁要问，为什么经济水平曾在同一起点的国家，有的创造了发展奇迹而有的却陷入了贫困的陷阱？1960年菲律宾和韩国的生活水平基本是一样的，人均GDP都为640美元左右，但是，到了80年代末，韩国的收入水平接近于墨西哥等发达国家，是菲律宾的3倍。卢卡斯在《创造奇迹》一文中利用他的人力资本模型对东南亚创造的奇迹进行了解释，并对经济发展模式给予了探讨。

在完成了经济增长理论一些重大问题研究之后，卢卡斯回到了一个古老而又难倒几代经济学家的问题，那就是人类社会是如何突破马尔萨斯贫困陷阱而进入一个全新时代的？单靠技术进步无法回答这个问题，因为历史上出现过不少次技术变迁，结果正如马尔萨斯和李嘉图所言，技术进步只会改变人口数量，而不改变人均收入。新古典增长理论与古典理论的预言相反，认为技术变迁只影响收入，而对人口没有影响，这与人口变迁的事实显然不符。卢卡斯在《工业革命：过去与未来》一文中，整合古典理论和新古典理论思想，建立了一个包含技术变迁、人力资本积累和质量—数量权衡的生育决策（拥有可遗赠财产的父母将在子女数量和子女"质量"上选择）在内的经济持续增长的模型，成功解释了这个问题。

卢卡斯是20世纪70年代以来最有影响的经济学家之一。他领导了"理性预期革命"，创建了以理性预期和数学方法为基础的新古典宏观经济学，在经济周期分析、宏观经济模型构建、动态经济分析、国际资本流动分析、计量经济学应用于政策设计等方面做出了卓越的贡献，并因为"理性预期假说的应用和发展，改变了宏观经济的分析，加深了人们对经济政策的理解，并为各国政府制订经济政策提供了崭新的思路"，而摘取了经济学桂冠——诺贝尔经济学奖。但是，卢卡斯的成就并不仅仅局限在理性预期方面，他与罗默一道使沉寂了30年的增长理论走向"复兴"，开创了内生增长研究的先河，为新增长理论发展做出了巨大的贡献。或许，正像美国著名经济学家本内特·T·麦卡勒姆（Bennett T. MaCallum）所讲，卢卡斯在这些领域的开创性研究，也足以使他第二次走向诺贝尔奖殿堂。

二、经济发展的机制是什么？

正如卢卡斯所讲，各国之间人均水平差距大得令人难以置信。与工业化市场经济体系国家1980年人均收入10 000美元相比，印度只有240美元，海地只有270美元，而这些收入根本无法在英美这些国家维持生活。除了人均水平差异外，各国的增长率也存在很大的差别。1960—1980年印度的增长率每年为1.4%，埃及为3.4%，而韩国和日本分别达到7.0%和7.1%。对于国家之间收入水平和增长率的巨大差异，1987年诺贝尔经济学奖获得者索洛开创的新古典增长理论没有给出任何让人信服的答案。在新古典增长模型中，由外部因素决定的技术进步是经济增长的主要动力，各个国家有相同的机会得到相同的技术，于是，经济将沿着平衡增长路径增长。结果，各个相互独立的国家有很强的趋势使收入水平和增长率趋于相同，而在各国间要素可自由流动的情况下，这种趋势更加明显。卢卡斯认为，新古典增长理论不是经济理论发展的有效理论，其理由是，新古典增长模型无法解释现实中大量存在的国家之间收入水平和增长率的差异，该理论预期的国际贸易将导致国家间原先不同的资本—劳动比和要素价格趋于相等的结论也与事实显然不符。

针对新古典增长模型的经验缺陷，卢卡斯提出了两个具有重要意义的内生增长模型。第一个模型是人力资本外部性模型。在该模型中，工人通过脱离生产的正规或非正规的学校教育，获得智力和技能的提高，从而提高劳动生产率，卢卡斯借用舒尔茨的概念，把它称为人力资本的积累。人力资本增长率由工人投资在人力资本上积累的时间来决定。工人的人力资本投资产生了内部效应和外部效应。所谓的内部效应是单个个人的人力资本对他个人生产率的影响，而外部效应指的是个人投资的人力资本收益一部分由工作单位获得，也就是说工人对自身的人力资本投资具有正的溢出效应，或者说人力资本投资具有外部性。卢卡斯用平均人力资本来衡量。由于人力资本的投资，整个经济的生产也不像新古典增长模型假定的那样收益递减，而是具有规模收益递增的性质，增长的发动机是内生的人力资本投资而不是新古典增长模型假定的外生的技术变化，经济可以内生地增长。在存在人力资本外部性的情况下，经济中最优产出增长率高于均衡增长率，如果不存在人力资本的外部性，经济将以更高的最优增长率增长。通过人力资本外部性模型，卢卡斯成功地解释了各国持久收入的差异。另外，由于人力资本具有正的外部性，相同技术水平的工人在人力资本平均水平较高的国家中获得较高的工资，因此，该模型还可以解释存在着人口从发展中国家向发达国家移民的强大吸引力的原因。

为了解释各国之间增长率的差异，卢卡斯建立了第二个模型即"干中学"模型。在这个模型中，人力资本不再通过学校教育等工作时间以外的学习积累，而是通过阿罗提出的边干边学、工作中的实际训练和经验积累等获得。由于不同产品的差异性，通过"干中学"积累的人力资本随着生产产品的不同而不同。在引入国际贸易后，各国强化资源禀赋的优势，倾向于专业化的生产。按照卢卡斯的模型，如果两种商品有较好的替代性，生产人力资本较容易积累产品的国家增长率比生产人力资本不易积累产品的国家增长率大；如果两种商品替代性差，生产人力资本较容易积累产品的国家增长率反而低，这被称为"贫困的积累"。通过生产不同商品的初始差异引起的人力资本积累的差异和生产商品的路径依赖，卢卡斯成功解释了各经济增长率的差异。对于实施出口替代战略，按照卢卡斯的模型，一国开放贸易可能导致该国专业化于生产知识密集度低的商品，从而降低该国的增长率。

卢卡斯的这篇论文和罗默的论文激发了经济学家研究增长问题的兴趣，使经济学出现了一个新的理论分支——新增长理论。卢卡斯和罗默都抛弃了新古典增长模型中关于技术外生和规模收益不变的假设，采用收益递增的假设建立模型。由于允许资本（包含了知识）的收益不变或递增，罗默模型认为最发达国家可能增长最快。卢卡斯则强调人力资本在经济增长中的关键作用，并界定了人力资本的外部效应。这种外部效应的存在意味着一个工人的生产率越高，他周围的人将越聪明，这是一个很有吸引力的解释。

三、为何资本不从富国流向穷国？

按照收益递减规律，生产率更低的国家（即更穷的国家）资本的边际产值（即最后一单位资本投入的产出）更高。如果果真如此，那么，在资本品的贸易是自由和竞争性的前提下，资本将从富裕的国家流向贫穷的国家，这种情况会持续下去，直到两国的资本—劳动比相等，从而工资和资本收益相同。卢卡斯举例说，20世纪80年代末美国的收入约是印度的15倍，这意味着在资本份额为0.4（美国和印度的平均值），两个国家的生产服从相同的柯布-道格拉斯函数的情况下，印度资本的边际产值将是美国的58倍。面对如此大的资本回报差距和如此自由的贸易市场，为什么资本不从富国流向穷国？对于该问题的解释构成论文集中另一篇论文《为什么资本不从富国流向穷国？》。

卢卡斯认为，导致资本不从富国流向穷国的原因之一是人力资本的差异。上例将不同国家的工人人均有效劳动投入视作相同，忽略了劳动质量或人力资本的差异。根据克鲁格的估算，每个美国或加拿大工人的生产率大约为每个印度和加纳工人的5倍，如果把人均产出定义为每有效工人的产出，那么资本边际产值之比将从58降为5。然而，这5倍的回报率差异也足以使预期的资本流动规模要比实际观察到的大得多。因此，一定还会有其他原因阻碍资本从富国流向穷国。

卢卡斯将导致资本不从富国流向穷国的第二个原因归结为人力资本的外部收益。对于人力资本的外部收益，卢卡斯建立了一个简单的模型,并利用新古典增长理论另一代表人丹尼森的研究成果进行了粗略估算。他夸张地得出了人力资本外部收益的一个估算:如果你的同事平均人力资本提高10%,那么,你的生产率将提高3.6%。据克鲁格的估算,5个印度人的生产力相当于1个美国人,于是,两国的资本预期收益率之比则由5变成了1.04。人力资本的外部收益完全由本国所得,跨越国界的知识外溢可以忽略不计。人力资本的不易流动性也阻碍了物质资本的流动。

除了人力资本差异和人力资本外部收益外,卢卡斯还将资本市场的不完全性列为导致资本不从富国流向穷国的原因。卢卡斯将资本从一个国家流向另一个国家看作是一个跨国借贷合同:穷国从富国借入资本,承诺将来向富国输出商品作为回报。由于缺乏有效的国际借贷合同执行的约束,穷国有可能会在资本到期之前终止与富国的关系,而富国预料到穷国会有这种动机,一开始就不会放贷,于是,资本流动的政治风险或市场的不完全性也阻碍了资本不从富国流向穷国。

四、什么力量创造了东南亚奇迹?

1960年菲律宾和韩国的生活水平基本是一样的,人均GDP都为640美元左右,两个国家劳动力的年龄分布和居住分布基本相同,连教育情况和产品的结构也基本相同。但是,1960—1968年期间,菲律宾人均GDP的年增长率约为1.8%,与世界平均水平持平,同期,韩国人均GDP的增长率为6.2%。到了80年代末,韩国的收入水平接近于墨西哥、葡萄牙等发达国家,是菲律宾的3倍,大约为美国的1/3。为什么经济水平曾在同一起点的国家,有的创造了发展奇迹,而有的却陷入了贫困的陷阱?卢卡斯在《创造奇迹》一文中利用他的人力资本模型对东南亚创造的奇迹进行了解释。至于一个落后的国家能否按照"创造奇迹"的模式进行发展,卢卡斯形象地称这个问题"就像建议一个有抱负的篮球运动员按照迈克尔·乔丹打球一样"。在模仿之前,首先需要做的是弄清楚哪些是可以模仿的,哪些是值得模仿的。

究竟是什么因素创造了东南亚奇迹呢?对东南亚经济发展有些了解的读者可能认为是高的投资率带动了经济的发展,然而这种做法不过是用海市蜃楼里的绿洲去覆盖地上的沙漠，结果可能与我国的 4 万亿人民币投资一样，除了资产泡沫外不会带来多少实际效果。确实，正如大家所知，东南亚投资率很高，韩国国内总投资占 GDP 的比率为 0.29，中国台湾和中国香港这一比例分别为 0.21 和 0.24，新加坡更是高达 0.47。但是，通过简单计算可以发现，即使资本收益率高达 10%，韩国和菲律宾之间 0.11 的投资率差异，也只能解释 0.011 即 1.1% 的差异，而其他 3.7% 的差异还是无法解释。由此，卢卡斯否定了物质资本积累或投资率很高是创造东南亚奇迹的主要原因的结论。不仅如此，他还提出了有趣的观点，那就是经济的快速发展需要物质资本的配合，其隐含的意思是清楚的，那就是只要经济的增长率高，投资率也一定会高，而不是相反。否定了物质资本积累是创造奇迹的主要原因后，创造奇迹的历史重任自然就落到了人力资本的积累上。

如上文所讲，人力资本积累分为以学校教育为核心的舒尔茨型人力资本积累和以"干中学"为核心的阿罗型人力资本积累。那么，是哪一种人力资本积累创造了东南亚发展的奇迹呢？回想一下《论经济发展的机制》一文中的两个模型，就会知道，舒尔茨型人力资本积累只能解释各国人均水平的差异，阿罗型人力资本积累才能解释各国增长率的差别，这里研究的是东南亚很高增长率的来源，自然是后者而不是前者。虽然如此，卢卡斯还是用他精炼的数学语言对此进行了论证。在卢卡斯看来，不管一个国家学校教育时间多长和水平多高，当经济处于稳态或平衡路径上时，受教育水平很高的工人离开劳动岗位（如退休）的速度和受同样教育工人补充到劳动力大军的速度将趋于一样，不会对经济增长产生持续的影响，用新古典增长理论的术语就是学校教育能产生"水平效应"而不是"增长效应"。对于阿罗型人力资本积累对经济增长的效应，卢卡斯首先用"自由轮生产奇迹"的案例进行了论证。第二次世界大战以后，美国 14 个造船厂共生产了 2 458 艘同一标准设计的自由轮货船，根据统计数据，"累计产量每翻一番，每建造一艘自由轮所需工时数的下降率为 12%～24%"，"干中学"导致了工时数的下降。在完成例证后，卢卡斯建立了一个仅需要具备微积分和数理统计知识就能理解的"干中学"理论模型。在忽略了人口增长的规模效应等后,他发现,当劳动力转移到一个新行业后,如果使用拉平和瑟尔对学习率的估计值,即0.2,则生产率增长率第一年将达到0.25,两年后降为0.125。因此,要维持几十年的增长奇迹必须不断地引入新产品,或者说所有创造奇迹的国家中的劳动力都不断向更尖端的产品转移,而这恰恰就是卢卡斯看到的东南亚经济所发生的事情。

该文的结论是值得思考的,那就是经济要快速增长就需要通过在职培训等"干中学"积累人力资本,不断向技术含量高的产品转移,或者说,不断地沿着"质量阶梯"向上攀登,而所谓的出口替代或者投资拉动等政策虽然可以辉煌一时,但注定产生不了持久的增长奇迹。

五、如何理解工业革命的过去和未来?

对于人类社会"突破马尔萨斯贫困陷阱进入一个全新时代"这一200多年来一直让人们困惑的问题,新古典增长理论试图单靠外生技术进步来解释这个问题的尝试,和其他理论一样是徒劳的努力。因为历史上出现过不少次技术变迁,结果正如马尔萨斯和李嘉图所言,技术进步只会改变人口数量,而不改变人均收入。卢卡斯在《工业革命:过去与未来》一文中,整合古典理论和新古典理论思想,建立了一个包含技术变迁、人力资本积累、质量—数量权衡的生育决策在内的经济持续增长的模型,成功解释了这个难题。

卢卡斯认为,"没有什么经济行为像增长那样受到古典经济学的冷落,即使是作为一种理论可能性,它也没有受到应有的重视"。卢卡斯所讲的古典经济理论主要指的是马尔萨斯和李嘉图的理论(与马克思的划分标准不同)。根据马尔萨斯的《人口论》,按照几何级数增长的人口数量必然超过按照算数级数增长的生活必需品数量,特别是食品数量,结果,任何一个技术进步,虽然可以带来一时的生活水平提高,但最后人均收入都会恢复到大致不变的稳定水平。李嘉图虽然对马尔萨斯的一些理论不屑一顾,但对于马尔萨斯的人口理论却大加赞赏,事实上,他的生产和分配理论就是建立在马尔萨斯人口理论基础上的。古典理论之所以对增长问题没有兴趣,是因为工业革命之前人类社会确实像两位大师所说的那样，难怪，当马尔萨斯提出他的人口模型时，立即被同代人接受。对于古典社会，卢卡斯的伟大之处，就是运用了连专业学者都很难看懂的数学模型，重新表述了古典生产理论。在卢卡斯所描述的社会里，每一个家庭按照个人偏好选择一生消费和子女的数量，以追求家庭效用一生最大化，结果，重大技术进步发生时人口也加速增加，人均收入水平并没有发生变化，人均收入水平停滞是一个"李嘉图均衡"。即使将"质量—数量权衡"（即拥有可遗赠财产的父母将在子女数量和子女"质量"上选择）引入家庭偏好也难以改变结论。卢卡斯的模型中还包含一个芝加哥学派一贯得出的结论，那就是私有产权的均衡产出水平高于公有产权。

从1800年前后开始，工业革命的号角从欧洲开始吹起并迅速向全球扩散，人类社会进入了持续增长的时代，它把近代同以往时代彻底隔离开来——不是技术变迁本身，而是生育率的增长不再将技术的提高转化为人口的增长，也就是说，并非递增的技术变迁速度超越了人口增长的速度，将马尔萨斯正阻遏的上限提升至可见的限度之外。例如，尽管1960—1990年的30年里，世界人口从30亿增加到50亿，但是，世界总产出却从6.7万亿美元增加到22.3万亿美元。有趣的是，如果按照这个增长速度倒推，"亚当和夏娃大约在公元1 000年才被逐出伊甸园"。

按照卢卡斯的说法，工业革命正是与人口变迁的生育率降低联系在一起，才使得人类社会进入一个持续增长的全新时代。问题是，究竟什么力量使人类社会进入一个全新时代呢？卢卡斯重新用在《创造奇迹》一文中曾采取过的排除法来寻找这个关键因素。卢卡斯认为，在土地可继承的情况下进行贝克尔式的"质量—数量权衡"，并不会产生收入增长；土地的再分配能减少某些家庭的生育，但会增加另一些家庭的生育，这种再分配无法影响平均收入的长期水平；引入可再生资本的积累增加了新的可能性，但是，收益递减使得物质资本无法成为长期增长的动力。自然，解释经济增长的任务就落在了与前面几部分一样的人力资本积累的肩上。

在一个"质量—数量权衡"的社会里，家庭面临着人力资本投资的机会，只要子女未来的效用增加将提高子女对父母的效用（卢卡斯所讲的是边际效用，即最后一个子女带来的效用增加），一个想通过知识投资回报增加而获益的家庭，将通过减少子女数量而把更多的时间和资源用于每个子女身上来实现这个目标。子女数量的相对减少和子女质量的绝对提高逐渐累积，直到技术进步和人力资本积累（注意人力资本将带来产出增加）带来的总产值的增加不再被人口的增长所抵消，人类社会就跳出了马尔萨斯贫困陷阱而进入一个持续增长时代。工业革命发生在技术革命到来时的欧洲，也发生在当时人口生育率增长持续下降的欧洲，看似偶然性的背后隐藏着卢卡斯用极其抽象的数学逻辑语言表达的必然性。而且，正如卢卡斯所讲，一旦有个经济体进入人力资本持续增长的阶段，世界人力资本存量必然会开始无限增长，而这种增长通过外部效应导致人力资本的收益不断增加，最终足以在其他任何经济中引起人口变迁，从而导致经济的持续增长。

对于工业革命的未来前景，卢卡斯基于已加入工业革命大军中各个国家之间收入差距逐渐减少的事实，很有把握地说道，"增长的'孪生兄弟'不平等，只不过是转瞬即逝的历史现象而已"。

郭冠清

致　谢

在撰写讲义和发表一系列演讲的 15 年里，我已经欠下了许多人情债，既有学术方面的，也有私人方面的。就最一般地说来，我首先非常感谢爱德华·普雷斯科特（Edward Prescott）、舍温·罗森（Sherwin Rosen）以及南希·斯托基（Nancy Stokey）这些年来与我的多次探讨。他们所有人都影响着我对经济增长的思考，这种影响程度之深以至于我无法区分他们的思想和我自身的思想。

本书第 1 章"论经济发展的机制"是为 1985 年剑桥大学的马歇尔讲座所写的。该讲座的内容后来被分别用于耶路撒冷和特拉维夫的戴维·霍罗维茨（David Horowitz）讲座，女王大学的 W. A. 麦金托什（W. A. Mackintosh）讲座，加利福尼亚大学圣巴巴拉分校的卡尔·斯奈德（Carl Snyder）纪念讲座，中国台湾省台北市的中华讲座，西北大学的南希·施瓦茨（Nancy Schwartz）讲座，以及罗彻斯特大学的莱昂内尔·麦肯齐（Lionel McKenzie）讲座。

南希·斯托基对"论经济发展的机制"最初的草稿给出了详尽的且很有帮助的建设性意见。阿诺德·哈伯格（Arnold Harberger）、简·雅各布斯（Jane Jacobs）、阿基瓦·奥芬巴彻（Akiva Offenbacher）、西奥多·舒尔茨（Theodore Schultz）以及罗伯特·索洛（Robert Solow）

都提出了很好的建议。理查德·曼宁（Richard Manning）是一个有能力的助手。罗伯特·金（Robert King）和查尔斯·普罗瑟（Charles Plosser）鼓励我在《货币经济学杂志》上发表我的讲座内容，本书第1章正是发表的那个版本。

第3章"创造奇迹"是我在1991年欧洲举行的计量经济学会议上所做的费雪-舒尔茨（Fisher-Schultz）讲座的内容。乔斯·沙因克曼（Jose Scheinkman）、西奥多·舒尔茨、南希·斯托基、阿尔文·扬（Alwyn Young）以及《计量经济学》杂志审稿人都参与了有益的讨论，并提出了批评建议。

第5章"工业革命：过去与未来"是这本书最后也是最长的一章，它是根据1997年我在耶鲁大学所做的库兹涅茨（Kuznets）讲座内容修订而成的。我感谢保罗·舒尔茨（Paul Schultz）、T. N. 斯里尼瓦桑（T. N. Srinivasan）、罗伯特·埃文森（Robert Evenson）以及耶鲁的其他朋友在这段时间的热情招待和诚恳批评。当我在海法的以色列科技大学的一个会议上介绍这些内容时，戴维·韦尔（David Weil）提供了深思熟虑且鼓舞人心的讨论。我同样也从宾夕法尼亚大学、西北大学、加州大学洛杉矶分校有关这些内容的探讨中，以及在首尔、布宜诺斯艾利斯、罗萨里奥、圣地亚哥（智利）的一系列讲座中受益匪浅。

乔尔·莫克尔（Joel Mokyr）完整地阅读了"工业革命：过去与未来"的手稿，并提出了详尽的建议，使得本章内容有了一些改进。伊万·威林（Ivan Werning）对本章的许多方面也提供了极其有用的建议，对于其中的一些（并非全部），我在那一章里表示了感谢。费尔南多·阿尔瓦雷斯（Fernando Alvarez）、D. 盖尔·约翰逊（D. Gale Johnson）、阿尔文·马蒂（Alvin Marty）以及拉伊·萨赫（Raj Saah）的建议也非常有帮助。最重要的是，本章反映了我在与罗伯特·田村（Robert Tamura）关于经济学和统计学的讨论中所受到的启发。

第5章附录中的数据是三个得力的芝加哥学生多年的工作结果。维穆特·凡尼查里阿里阿尼图姆（Vimut Vanitcharearnthum）和我一起搜集全球GDP和人口的时间序列数据，这些数据已经作为教学材料用了十年之久，我们从宾大世界数据表（Penn World Table Data）和其他资源获得之前的数据。克里希纳·库马尔（Krishna Kumar）和恩里克·费尔南德斯（Enric Fernandez）对这一数据进行了拓展和提炼。附录中的数据是从他们大量的笔记中整理出来的。我感谢艾利森·克鲁格（Alison Krueger），以及另一位能干的芝加哥学生，他们为索引做了精心准备。

按照惯例，我需要感谢我本书的打字员，但是文字处理已使我变为一个专业的数学打字员，并且我从这一工作中享受到了很多乐趣，以致我不想让别人代劳。另外，我必须感谢我的秘书，雪莉·奥格罗多斯基（Shirley Ogrodowski），非常出色地处理了我办公室的一些事情，使我能够关起门来，不受任何干扰地在电脑前长时间工作。

库兹涅茨讲座的内容（第5章）之前并没有发表。第1章是在征得北荷兰出版公司的同意后从《货币经济学杂志》上翻印的。第2章和第4章是在征得美国经济学会同意后分别从《美国经济评论》和《经济展望杂志》上翻印的。第3章是在征得计量经济学会同意后从《计量经济学》上翻印的。

我感谢哈佛大学出版社的迈克尔·阿伦森（Michael Aronson）对我的鼓励和耐心。我还要感谢玛丽·埃伦·戈尔（Mary Ellen Geer）从手稿到出版的协助。

本书中的各章内容从最初的讲座到现在已经超过了15年。如果让我现在重新写这样一部著作，我将有许多不同的考虑，因为在15年中已涌现了大量的有价值的文献。因此我有必要对那些学习经济增长的学生讲几句话。也许他们的贡献在本书中被忽略了，或者在本书中对他们的贡献仅有一个简短的描述：我提前感谢你们对我学术瑕疵的原谅，我希望你们受到鼓舞，并有朝一日能写出一部完美的经济增长的专著，本书显然不是这样的著作。

目 录

导论	1
第1章 论经济发展的机制	19
1. 引言	19
2. 新古典增长理论：回顾	23
3. 新古典经济增长理论：评价	30
4. 人力资本与经济增长	34
5. 干中学和比较优势	45
6. 城市与增长	53
7. 结论	57
第2章 为什么资本不从富国流向穷国？	61
1. 引言	61
2. 人力资本的差异	62
3. 人力资本的外部效应	64
4. 资本市场的不完全性	65
5. 结论	68
第3章 创造奇迹	69
1. 引言	69

2. 理论背景 …………………………………………………… 71
　　3. 自由轮奇迹 ………………………………………………… 79
　　4. 学习模型：技术 …………………………………………… 82
　　5. 学习与市场均衡 …………………………………………… 87
　　6. 结论 ………………………………………………………… 91

第4章　21世纪的宏观经济学 ………………………………………… 93
　　1. 引言 ………………………………………………………… 93
　　2. 一个增长模型 ……………………………………………… 94
　　3. 讨论 ………………………………………………………… 99
　　4. 结论 ………………………………………………………… 102

第5章　工业革命：过去与未来 ……………………………………… 104
　　1. 引言 ………………………………………………………… 104
　　2. 工业革命的基本事实 ……………………………………… 107
　　3. 古典生产理论 ……………………………………………… 116
　　4. 阶层在古典理论中所扮演的角色 ………………………… 128
　　5. 资本积累和生育 …………………………………………… 136
　　6. 生育和可持续增长 ………………………………………… 145
　　7. 人口和产业变迁 …………………………………………… 152
　　8. 结论 ………………………………………………………… 160
　　数据附录 ……………………………………………………… 165

参考文献 ………………………………………………………………… 178

导 论

　　本书收录了我关于经济增长与经济发展的文献,包括从1985年的马歇尔讲座到1997年库兹涅茨讲座的内容,此次是首次出版。这本文集的主题是修改原来用来描述工业国家经济行为的现代增长理论,使它能对收入和增长率存在巨大差异的世界经济作出一致性解释。

　　本书的研究方法是理论性的。通过构造一系列含义明确的数学模型来描述观察到的特定经济行为:持续的收入增长、持续的或扩大的不平等、与贸易相关的增长现象、人口变迁。通过反复尝试从模拟模型中获得现实行为,我已经学习到了很多关于经济发展过程运行方式的知识。本书正是这一学习过程的记录。

　　各章本身也有独立介绍,这里不做重复或总结。在导论部分,我会简单地描述这些内容如何进入我的视野,解释我选择和关注它们的原因,以及我对这些问题的处理方式,我希望这些问题初次出现时就能够得到很好的解决。

1

　　"论经济发展的机制"(本书第1章)是为1985年在剑桥大学举办

的马歇尔讲座而写的。在剑桥的一个星期是我为期一个月旅行（包括到访英国、爱尔兰、芬兰以及法国）的一部分，这也是我第一次到访以上这四个国家，事实上，这是我第一次离开美国超过两天的旅行。在芬兰，我作了欧洲经济学会组织的于尔约·扬松（Yrjö Jahnsson）讲座，后来以"商业周期模型"（Models of Business）为名发表；在以色列，我作了戴维·霍罗维茨讲座，内容基本上与马歇尔讲座一样；我还在法国多菲的巴黎大学以及由埃德蒙·马林沃德（Edmund Malinvaud）主持的晚间系列研讨会上发表演讲。

以上这些主办方没有要求我谈及经济增长与发展，如同在芬兰一样，他们期待我讲解的是理性预期和宏观经济学。然而，扬松讲座已证实了写作的难度，我对经济经济增长的思考处于调整期，以适应基德兰德（Kydland）和普雷斯科特研究所带来的冲击，况且我不认为花费我职业生涯的后一半时间坚持我前一半时间所做的研究有多大前途。由于很早就接到剑桥大学的邀请函，我有充分的时间准备。为什么不利用这次机会尝试一些新的东西呢？[1]

尽管我从未写过有关经济增长或经济发展的文章，但在我的记忆中我一直对这些主题有着浓厚的兴趣。经济学家怎么可能会对国家财富没有兴趣呢？在卡内基梅隆大学，我曾开设过一门发展经济学的大学生选修课，后来在芝加哥大学再次为研究生讲授这门课，并借此机会查阅了一些数据、阅读了一些论文和设计了一些模型，并且也不再受研究生授课时必须涵盖一些文献要求的限制。在课堂上我向自己和学生提出这样一个问题：是否能运用现代增长理论——罗伯特·索洛（Robert Solow，1954）论文所提炼的——思考穷国和富国的行为？

开始于20世纪60年代的现代经济增长理论，走上了一种令人向往的崭新的发展道路，并对20世纪美国、第二次世界大战以后的日本和欧洲经济增长提供了一个易于处理的和经验上相当成功的解释。增长理

---

[1] 我担心，如果我讲商业周期以及理性预期之外的内容，剑桥人可能会失望，我记得在给弗兰克·哈恩（Frank Hahn）的信中提到了这一点。为应对它，除了马歇尔讲座，剑桥人还为我准备了一个开放式的现场问答会议。

论为税收、货币政策以及社会保险的量化研究提供了一个统一的分析框架,在这个意义上,它已成功地发展为应用经济学的基础。在《论经济发展的机制》一文中,我在开头部分就清楚地表述了这样的观点,能否将现代经济增长理论修改一下以作为经济发展理论使用。

对原有理论作出某种修改显然是必要的:增长理论的不变收入增长的平衡路径和没有人口压力的假定,显然并不适用于所有的经济历史,甚至不适用于当今社会中能够看到的经济行为。理论设计的初衷是,建立一个能解释近年来一系列成功社会经济体的行为模型。在本书第 1 章中,我采取的策略是将一些已经发生过工业革命的经济体作为一个不用解释的给定条件,然后思考持续增长的经济体与停滞不前的经济体之间的关系。

关于这些关系的任何理论都面临一个困难,这个困难是由经济理论所做出的收入趋同预言产生的。收益递减规律告诉我们:任何资源在相对稀缺时都是宝贵的。由此得出的直接结论是:资源将会不断流动,直到不同地区资源的相对数量相等,劳动力将会不断流动,直到不同地区每单位同质土地的劳动力数量相等,而资本和劳动或二者的共同流动的结果是不同地区的资本—劳动比相等。为什么相对于加拿大北部的苔原来讲,孟加拉茂盛的平原每平方英里有更多人?为什么在这两个地区人们生活水平大致相同?收益递减规律给出了合理的解释。

如果说收益递减规律在解释前工业社会劳动与土地的分配方面是有用的话,那么它对近两个世纪工业革命时期可再生资源的分配方式很难做出与事实相符的解释。在世界不同地区,经济增长为何导致如此大的资源收益差异,尤其是对劳动力资源而言?如果说新技术提高了 19 世纪英国工人的生产率,那么为什么这些方法没有迅速传入其他经济体,从而提高那个地区的生产率呢?或者说,如果新技术嵌入在新机器或者英国专家的身上,那么为什么这些机器或者英国专家不走出国门去联合廉价的外国劳动力而要使用昂贵的英国工人进行生产呢?

这些问题并不仅仅来源于假设。任何时代都可以观察到通过模仿发生的思想扩散以及世界范围内大规模的人口和资本的流动,然而,很明显，报酬递减规律暗含的这些流动，还不足以将工业革命的生产率收益均匀地分配到世界不同地区。在第1章第3节中我提出了"为什么会产生这一现象"的问题。在第2章中，我详细阐述了这一问题，并回答了"为什么资本不从富国流向穷国"。

事实上，工业革命爆发以来，过去增长最快的区域目前仍然增长最快，这造成了富国和穷国生活水平之间的差距已高达25：1。这一日益严重的不平等存在于各种各样资本（人的和物的）积累中，这暗示了收益递增的重要性，即至少对某些种类的投资而言，已有的投资越多，新投资回报率就越高。但是，我们如何能同时兼顾收益递减和收益递增的重要性？收益递增的重要性如何能够与如下事实相符：大规模企业并不总是，甚至并不经常比小规模企业在经济上更为成功？

保罗·罗默（Paul Romer，1986a，1986b）构建了一个清晰的经济增长模型，该模型协调了报酬递增和报酬递减这两种相反力量，通过创造持续的生产增长，同时又与拥有众多竞争性生产商的市场均衡保持一致。罗默模型中的经济学含义与阿林·扬（Allyn Young，1928）的思想密切相关，但是他对这些思想的发展是全新的。在他的理论中，商品由单一的资本生产——罗默将其称之为"知识资本"，每一个厂商的产出既取决于其知识资本的存量，也取决于其他厂商知识资本的存量。将所有生产商看成一个整体，经济中的总生产遵循收益递增，知识资本总量每增加10%，将导致总产出增加超过10%。但是，对于单个生产厂商来说，它们不能决定经济中资本的总量，在它们增加自有资本时，就会面临收益递减问题。因此，世界各经济体间不平等扩大的事实与每个经济体内部缺乏垄断趋势是一致的。

罗默的方程为理解社会收入不平等方面开辟了新的天地。如果我们考虑只有两个罗默似的经济体的世界，两个经济体具有不同的收入水平，那么一定有：比较富有的经济体具有更高的"知识资本"。社会或整个经济系统的资本收益在富国不可能更低，因为两大经济体总资本量面临报酬递减。那么，为什么资本不流向较富裕的经济体？以及为什么这两个经济体中的资本家不联合以增加他们的持有量？这是因为这两个经济体在单个企业水平上都面临收益递减问题。

我在第 1 章第 4 节中构造了一个用于解决罗默提出的线性收益递减问题的模型。我发现使用宇泽（Uzawa，1965）模型更加方便，在这一模型中包含人力资本和物质资本，但是私人收益和社会收益仅仅取决于两种资本存量的比。① 该理论用不变收益代替了罗默的收益递增假定，从而使其理论体系比罗默增长理论（不变收益将产生一个不变的而非递增的渐近增长率）更易于分析，但是两者解决收益递减问题的方法却是相似的。

我使用的人力资本模型包括人力资本外部效应，其形式与罗默提出的知识资本外部效应相同。但与罗默模型不同的是，在我的分析中，这种外部效应并不能保证竞争性均衡的存在。如果将这种外部效应去掉，模型依然保持内在一致性，并在事实上更加便于分析。② 在我的人力资本模型中，存在平衡路径，在平衡路径上每一个国家相对收入状况由初始状况决定，初始的不平等将持续下去。这一预言确保了资本品交易的存在，这是因为当各个经济体处于均衡路径时，物质资本回报率在不同收入水平的经济体之间相等。私人投资的收益递减并不意味着存在将导致各国收入相等的资本流动。

如果在模型中不存在人力资本外部效应，那么另一个预言是，在任何给定技术水平下的劳动力的收益将相等：这是仅仅根据规模收益不变的规律得出的结论。尽管我们看不到经济体中的资本流动（像没有外部性的理论预言的流动），但我们却观察到了从穷国移民到富国的巨大压力。资本和劳动力流动不仅仅是相互之间的镜像：在资本和劳动力相同的条件下，相比于穷国，富国能够生产更多的商品。

有时候人们会认为不变收益的模型是先进的，因为它无需考虑外部性就能保证均衡存在，仿佛外部性假定是蹩脚的理论家最后的防卫手段。

---

① 拉辛（Razin，1972）较早地对宇泽模型进行了应用。
② 雷贝洛（Rebelo，1990）将模型拆成最简单的单一资本商品"Ak"形式。卡瓦列和桑托斯（Caballe and Santos，1993）提供了一个不存在外部性的宇泽模型，进行非均衡路径的动态分析，但是非平衡路径模型的构造还有待于完成。

然而，人力资本投资（即对知识的投资）的外部效应早已被看作是对现实世界的真实反映。当罗默在其经济增长理论中加入这一外部效应时，不仅仅确保了竞争均衡的存在，而且也引进了现实中一个重要的因素。我认为外部效应在阿罗（Arrow，1962）模型中也起到了同样的作用。

对于任何将经济增长视为思想或"有用知识量"增加来驱动的人而言，强调外部效应的最根本的理由是这些思想带来的收益（一个思想的大部分收益，对于一个真正重要的思想来说，几乎所有的收益）归于人们而不是创造者所有。如果思想是增长的引擎，且思想创造的本质特征是社会收益超过私人收益，那么我们必须将外部效应纳入增长理论之中，而不是尝试将其剔除。

在一些作者的著作中，似乎将外生技术变迁视为增长的一个引擎就不再需要外部效应了，并且又回到了最优均衡与竞争性均衡两种分配结果相同上来。如果驱动经济增长的"外生技术变迁"源于经济体以外的行为，那么该观点在描绘均衡行为中仍然是有用的。但是，它只是一个局部均衡的观点，回避了技术变迁源泉的问题。如果知识增长对于当前研究的经济体是外部的，那么对于其他创造它的经济体而言一定是内部的。不管在哪里，创造新知识的人最多只能从这项投资中获取一部分收益。在增长理论中，"外生技术变迁"只不过是"未加分析的生产外部性"的委婉说法而已。

2

第二次世界大战以后，世界上最引人注目的增长成就都与国际贸易的增长有关。对于那些试图了解过去 50 年经济增长的人们而言，这是唯一深深打动他们的经验总结。日本、韩国、中国台湾、中国香港以及新加坡等国家或地区生产了它们之前从未生产过的商品，并出口至美国，成功地与有着几十年生产经验的美国以及欧洲国家展开竞争。而与这些经济体快速增长形成鲜明对比的是，那些与西方国家断绝贸易的共产主义国家，以及使用关税壁垒保护无效率的国内生产者免受外部竞争的印度和许多拉美国家，它们的经济却停滞不前。这些观察似乎为传统经济学的自由贸易观点提供了证据。在我看来，这些观点与休谟和斯密首次提出它们时相比，依然正确，并且更加具有现实意义。

但是，古典贸易理论并没有真正帮助我们理解战后看到的贸易和增长的关系。第一个问题是，一些亚洲国家和地区的成功——如中国台湾和中国香港——与自由贸易政策有关，而另外一些国家和地区——如日本、韩国以及新加坡——发生在严格管制的环境中，在后一种情况下，斯密一定会把它当作重商主义而加以批判（我同意斯密的重商主义经济在取消管制的贸易中会运行得更好的观点，但这一观点并不总是与事实相符）。第二个问题，也是更加重要的问题，即导致贸易收益理论（gains-from-trade）无法应用于战后经济增长应用的障碍是，该理论的定量分析估计的因消除贸易壁垒所带来的收益规模不足以解释增长奇迹。1960年后的30年中，韩国收入每10年翻一番。即使我们假定韩国贸易壁垒自1960年起完全消除（严重夸大了现实），当前最好的贸易模型也只能预测在30年后，韩国生产也许有20%的增长。我们不能因此贬低这些模型的意义，可以肯定的是：这些模型为自由贸易的重要性提供了一个有力的证明，不过，它们无法提供自由贸易与持续快速经济增长之间理论上的联系。

第1章第4节的增长模型尚无法解释这些赶超增长，即增长的"奇迹"。在这种增长中，这类处于底端的国家进入快速增长阶段，从而缩小了自身与富国收入之间的差距。该模型的设计是为了以一种与收益递减一致的方式解释持续的不平等，如罗默模型一样，它具有初始的差异将持续到无限的未来的特征。

在第1章第5节中，我阐述了只有两种商品的经济体国民收入的演化过程，该模式是克鲁格曼（Krugman，1997）模型的修正形式。该模型关键的假定是：两种商品中的一种商品的生产导致学习生产率的提高，而另一种商品的生产并不会产生这样的学习效应。为保持微观经济学的简单性，学习效应被假定为，对生产者而言是外部的，而对于国家而言是内部的。该模型的吸引力在于它将贸易规模,也许还包括贸易品的性质与知识获取(学习)联系了起来。如果增长主要来源于人力资本积累,并且贸易与增长紧密相关,那么我们需要构造这种联系的理论。不过,在这种特定模型中,随着时间的推移,静态比较优势得到加强,而收入差距却进一步拉大。该理论在解释赶超增长方面走向了相反的方向。

我在1991年的费雪-舒尔茨讲座"创造奇迹"(本书第3章)中,尝试了另外两种将贸易与增长联系起来的方式。第2节受到帕伦特和普雷斯科特(Parente and Prescott,1994)研究的激励,他们的观点是,一个不变收益的人力资本模型能够用于解释各国之间收入差距不断扩大而不是保持不变的事实。他们认为,如果放弃生产完全确定性的假定,并在模型的生产中加入不同国家之间并不完全相关的随机冲击,则修正后的模型预测的每个国家的收入类似随机游走行为,因此不同国家的收入差异存在无限扩大的趋势。

这一预测反映了模型的经济假定,即每个国家的经济增长引擎是该国家的人力资本存量,每个国家人力资本的外部效应仅仅归于本国内部的生产者。该假设与我们的直觉——世界生产率的增长反映了单一的状态变量增长,该状态变量类似库兹涅茨世界中的"有用知识的存量"——相背驰。

一旦我们明白这一点,那么就能容易地以一个合适的方式修正人力资本模型,以使它能预测到趋于相同收入水平的收敛趋势,或随着随机冲击,收入水平的差异处于有限范围分布之内。这在我讲座(第3章)的第2节中有所描述,在此节,我假定在任何一个国家,人力资本积累的溢出效应是世界性的。这一修正——并没有完全在"创造奇迹"中完成,在文章中,储蓄率和人力资本积累率是给定的——完全保留了人力资本模型的合理特征,但将收入发散的预测转化为收入以任何期望速度收敛的预测。①

---

① 田村(Tamura,1991)也提出了一个国际性的人力资本溢出模型,该模型用于说明工业革命扩散的特征。

然而，我们观察到自19世纪以来赶超增长并没有以一个统一速度在任意两个国家之间平滑地缩小收入差距。如果全部事实就是如此的话，我们观察到的不平等就根本不会出现！在W.W.罗斯托（W.W. Rostow）描绘的蓝图中，在任何时点我们所见到的都是一些经济体"开始起飞"，迅速进入工业化并在几十年内缩小与领先者的收入差距，而另外一些经济体却在增长圈外徘徊，仍然保持原来的停滞状况。巴罗和萨拉-伊-马丁（Barro and Sala-i-Martin, 1992）用战后数据估计的年收敛率约为0.2，它是一些较高的收敛率和很多零收敛率的平均值。

"21世纪的宏观经济学"（本书第4章）一章的模拟分析为具有这些特征的世界增长提供了明确的范例，它反映了收敛和赶超增长同时存在的情况。正如"创造奇迹"（本书第3章）第2节所描述的那样，在该模型中与生产率相关的知识，就如同酸雨或火山灰烬一样，仿佛跨越国界在国与国之间流动，但是贸易和增长的证据显示技术扩散率取决于经济的相互作用，即贸易而不是知识的流动。为了理解贸易和增长之间的关系，并由此理解发展的经历和促进发展的政策的迅速转变（extreme variability），我们需要对知识溢出效应的性质进行更深入的了解。

斯托基（Stokey, 1988, 1991a）模型和扬（Young, 1991）的模型将贸易与"干中学"（learning-by-doing）联系起来，这看上去比原始的和经过我修正的克鲁格曼模型具有更直接的证据和更好的发展前景。例如，在斯托基（Stokey, 1988）模型中，可生产商品的数量是无限的，这些商品按质量从低到高排序，一直排列下去，直到无限（ad infinitum）。在这一模型中，经济增长意味着有能力生产越来越好的产品。当这一情况发生时，新商品被生产，旧商品被放弃，福利和国民产出都会增加。这一模型的总体思想抓住了经济增长被拙劣地描述为生产越来越多的相同商品这样一个事实。更加具体的目标是寻找一个框架以分析弗农（Vernon, 1966）所描述的产品周期：新产品被发明出来，最初在先进的国家进行生产。随后，它的加工厂移向较低工资水平的经济体，接着，移向更低工资水平的经济体等等。在此过程中，穷国获得起初只在富国使用的生产技术。

当我开始写作"创造奇迹"一文时，我曾寄希望于构建一个基于"干中学"的模型，在这个模型中能产生如战后东亚地区一样奇迹般的高增长率。伦纳德·拉平（Leonard Rapping，1965）早前对二战期间美国造船业的经验研究点燃了我的希望。① 我是从描述一种技术开始的——接近于斯托基提出的技术——具有不同学习潜力的劳动力在商品间的分配方式决定了学习率。在我的模型中，可以清楚地看出基于学习的增长包含着如下的权衡：一个不断接受新任务的社会永远也不可能擅长做好任何事情。描述快速的赶超增长还需要一些其他条件。②

我的"干中学"模型对这种技术的权衡进行了清晰描述，但没有描述该技术的均衡行为。如果关于技术变迁的学习模型能够对于理解增长带来帮助，那么，我们显然需要建立一个市场均衡理论，以了解拥有这些技术的厂商之间的交互方式。斯托基和扬对这些问题的处理方式与我和克鲁格曼一样，都把在职学习视为纯粹外部性的：每个人都平等地获利。该假定的方便之处在于这将产生一个竞争性产业均衡。然而，我们希望能分析这样一种情况：至少一些"干中学"收益由私人生产者获得。

我们还能以另一种补充的方式考虑知识扩散的经济效应，这种方式建立在垄断竞争环境的研发模型基础之上。③ 在这些模型中，对发明和模仿给予了更多细节描述，知识创造的分配也是通过分析而不是从简单的假定中得到的。关于产品多样性的迪克西特-斯蒂格利茨（Dixit-Stiglitz，1977）模型，以其易于处理的特点，成为这一领域的代表作。

例如，在罗默（Romer，1990）、格罗斯曼和赫尔普曼（Grossman and Helpman，1991a，1991b）的论文中，迪克西特-斯蒂格利茨产品的"原创设计"（blueprints）由特定的研究活动产生，在这种研究活动中，私人收益是新产品的排他权带来的垄断利润。

---

① 汤普森（Thompson，2001）认为拉平高估了学习效应。
② 中岛（Nakajima，1999）在扬（Young，1993）模型的基础上，提出了一个能解释赶超增长的有较好前景的方法。
③ 参见罗默（Romer，1990）、格罗斯曼和赫尔普曼（Grossman and Helpman，1991a，1991b），阿格因和豪伊特（Aghion and Howitt，1992）。

该研究活动的副产品——外部效应——表现为公共分享的"知识资本"存量的增加，而更多的知识资本反过来又提高了所有研究活动的效率。对这样一个模型的进一步处理能够构建一个具有不变内生增长率的模型，正如宇泽（Uzawa，1965）模型那样。与我在第 1 章"论经济发展的机制"中假设知识（我称之为"人力资本"）的外部效应能影响生产水平不同，罗默、格罗斯曼和赫尔普曼则强调知识的外部效应影响的是技术变化率。

由这些思想产生的对建模细节的需要，促使人们去思考特定发明的历史证据和产生这些发明的过程，而这种方式在总量模型构建中是没有的。事实上，由于这些模型已经集聚了很多内容，使我们以崭新的、更加贴近现实的方式思考国际贸易问题成为可能，而垄断竞争的分析背景又可以使我们缜密地思考既包括私人收益也包括社会收益的发明活动。这些都是重要的优点。然而，到现在为止，这些模型并没有产生赶超式增长或经济奇迹的理论。这说明，我们在思考贸易和增长的联系中仍然遗漏了一些重要的东西。

毫无疑问，罗默、格罗斯曼和赫尔普曼以及其他经济学家的看法是正确的，他们认为知识创造的或人力资本积累的重要部分发生在商业企业中。虽然一些与生产相关的知识积累产生于学校教育中，但是没有人认为学校教育是知识积累唯一的地方。与缓慢增长的周边邻国相比，东亚各国的劳动力受教育水平确实良好，但是教育差异的程度并不足以解释观察到的增长率差异。在这些经济体中，大多数知识增长产生于工作中。当然，这在发达国家同样也是正确的：舒尔茨（Schultz，1962）利用明瑟（Mincer，1962）对收入影响的经验估计，推测美国一半的人力资本增长产生于工作中。所有这些知识积累都会产生私人收益，否则，就没有人愿意进行知识积累，而明瑟也就无法对其进行估计了。我认为，大多数知识积累都会产生外部效应。

如果我们像格罗斯曼和赫尔普曼以及其他一些学者那样，将术语"人力资本"作为学校教育的同义词，那么要拟合增长数据，我们显然需要在模型中加入一个状态变量，即"知识资本"或"原创设计"。一个总量模型必须包括所有代表性的生产率增长源泉。真正的问题是汇总问题：我们需要多少个确定的状态变量？如罗默（Romer，1986a）模型中的一样，我把"人力资本"视作包含所有知识的存量，并且将这单一状态变量直接用于分析竞争均衡模型的外部效应和内部效应。虽然我们可以对这个变量称呼是否合适进行评论，但是实质性的问题是：从这个状态变量分解为两个或者多个与知识相关的变量，能够得到什么结果？哪种区分对这种分解是有帮助的？

　　罗默（Romer，1990）模型、格罗斯曼和赫尔普曼（Grossman and Helpman，1991a，1991b）隐藏的思想并不只是简单地认为人力资本或知识积累发生在公司内部，并同时产生内部收益和外部收益，而是也认为人们能够识别不同的活动——商品生产，其收益是内部的，以及其他活动——原创设计，其收益完全是外部的。因为没有人愿意在竞争环境下参与原创设计，所以为了得到原创设计，我们需要给予原创设计垄断权。不同人力资本积累活动中产生的外部收益和内部收益比例必然存在巨大差异，这一事实导致人们试图将很难产生私人收益的知识增长的活动——研究、发展、发明——从那些能产生高的私人收益的活动中孤立出来，并在建模时加以区分。这种思想虽然会产生有趣的经济理论，但是在我看来，这种区分有些过度。

　　考虑人力资本外部性或者知识溢出的一种方式是立足于高科技文化。在这些文化中，当今的新发现——如果你喜欢，也可称之为"原创设计"——几乎瞬间就可以传遍世界各地。不管在什么地方，只要能理解这种新发现，就能分享它的成果。在这种情形下，新发现不可能是地区生产率差异的来源，甚至在一个半个世纪以前，当思想仅仅通过邮件*、电报传播时，通信时间似乎也不能看作是一个重要的因素。

　　然而，即使科学发现的传播非常迅速，要想使发现转化为生产，还需要借助于受过培训的人来实现。虽然一个世纪前物理学杂志就能够在几周内从德国寄送到美国，但美国的物理水平一直远远落后于欧洲，直

---

* 这里邮件指的是传统邮件而不是基于计算机传播的电子邮件。——译者注

至20世纪30年代欧洲物理学家移民到美国，这一局面才得以改变。无论如何，我们都不可能通过自己阅读杂志就能掌握物理学：我们需要加入物理学团体，每天进行交流。这种观察显然并不局限于物理学。任何科学或者艺术前沿的活动，甚至好一些的学生培训，也往往倾向于集中在某些地方。

无论如何，大多数与生产相关的思想的传播往往距离高科技很远，一般只是在实践者中间传播，很少或者根本不公开。土木工程师在学校里学习基本事实和原理，但是要学会建造摩天大楼或州际公路的唯一的方式就是到建筑公司，向具有这些经验的人学习。星巴克（Starbucks）不仅要求他们的员工（baristas）掌握公司提供的令人难以置信的各种咖啡饮料的术语，而且要求他们学会取悦客户。微笑服务以促进销售的思想无法申请专利也不能公开发表，但是无论何时，只要有人采用它，它就会在利润和全要素生产率中显现出来。星巴克的设计和培训策略来自于他人的经验，反过来，又被其他人广泛地模仿（甚至改进）以获取利润，但是它们仍然能为公司所有者带来财富。

这些因素也许能够解释为什么商品生产活动与知识生产活动的区分在经验上取得的成功非常地有限。它们同样解释了为什么我认为"干中学"模型——商品生产和知识生产被紧密地联系在一起的模型——与处于相反方向的模型相比更贴近现实。在我看来，该模型对于理解贸易和增长之间的关系带来了更多的希望。如果汽车生产专业技术主要是由生产大量汽车的公司积累的，那么它们需要找到大量的汽车购买者。构建以动态规模经济（克鲁格曼术语）为中心的可处理的模型比我想象的更难，但是要构建增长奇迹模型就必须先解决该问题。

3

在我思考经济增长的大部分时间里，我都沿循现代经济增长理论的传统，将人口增长视为与主题无关的问题。在第1章"论经济发展的机制"的引言中，我曾提到巴罗和贝克尔（Barro and Becker, 1988, 1989），认为他们的思想具有潜在重要性，他们综合考虑生育和储蓄决策问题，但是我并没有利用他们的思想。后来，田村（Tamura, 1988）以及贝克尔、墨菲和田村（Becker, Murphy, and Tamura, 1990）综合了生育和人力资本积累决策，构建了一个新模型，在该模型中，均衡状态从低的、不变的人均收入过渡到人均收入以固定速度增长的"Ak"形式上。贝克尔、墨菲和田村认为，人口变迁以及收入持续的增长被视为单一的事件出现，由生育和生产增长变化同时决定。在研究一个变量决定性因素中，不能把另一个变量视为给定的。

这些思想对我而言是全新的，且它们对于理解工业革命的起源和延续的潜力也是明显的。我决定利用耶鲁邀请我作库兹涅茨讲座的机会思考人口在经济增长中所起的作用。

这项努力最大收获是对李嘉图的《政治经济学及赋税原理》的研究，而我对李嘉图理论的数学表述可能是该讲座最成功的部分。我逐渐体会到马尔萨斯-李嘉图模型的经验力量：它能够说明不同社会体真实收入的相似性以及在面临持续的技术变迁中生活水平的稳定性。[①] 从这个起点出发，问题就变成了解释工业革命如何成为克服古典模型中的生活水平停滞的力量，或是解释技术变迁如何在某些生活中成为生活水平持续增长的源泉，而不仅仅是人口增长的源泉。

我在库兹涅茨讲座中使用的人口统计方式是多年前贝克尔（Becker, 1960）引入的数量—质量权衡（quantity-quality trade-off）。基于横截面数据的分析，贝克尔发现，当家庭变得更加富裕时，子女数量可能会降低，但是用在孩子身上的资源却在不断增加。贝克尔、墨菲和田村（Becker, Murphy, and Tamura, 1990）在这种权衡的基础上构建了一个总量模型。在他们的模型中，收入停滞初始状态上的一个微小偏离导致了父母从对孩子的数量偏好转变为对孩子质量的偏好，经济转化

[①] 我想我已经继承了乔治·斯蒂格勒（George Stigler, 1952）关于马尔萨斯-李嘉图理论是一个不成功理论的观点，因为该理论总的来看与事实并不一致。实践证明，我的这一看法是正确的。不过，马尔萨斯-李嘉图理论与 1800 年的数据是吻合的。

到递减生育和持续增长的均衡路径上。模型的局限性在于其低收入水平稳态并不遵循马尔萨斯学说：土地和其他资源在理论中都没有起到任何作用。

为了描述从马尔萨斯停滞状态到持续收入增长状态的这种转变，我认为我们至少需要两个状态变量：人力资本和人口（每单位土地的人口数）。贝克尔、墨菲和田村（Becker, Murphy, and Tamura, 1990）模型中只有一个状态变量：人力资本。在与之互补的汉森和普雷斯科特（Hansen and Prescott, 1998）[①] 模型中，人口是唯一的状态变量，当更多的人在固定数量的土地上劳动时，生活水平就会下降。在他们的模型中，当处于次要位置的非土地使用技术（non-land-using technology）的使用变得经济时，就会发生变迁。我在库兹涅茨讲座中将上述两种模型整合到了一起。

4

贯穿本书各章的中心思想是，从传统农业经济向现代增长经济转型的成功关键取决于人力资本积累率的提高。像舒尔茨、贝克尔以及其他前人一样，我力图表明，当这些思想嵌入到经济增长总量模型后，与强调其他增长引擎形式的模型所预测的行为相比，它能更好遵循经济发展事实。然而，对于经济增长的源泉，甚至对于人力资本增长的特征的理解，如"解围之神"（deus ex machina），存在严重的误解，看得见的重要作用却被归因于看不见的原因。

至于什么是看得见的作用则取决于我们看问题的视角。例如，让我们看一下 V. S. 奈保尔（V. S. Naipaul）有关经济发展的伟大小说，《比斯瓦斯先生的房子》（*A House for Mr. Biswas*）。小说前 40 页描述了比斯瓦斯（Biswas）从出生到死亡的人生历程。他出生在特立尼达乡村

[①] 同样见德普克（Doepke, 2000）。

地区，其祖父以契约佣工身份从印度移民到美国。在比斯瓦斯还是一个小孩时，他的梦想是成为像他哥哥一样的牧者。在他死亡时，他是一个西班牙港的失业记者，一直居住在摇摇欲坠的房子里，死后也没有留下任何遗产来养活他的妻子和家人。这种乏味的生活又是怎样吸引读者继续阅读剩下的540页呢？然而，只要衡量一下比斯瓦斯先生的父母和他的子女之间的文化差距，你就会发现，比斯瓦斯的生活已经取得了令人惊讶的进步。在比斯瓦斯生命的最后阶段，他的长子阿南德（Anand）——奈保尔以自己为原型塑造的人物——是牛津大学奖学金的获得者。阿南德和比斯瓦斯父母之间的生活水平差距完全相当于西欧、美国与印度生活水平之间的差距，即25∶1。

比斯瓦斯并不是霍雷肖·阿尔杰（Horatio Alger）笔下的人物。他的天资一般，也不愿意阿谀奉承那些能够推进他的职业生涯的人。虽然比斯瓦斯不断从一个平凡的岗位转换到另一个平凡的岗位，但是他从不甘心接受命运的安排，他会充分利用既有的条件，以证明他的强大。不管遇到怎样的不幸和挫折，比斯瓦斯先生总是能够保持对未来向往、有权利进行选择的意识，那是一个与世抗争（在他能够忍受的极限范围内）的男人的意识。相当重要的是，他生活的社会能容忍他这样的人生态度。如果一个像他的父亲和兄弟一样在甘蔗地里劳动的印度奴隶也具有这些态度，早就被活活打死，或者饿死街头。他的祖父如果抱着这样的态度，结局也会一样的悲惨。但是在内战和第二次世界大战时期的特立尼达，个人还是有机会进行选择的。具有一点读写能力的人能够从农村到小镇再到西班牙港工作，在工作中，他能够与可以教他的人交流。不管怎样，比斯瓦斯活下来了，结了婚，勉强支撑了一个家庭，并且还向他的孩子传教了充满希望活着的生存意识，告诉他们这个世界奖励勇于挑战它的人。

直接经验告诉我们，从传统农业社会到《比斯瓦斯先生的房子》所描绘的现代社会，两代人之间的差距并不是个别现象。我经常把我的衬衣送到芝加哥我住所附近的一家洗衣店里，这家洗衣店是一位韩国妇女开的，她最近刚到美国，英语水平只能勉强招呼顾客。她的店从早上

7：00开到晚上7：00，一周六天。每当我走进店里的时候，总是看到她3岁的女儿在学习数学——小姑娘非常擅长数学而且看上去她从中得到了莫大的乐趣。15年后，她可能将同教授的孩子或者五月花号乘客的后裔们一起在芝加哥大学或加州理工学院学习。

这个女孩将学习数学和科学，也许还会做出贡献，但是这不是由她和她家庭努力创造的，正如奈保尔沉浸的牛津文化并不是他本人和他父亲努力的结果一样。这些是知识体系的一部分，任何人只要做了适当的准备就能获得它，就像安德鲁·卡内基（Andrew Carnegie）在他建造的图书馆入口处雕刻的那样："向人们免费开放"。对于库兹涅茨宣称的"有用知识存量"的增加是工业革命的核心因素这一论断，估计没有人会持不同意见。没有有用知识存量的积累，那么像奈保尔一家的努力将会白费或收效甚微。

在对这种观点没有任何异议的情况下，我想作一点补充：有用知识存量的增长并不会引起生活水平的持续改进，除非它能增加大多数家庭的人力资本投资的回报。这一条件说明了有关知识积累所需要的性质，也说明了什么种类的知识才是"有用的"知识，但是更加重要的是，它也说明了社会的性质。一个社会要实现收入增长，必须有许多人改变他们自己和他们的子女对未来的预期。这一新的预期必须有足够的力量改变他们的行为方式，改变他们拥有子女的数量以及改变他们对于子女的期望；改变他们分配时间的方式。用奈保尔最近一部著作的题目来讲，那就是经济发展需要"一场百万哗变"*。

对于出生在传统农业社会的人而言，以下的决策——从事什么职业，需要什么培训，何时与何人结婚，试图要几个孩子以及怎样培养他们——都已经是确定的。当然，也不是没有什么需要考虑的或者需要争论的——比斯瓦斯先生的姻亲们就围绕哪个姐妹痛打他的孩子进行了争论——但是这些争论并不产生任何新的结果。

---

* 原著作题目为 *India：A Million Mutinies Now*（《印度：百万叛变的今天》），本处译为"一场百万哗变"似乎更贴近本文的内容。——译者注

这种情形不可能因新知识或原创设计的出现有所改变。一个增加牙买加每亩产量以达到爪哇岛的产量水平的原创设计，将会对牙买加农业产量产生一个戏剧性的初始效应，但是正如两个世纪之前，马尔萨斯和李嘉图说明的那样，由此产生的新均衡中将会有更多的产量和人口，但是农户的平均收入却没有任何增加：高的亩产是爪哇岛成为世界上人口最密集的国家的原因，但是它与生活水平的持续提高没有任何联系。结果，原创设计丝毫没有改变农场劳动者的生活以及人生决策。对于单个农场来说，它没有创造出任何新的机会。

在一个成功发展的社会里，新的选择机会将不断涌现，人人都能看到其他人对这种选择做出创造性响应的成功案例。在新的一代人眼里，那些受传统思想束缚的人似乎是古怪的，甚至是荒唐的，他们失去了影响子女的榜样作用，也无法在经济上束缚自己的子女，而那些对发展创造的新机会做出响应的人，同样也为持续的发展创造了机会。他们承担新风险、获得新技能的决策为他们身边的人创造出新的机会。他们生育更少的子女，并为其做好准备，以使子女们能够利用现代社会创造的机会，这些决策又增加了下一代人从事发明、创造人数的比例。

当前，这是在所有经济发达的社会中普通人生活所具有的类似特征，而在前工业社会，这些特征是极为罕见的，即便是存在的话，也只是存在于极少数精英阶层之中。如果这些事实对于理解经济增长来说是关键的，我深信它们是，那么我们需要构造关注这些事实的总量增长模型。本书各章的模型都是致力于这一目标的。

第1章　论经济发展的机制

1. 引言

我所说的经济发展问题，仅是指我们在描述不同时期、不同国家人均收入水平与增长率模式时所遇到的问题。或许，这个定义口径过分狭窄，但是在对收入模式考虑时，我们必然将思考经济体的其他方面，因此，我们不必要讨论该定义的范畴问题，直到我们已经清楚地知道这个定义将引导我们走向何处。

所有经济学家都对国民收入水平和增长率的主要特征非常熟悉，但我想从一些数字开始进行这项研究，以设置一个定量分析的基调，并防止我们陷入错误细节的泥潭。除非另有说明，所有数据都来源于世界银行1983年《世界发展报告》(*World Development Reports*)。

不同国家人均收入水平的差距大得令人无法相信。与工业化市场经济体系国家（从爱尔兰到瑞士）1980年人均收入10 000美元相比，印度只有240美元，海地只有270美元，还有许多其他与其相差不远的最贫穷国家的状况也大体相似。生活水平存在40倍差距！后面的数字太低了，在英国和美国根本无法维持生活，因而我们也不能从数字表面来判断它们的差异,不过,我也不会花太多精力弄清楚这些具体数据。但是,我想,没有人会否认生活水平存在巨大差距。①

即使在持续增长期,各国真实人均 GDP 增长率也存在差异。例如,在 1960—1980 年期间,印度年增长率为 1.4%,埃及为 3.4%,韩国为 7.0%,日本为 7.1%,美国为 2.3%,整个工业经济体平均为 3.6%。要从增长率数据计算多少年收入将翻一番,只需要用 69(2 的自然对数乘以 100)除以增长率的百分点。印度收入每 50 年翻一番,韩国收入每 10 年翻一番。平均而言,在印度,一个人的收入是他爷爷收入的 2 倍;而在韩国则达到 32 倍。这些差异至少与收入水平差异同样显著,并且在某些方面更加可靠,这是因为与不同国家之间收入的比较相比,国内收入的比较更加容易。

我没有计算不同国家收入水平与增长率之间的相关系数,但它应该接近于零(最穷的国家往往具有最低的增长率,最富的国家次之,中等收入国家的增长最快)。各集团内部收入差距的描述很引人注目:在富国之间存在较小的差距(日本有些例外——否则它根本不可能在 1980 年被列进富国行列),穷国(低收入和中等收入)之间则存在着巨大的差距。②

假如我们在一个足够长的周期里通过取增长率的平均值来剔除商业周期的影响(或者通过其他一些方式纠正短期波动),那么发达国家的增长率在很长一段时间内都趋于稳定。但是,对于较穷的国家,有很多关于增长率突然发生大幅波动的例子。毫无疑问,一些变化是由于政治的或者军事的混乱引起的:安哥拉 GDP 增长率从 20 世纪 60 年代的

---

① 萨默斯和赫斯顿(Summers and Heston, 1984)报告中估算的收入比《世界发展报告》中估算的收入更令人满意。以 1975 年美元价格计算,他们估算 1980 年美国人均实际 GDP 为 8 000 美元,整个工业经济体为 5 900 美元。印度和海地真实人均 GDP 分别是 460 美元和 500 美元。16 倍的收入差距显然要小得多,我认为比 40 倍更加精确,但是这也足以显示存在"巨大差距"。

② 鲍莫尔(Baumol, 1986)对主要来自于麦迪逊(Maddison, 1982)的证据的总结表明,在 20 世纪中最富裕的国家收入水平明显收敛于一条共同的路径上。但是,德朗(De Long, 1988)认为这纯粹是由于"选择偏见"所造成的:如果用 20 世纪开始的数据(与麦迪逊的"样本"相反)检验最高收入水平的国家,则数据显示结果是发散的。

4.8%到70年代下降到－9.2%；同期，伊朗从11.3%下降到2.5%。我认为根本没有必要依靠经济理论对这些下跌案例进行说明。同样，也存在许多增长率以惊人的速度增长的案例，其中亚洲"四小龙"（韩国、中国台湾、中国香港以及新加坡）增长"奇迹"最为我们所熟悉：与20世纪50年代和更早以前的低增长率相比，1960—1980年期间，韩国、中国台湾、中国香港以及新加坡人均收入增长率分别为7.0%、6.5%、6.8%以及7.5%。[①] 在20世纪60年代至70年代期间，印度尼西亚GDP增长率由3.9%增加到7.5%；叙利亚GDP增长率由4.6%增加到10.0%。

我想我们看到这些数据时或许会感到它们代表着某种可能性。印度政府是否能采取一些措施以促进印度经济像印度尼西亚或埃及一样增长？如果能，具体的措施又是什么呢？如果不能，导致印度低增长的本质是什么？这些问题中包含着令人震惊的人类福利后果：一旦人们开始思考这些问题，就很难再去思考其他问题。

我们需要一个经济发展理论，以便我们能够：提供一个可将事实组织起来的框架，以判断哪些事实具有偶然性，哪些具有必然性。但是"理论"这一术语被应用于许多方面，甚至在经济中也是如此，因此，为了避免误解，澄清一下我对它的理解是非常重要的。我更喜欢在比较狭隘的范围使用"理论"这一术语，宁愿将它看作是在计算机上运行的动态系统。我所使用的经济发展的"机制"指的是这样的结构——一个由相互作用机器人操纵的人工世界，这些机器人是经济学进行总体研究的典型代表。这个机制能模拟以上所说的真实世界行为的主要特征。本章就是建立在这一结构之上的，同时，还有一些其他工作要做：一方面，我们能够基于看似合理的公理比较容易地建立经济增长模型，这些模型能够预测经济增长将在几十年内终止，或者能够预测不同经济体的

[①] 世界银行不再提供中国台湾的数据。文中数据6.5%来自于哈伯格（Harberger, 1984, table 1, p.9）的研究。根据萨默斯和赫斯顿（Summers and Heston, 1984）的报告，20世纪50年代，中国台湾人均GDP增长率为3.6%；在1953—1960年期间，韩国增长率为1.7%。

生活水平迅速趋向于相同水平，或者能够产生一些逻辑上合理但与实际经济系统产生的并不相同的结果。另一方面，毫无疑问，除了我将要描述的机制外，必然存在其他的机制拟合得一样好。这是为什么我将本章的题目定为"论……的机制"而非"经济发展的机制"的原因。在某种情形下，对经济发展的研究除了需要根据数据建立竞争性理论外，还需要弄清楚数据的含义，并且根据观察到的事实对这些数据进行检验。但是这已远远超过我所阐述的范围，即使在纯理论层面，我也将会留下许多重要的问题，同时，我也几乎不会触及经验检验。

我的安排如下。首先，我将延续罗伯特·索洛、爱德华·丹尼森（Edward Denison）以及其他一些经济学家的工作，运用标准的新古典模型研究20世纪美国的增长情况。然后，我将会问，虽然有点不公平，就当前而言，这样一个模型是否足以研究经济发展，答案自然是否定的。其次，我将对这一标准模型进行两方面的修正以包含人力资本积累效应。第一个修正是仍然保留原始模型中单部门的特征，但聚焦于物质资本积累与人力资本积累之间的相互作用；第二个修正是考察一个由两种商品组成的系统，在这一系统中包含了各种特定的人力资本，并从贸易和发展之间的相互作用中得出一些有趣的结果。最后，我将对"我们已经做到什么"和"我们还需要做什么"进行讨论。

总的来说，我将对经济学家广泛使用，并被经济学家称为"技术"的多个层面进行研究。人口问题被完全抽象掉了，始终将人口增长视为一个给定的变量。这是一个严重的疏忽，但是对人口问题的讨论至少与我们讨论的其他问题一样困难，我既没有时间也不具备这样做的知识。希望对这些问题的单独讨论不会因为它们之间的相互作用而变得没有意义，至少在一个初步阶段不会这样。①

同样，我还将抽象掉所有的货币因素，将所有的交换都视为物物交换。就一般而言，我认为金融因素的重要性在大众甚至许多专业的研讨

---

① 据我所知，贝克尔和巴罗（Becker and Barro, 1988）首次在一般均衡框架下同时分析了生育率和人力资本决策。沿着这一条线，田村（Tamura, 1986）得出了更进一步的结果。

会上被严重过分地强调,这是非常糟糕的,因此,我并不为自己走向另一个极端而感到遗憾。然而,在一般设想的发展中,金融机构的发展是一个限制性的因素,我所做的可能与事实有些出入,至于它会造成什么后果,我并没有清晰的想法。但是,不可能一次将一切都理论化。

2. 新古典增长理论:回顾

罗伯特·索洛和爱德华·丹尼森建立了一个经济增长理论的模型或范例,并将它应用于20世纪美国的经验研究。我将以它为基础努力构建一个成功的理论,该理论试图在以下三个方面作为进一步讨论的基础:作为一个我认为有用的总量理论必须具有的形式的范例;作为一个确切地阐述其他形式理论无法具有的含义的机会;作为经济发展的一种可供选择的理论。在第三个方面,该理论虽然是无效的,但是仍然具有启发性。本章剩下的部分将会沿着这些展开。

索洛和丹尼森只是试图说明美国经济增长的主要特征,而不是提供一个经济发展理论,并且他们的研究针对的是国内的数据,与我在前言部分引用的多国之间的比较并不相同。1961年丹尼森的专著《美国经济增长的源泉》(*The Sources of Economic Growth in the United States*)提供了非常有价值的综述。除非另有说明,以下引用的数据均来源于此书。

在丹尼森的研究覆盖的1909—1957年期间,美国真实产出年均增长率为2.9%,工时数年均增长率为1.3%,资本存量年均增长率为2.4%。与之前引用的那些数据相比,这些数据最显著的特征是它们的稳定性。即使我们以大萧条的谷底(1933年)为起点,到1957年,产出的年平均增长率也仅有5%。如果使用任何合理的方式消除商业周期的影响(比如说,采用峰值到峰值的增长率),那么对于我们有数据记录的任意大小的子时间段,美国产出增长率都围绕3%波动,其变动幅度在0.5%之内。

索洛(Solow,1956)使用一个非常简单且易定义的模型,解释了这种稳定性,并且说明了这些增长率的相对大小是如何决定的。① 该模型有许多不同的版本,我选择了比较简单的一个,以方便下面的讨论。我对它的特定假定结构不给予过多的评论:对模型的假设条件争论是毫无意义的,除非我们已弄清楚它要回答什么问题。

我们考虑一个由竞争性市场构成的封闭经济。在这样的经济体中,市场由同质的、理性的代理人构成,技术报酬不变。在时期 t,有 $N(t)$ 工人或者相当的工时参与生产。$N(t)$ 增长率 λ 由外生给定。真实的人均消费量为流量 $c(t)$,$t \geqslant 0$,代表单个商品的消费量。对消费流的人均偏好如式(1)所示:

$$\int_0^\infty e^{-\rho t} \frac{1}{1-\sigma}[c(t)^{1-\sigma}-1]N(t)dt \tag{1}$$

贴现率 ρ 和相对风险厌恶系数 σ 都是正的。②

单个商品的人均产出被分为消费 $c(t)$ 和资本积累。如果我们用 $K(t)$ 表示总资本存量,以及 $\dot{K}(t)$ 表示总资本量的变化率,那么总产出为 $N(t)c(t)+\dot{K}(t)$(此处,$\dot{K}(t)$ 是净投资,总产出 $N(t)c(t)+\dot{K}(t)$ 被视为国民生产净值)。假定产出取决于资本水平、劳动力投入以及技术水平 $A(t)$,如下式所示:

$$N(t)c(t) + \dot{K}(t) = A(t)K(t)^\beta N(t)^{1-\beta} \tag{2}$$

其中,$0<\beta<1$,外生给定的技术变化率为 $\dot{A}/A=\mu$,$\mu>0$。

这一经济体面临的资源分配问题是为人均消费选择一个时间路径 $c(t)$。给定一个时间路径 $c(t)$ 以及初始资本量 $K(0)$,那么根据式(2)可以得到资本的时间路径 $K(t)$。$A(t)$ 和 $N(t)$ 的路径为外生给定的。考虑这一分配问题的一种途径是,在每一期 $K(t)$、$A(t)$、$N(t)$ 都确

---

① 在索洛 1956 年论文的激发下,20 世纪 60 年代出现了大量文献,对原始单部门结构进行了调整。参见伯迈斯特和多贝尔(Burmeister and Dobell, 1970)出色的介绍和综述。我在下文中将索洛模型的一个相当简单的形式应用于经验研究,这样做并不是对已有理论研究的贬低。相反,我们需要的正是这种替代假设的理论实验。它使我们确信,特殊且简单的参数化对我们特定的研究目标而言可能是足够的。

② 风险厌恶系数的倒数 σ^{-1} 有时也被称为跨期替代弹性。因为本章考虑的所有模型都是确定性的,后一个术语可能更加合适。

定的情况下，选择 $c(t)$。但是，我们无法通过选择 $c(t)$ 以最大化即期效用函数 $N(t)[1/(1-\sigma)][c(t)-1]^{1-\sigma}$，因为这会使得净投资 $\dot{K}(t)$ 等于 0（甚至可能为负）；我们需要给资本增量设定值或价格。最优分配是在式（2）的约束下使式（1）的效用最大化，研究这一分配问题的核心结构是当期值汉密尔顿函数 H，H 的定义如下：

$$H(K,\theta,c,t) = \frac{N}{1-\sigma}[c^{1-\sigma}-1] + \theta[AK^{\beta}N^{1-\beta} - Nc]$$

这是即期效用函数和资本增长率之和（后者由式（2）导出），资本由"影子价格" $\theta(t)$ 定价。如果能够正确选择影子价格 $\theta(t)$，那么最优的分配一定是最大化每期的 H。

对于 c，最大化 H 的一阶条件是：

$$c^{-\sigma} = \theta \tag{3}$$

该式说明无论用于消费还是投资，对于商品的分配必须使得每期的边际价值相等。价格 $\theta(t)$ 必须满足：

$$\begin{aligned}\dot{\theta}(t) &= \rho\theta(t) - \frac{\partial}{\partial K}H(K(t),\theta(t),c(t),t) \\ &= [\rho - \beta A(t)N(t)^{1-\beta}K(t)^{\beta-1}]\theta(t)\end{aligned} \tag{4}$$

假设在每一时期式（3）中的结果 $c(t)$ 服从最优化路径 $(c(t))_{t=0}^{\infty}$。

如果利用式（3）将 $c(t)$ 表示为 $\theta(t)$ 的函数，并且用函数 $\theta^{-1/\sigma}$ 代替式（2）和式（4）中的 $c(t)$，那么这将产生两个关于 $K(t)$ 和其影子价格 $\theta(t)$ 的一阶微分方程。求解微分方程组，并在 $K(0)$ 上满足给定的初始条件，可以得到 $(K(t), \theta(t))$ 的一个单参数路径集。这组路径中满足横截面条件（5）的路径就是唯一路径：

$$\lim_{t\to\infty}e^{-\rho t}\theta(t)K(t) = 0 \tag{5}$$

我希望这一主要来自于戴维·卡斯（David Cass, 1965）的庞特里亚金最大化原理（Pontryagin's Maximum Principle）为大多数读者所熟悉，我将在以下部分反复地使用这一方法。

这一具有凸的偏好和技术且不存在任何外部效应的特定模型为大家所熟悉并不奇怪：假如所有交易按照阿罗-德布鲁（Arrow-Debreu）方

式预先完成，或者消费者和企业对未来价格有理性的预期（我喜欢的一种解释），那么式（2）至式（5）描述的最优安排也是唯一的竞争性均衡安排。在一个确定性背景中，理性预期意味着完美的预见能力。就我的目标而言，这种均衡解释是极其有趣的：我打算把这个模型作为研究美国经济增长的实证理论来使用。

为做到这一点，我们将需要在更多细节上处理模型对未来的预测，这包括求解不同的微分方程以找到均衡的时间路径，并将其与丹尼森的观察相比较。我将解出这一系统的特定解而不是对它进行彻底的分析，然后，简要地分析一下如何从卡斯的论文中找到剩余的答案。

让我们从式（2）、式（3）和式（4）构建系统的平衡增长路径：$(K(t),\theta(t),c(t))$ 以不变速度增长的一组特定解（我一直无法确定沿着这一路径的"平衡"是什么意思，但是我们需要一个术语来表述不变增长率这一特性，并且没有找到比这更好的术语了）。用 κ 表示处于一个平衡的增长路径上的人均消费的增长率 $\dot{c}(t)/c(t)$，那么，从式（3）中可得，$\dot{\theta}(t)/\theta(t) = -\sigma\kappa$。从式（4）中我们可以得到：

$$\beta A(t)N(t)^{1-\beta}K(t)^{\beta-1} = \rho + \sigma\kappa \tag{6}$$

即沿着平衡路径，资本的边际产品必然等于常数值 $\rho + \sigma\kappa$。运用柯布-道格拉斯技术函数，资本的边际产品为平均产出的一个比例，因此，将式（2）除以 $K(t)$ 并代入式（6），我们得到：

$$\frac{N(t)c(t)}{K(t)} + \frac{\dot{K}}{K(t)} = A(t)K(t)^{\beta-1}N(t)^{1-\beta} = \frac{\rho+\sigma\kappa}{\beta} \tag{7}$$

根据平衡路径的定义，$\dot{K}(t)/K(t)$ 是常数，因此式（7）暗含了 $N(t)c(t)/K(t)$ 也是常数，或者对式（7）求微分得到：

$$\frac{\dot{K}(t)}{K(t)} = \frac{\dot{N}(t)}{N(t)} + \frac{\dot{c}(t)}{c(t)} = \kappa + \lambda. \tag{8}$$

这样，人均消费和人均资本以相同速度 κ 增长。为了求得这一相同的速度，分别对式（6）、式（7）求微分，得到：

$$\kappa = \frac{\mu}{1-\beta} \tag{9}$$

接着，可以对式（7）求解，得到不变的平衡消费—资本率

$N(t)c(t)/K(t)$，或等价的且更容易理解的不变平衡净储蓄率 s，如式（10）所示：

$$s = \frac{\dot{K}(t)}{N(t)c(t)+\dot{K}(t)} = \frac{\beta(\kappa+\lambda)}{\rho+\sigma\kappa} \tag{10}$$

因此，沿着平衡增长路径，人均增长率仅仅是给定的技术增长率 μ 的一个比例，比例为劳动份额 $1-\beta$ 的倒数。时间偏好 ρ 以及风险厌恶系数 σ 的大小与长期增长率无关。低时间偏好 ρ 以及低风险厌恶系数 σ 会产生一个高储蓄率 s，高储蓄率又反过来导致平衡路径上的高产出水平。在长期，一个节俭的社会将比一个缺乏耐心的社会更加富有，但是它并不会更快地增长。

为了使得由式（9）和式（10）描述的平衡增长路径满足横截面条件（5），$\rho+\sigma\kappa > \kappa+\lambda$ 是必要的。由式（10）可知，这与要求储蓄率小于资本份额是一样的。在这一条件下，始于平衡路径上的经济体将发现沿着平衡路径是最优的，而对于偏离平衡路径出发的经济体——正常情况肯定是这样的——又会怎样呢？卡斯证明——这也是平衡路径的魅力所在——对于任何初始资本 $K(0)>0$，最优资本—消费路径 $(K(t), c(t))$ 将渐近收敛于平衡路径。也就是说，在大多数时期，平衡路径将是任何实际路径的很好的近似。

给定偏好和技术参数（ρ，σ，λ，β 和 μ），式（9）和式（10）能够计算出由这些参数值表示的资本、消费、真实产出的渐近增长率 κ 和隐含的储蓄率 s。进一步地讲，这一方法能从任何初始资本水平 $K(0)$ 出发，运用数值方法计算出通往平衡的路径。这是一个理想的计划者想要完成的工作。

由于我们对这些模型的兴趣是实证的而不是规范的，因此，接下来我们将从一个相反的方向继续探讨，尝试根据观察的事实推断潜在的偏好和技术。我将丹尼森研究所包含的整个时期（1909—1957年）的美国经济行为视作在模型预测的平衡路径上运行，并对数值计算做一概述。① 基于这一观点，丹尼森估计出 λ 的值是 0.013，$\kappa+\lambda$ 的估计值为

---

① 使用本节所给的参数值，与该模型有关的近线性系统的半衰期大约是 11 年。

0.029 和 0.024 两个值，这取决于我们是使用产出增长率还是资本增长率（模型预测结果是相等的）。根据统计学的传统推断法，我们对两个值求平均得到 $\kappa+\lambda=0.027$。理论预测，$1-\beta$ 应该等于国民收入中劳动的份额，在美国取 1909—1957 年之间的平均值，大约为 0.75。储蓄率（净投资占净国民产出的比例）大约为一常数 0.10。由式（9）可得 μ 的估计值为 0.010 5。式（10）隐含了偏好参数 ρ 和 σ 满足：

$$\rho+(0.014)\sigma=0.067\ 5$$

（参数 ρ 和 σ 无法沿着平滑的消费路径被识别出来，因此，这是到目前为止，就我已提供的样本而言，我们所能够做到的）。

在这一理论模型中给出的参数值能很好地拟合美国的数据。但是，它到底拟合有多好呢？正如前文所述，要么产出增长率被低估，要么资本增长率被高估（在增长理论中，0.5%是一个很大的偏差）。每个家庭提供的工时数在长期中存在一个有趣的变化，而模型的假设偏离了这一事实，并且劳动份额在长期中是上升的（在所有增长的经济体中），并不是常数，与模型假设也不相同。简言之，该模型存在巨大的改进空间，尤其在模型被设计用来拟合长期变化方面。事实上，通过对文献的更全面的回顾，我们就不难发现在其他前沿方面已经取得的可喜进步。[①] 像这样一个如此清晰的模型，由于毫不掩饰它的简化假设，招来了许多批评和修改建议。这正是我们喜欢这一模型的原因，或者我认为我们应该这样做的原因。

即使还存在局限性，简单的新古典增长模型对我们思考经济增长也已经做出了基本的贡献。就定性而言，它强调"增长效应"（改变平衡路径能改变增长率的参数变化）和"水平效应"（提高或降低平衡增长路径位置不影响其斜率之间的区别）是考虑政策变化的基础。索洛在 1956 年的论文中得出储蓄率变化是水平效应的结论（在本章的背景下

---

① 特别地，有大量证据显示，由于没有纠正因质量提高而产生的物价降低的影响，丹尼森测算的资本存量增长低估了真实的资本增长。例如，参见格里利谢斯和乔根森（Griliches and Jorgenson，1967）或戈登（Gordon，1971）。这些误差能够很好地说明文中所说的 0.005 的差异（或者更多!）。博克索尔（Boxall，1986）对索洛-卡斯（Solow-Cass）模型进行了修改，在修改的模型中劳动供给成为了一个变量，该模型对劳动力长期的变化有潜在解释力。

这一结论可转换为贴现率 ρ 的变化，是水平效应），这一结论在当时是令人震惊的，但是在今天却不幸地被搁置。一种有影响的观点认为，使储蓄更加具有吸引力的税收结构的改变能够对经济增长产生巨大的、持续的影响，这听上去非常合理，甚至事实上可能也是正确的，但是按照新古典增长理论清晰的含义，这显然是错误的。

即使在复杂的经济增长的讨论中，我们也经常对什么是水平效应和什么是增长效应感到困惑。克鲁格（Krueger，1983）和哈伯格（Harberger，1984）在最近对穷国增长经历所进行的非常有用的调查中发现，无效的贸易壁垒限制了经济增长，并将关税壁垒的消除视为几个迅速增长现象的关键性解释。克鲁格和哈伯格总结的事实并没有引起争论，但是在新古典模型中，我们无法期待取消无效的贸易关税壁垒可导致经济的持续增长。在该模型中，关税壁垒的消除是一个水平效应，类似于生产能力的一次提高，不是增长效应。当然，水平效应可以通过调整各种成本支出而延长，但不会导致增长率大的和持续的上升。因此，消除一个产出降低了5％（巨大的影响）的无效率影响，其作用也不过相当于连续10年增长率提高1％的作用的一半。低效率影响是很大的，消除这种低效率是令人渴望的，但是通常这些低效率是水平效应，而不是增长效应（这也正是中央计划经济具有很多的无效率配置，但增长速度却与市场经济几乎一样并不矛盾的原因所在）。克鲁格和哈伯格证明的贸易政策和经济增长之间的经验关系具有明显的重要性，不过，在我看来，它与新古典理论存在矛盾，而并不是对新古典理论的证明。

新古典框架的主要贡献不在于它清晰的纯粹定性讨论，而在于它能量化不同因素对经济增长的影响。丹尼森的专著中列出了很多种政策变化，并列出了它们中的每一种变化对美国经济增长可能影响的上限，一些是不现实的，另一些则在他写的时期是非常重要的。[①] 最主要是，新

[①] 丹尼森（Denison，1961，chap.24）。在"提高增长率可获得的选择菜单"中，我最喜欢的是菜单4。在该菜单中，"0.03个百分点（即一个百分点的0.03）是最大的潜力……消灭所有的犯罪，并改造所有的罪犯。"这一例子以及本章中的其他例子被用于反驳20世纪60年代那些试图通过宣传与经济增长相联系而提出他们最喜欢（往往也是有价值的）原因的人。

古典理论对每种效应的趋势关注的很少，这一点常识将告诉我们，猜测哪些变化刺激经济生产，进而刺激储蓄，刺激经济增长（至少短时间内）是非常容易的。但是，大多数这种变化从数量上看影响微不足道：整个经济的增长率并不经常变动。

经济增长，作为整个社会所有活动的总体度量，必然在某种程度上取决于该社会中发生的事情。各个社会在许多方面的差距显而易见，我们能够识别不同经济、不同文化的特别之处，并猜测促使它们增长的关键因素。对于这些，正如雅各布斯（Jacobs，1984）所观察到的，我们不需要经济理论："有洞察力的游客也会做得一样好。"理论的作用不是列举显而易见的事实，而是帮助我们将关键的、可量化的效应与这些可以放置在一旁的效应分开。索洛和丹尼森的工作说明了如何才能在研究美国和一些其他同样先进经济体的增长中做到这一点。在这个层次上，我已经成功地为经济发展理论找到了一个有价值的目标。

3. 新古典经济增长理论：评价

似乎普遍认为我上文回顾的模型并不是经济发展理论。事实上，我想这就是为什么我们认为"增长"和"发展"是两个截然不同的领域的原因。我们将增长理论定义为我们有一些理解的那些方面，而将发展理论定义为我们没有理解的那些方面。我同意这一判断，但是对于新古典模型不足之处做更为深入的思考有助于替代方案的选择。

如果我们试图使用索洛-丹尼森框架来解释当今世界收入水平和增长率的差异，理论上，我们可以通过想象一个由我刚描述的那种类别的许多经济体构成的世界出发，对它们相互作用的方式给予一定的假设，然后求解这一新模型的动态过程，并将它们与观察事实相比较。事实上，这比听起来还要容易得多（当每个人都生产相同单一商品时，国际贸易理论没有太多的用途），因此，我们有必要对它进行深入的考察。

要素流动是一个关键假设：人和资本可以自由流动吗？从没有流动

性开始分析是最容易的,因为这样我们能够将每一个国家都视为一个孤立的系统,确切地说,就像我们刚刚所做的那样。在要素没有流动的情况下,模型预测了具有相同偏好和技术的国家将收敛于相同的收入水平和渐近的增长率。这一预测与我们观察的事实并不一致。如果我们想要理论能够与观察的跨国数据一致,我们将需要假设一些参数(ρ,σ,λ,β 以及 μ)存在着差异,并且/或假设各国因为初始技术水平 $A(0)$ 的不同而不同。或许通过假定这些国家相对处在不同的稳态路径位置上,我们能够获得额外的理论灵活性。让我们简要回顾一下这些可能性。

各国的人口增长率 λ 和劳动的收入份额 $1-\beta$ 自然是不同的,但是它们的变动并不足以解释各国的收入差异。无论从当前横截面看,还是从历史上的横截面看,人口快速增长的国家并不像理论预测的那样比人口缓慢增长的国家贫穷。毫无疑问,在经济变量(狭义定义)和出生率、死亡率之间存在有趣的实证联系。但是贝克尔(Becker,1960)和其他一些经济学家的工作完全征服了我,他们将这种联系看作是由维持生命并对经济情况做出响应的个体决策所产生的。类似地,穷国比富国拥有更低的劳动份额,说明产品替代弹性小于1(与我正在这些例子中使用的柯布-道格拉斯的假设不同),但是根据式(9)所得出的穷国会因此更加迅速增长的预测并没有得到经验证实。

正如之前的观察,参数 ρ 和 σ 无法识别,但是如果不同国家 ρ 和 σ 的联合值可以解释收入差异,则系统地看,穷国将比富国有更高(经风险修正)的利率。即使这是真实的,我也倾向于寻求别的解释。着眼于未来,我们也期望能够解释个别国家增长率突如其来的大变化。难道我们需要一个将注意力集中于贴现率或风险厌恶程度的自发变化的理论吗?这些理论很难驳斥,但是我想把它留给其他人研究。

对偏离稳态行为的考虑将发现更多的可能性,或许使得该理论能更好地符合观察事实,但是我根本就不认为这一路径是有希望的。偏离稳态,意味着不需要保留式(9),且资本增长率和产出增长率既不需要相等也无需保持不变,但是根据式(2),人均产出增长率(记作 g_{yt})和人均资本增长率(记作 g_{kt})仍然需要满足:

$$g_{yt} = \beta g_{kt} + \mu$$

g_{yt} 和 g_{kt} 都是可以测量的，但是没有一个接近观测到的资本份额的 β 值，能够使得各国的 $g_{yt} - \beta g_{kt}$ 大约相等。这里"丹尼森规则"反对我们：增长率对于模型基础参数中变量的不敏感性，如之前回顾的那样，使得很难使用新古典理论来解释不同时期、不同国家之间收入和增长率的差异。认为在"节俭"方面大的变化不会导致美国增长率大的变化的结论与如下结论相同：日本和美国在节俭方面的差异不能很好地解释这两个经济体增长率之间的差异。在新古典理论中，技术作为增长的一个源泉起着非常大的作用，以致其他因素所起的作用显得微不足道，这对于理解我们观察到的增长率普遍差异就显得苍白无力。

接下来我们考虑各国技术水平和变化率的差异。对我来说，似乎新古典模型孤立的这个技术因素有着解释收入水平和增长率普遍差异的潜力，当然从技术出发符合我们通常的习惯。我们认为日本在技术上比中国先进，或者韩国经历了不寻常的技术进步，这些论断似乎隐含着一些价值（我也相信这一点）。但是它们并没有说明，"有用知识存量"（库兹涅茨（Kuznets, 1959）的术语）在日本就高于在中国，或者韩国的"有用知识存量"就比任何其他地区增长得更迅速。"人类知识"（human knowledge）是全人类的，既不是日本的，也不是中国的，更不是韩国的。我认为当我们以这种方式讨论各国技术差异时，我们讨论的不是一般意义上的知识，而是关于特定人群的知识，或者特定人群的亚文化。如果这样，尽管用一个外生的指数项如 $A(t)$ 来描述这些差异并不完全是错误的，但这样做也没有什么用处。我们需要一个体系来帮助我们考虑个人获得知识的决策，以及这些决策对生产率的影响。这一理论就是所谓的人力资本理论，在本章剩余部分，我将对这一理论进行展开叙述。然而，现在我仅想按照惯例对技术——它的水平和变化率——这一适用于所有国家的东西，一些纯的或者空洞的东西，或决定因素在我们当前探究范围之外的东西，作一术语上的解释。

在不存在纯技术差异，且不存在要素流动的假设下，新古典模型预测收入平等和增长率将具有很强的趋同性，我们能够观察到这一趋势，

第1章 论经济发展的机制

或者将富国视为一组,其也能观察到这一趋势,但是在整个世界中却无法看到这一趋势。当允许要素流动时,趋同的预测将被大大加强。生产要素,资本或劳动或二者,将流向收益率高也即生产要素相对稀缺的地方。各地资本—劳动比将迅速变动直到相等,此时,各地生产要素的价格将相等。事实上,即使保留偏好参数和人口增长率差异,这些预测也是成立的。在上述模型中,无论是劳动流向资本,还是资本流向劳动,并没有什么差别(事实上,我们知道当有更先进的技术时,两个生产要素中只要有一个生产要素保持流动性,就能够使得要素价格趋同)。

美国、澳大利亚、南非和东非18世纪和19世纪的历史为这种趋同提供了很好的证明,也为简单新古典模型解释重要经济事件的能力提供了例证。如果我们用相同形式的土地—劳动技术代替索洛模型中的劳动—资本技术,并且将劳动视为流动的要素,将土地看作是固定的要素,我们可以得到另一个模型。这个模型预测的移民潮以及促使这些移民的理由——要素价格差异,在历史上确实存在过。尽管这一简单的确定性模型将风险和在实际移民决策中起作用的其他一些因素抽象掉了,但是这些抽象对模型而言显然不是致命的。

当然,在20世纪,当移民的途径被大部分切断后,具有劳动流动的这一土地—劳动模型不再给出实际要素流动和要素价格合适的解释,这并不奇怪。在我看来,令人奇怪的是,资本流动没有起到同样的作用。例如,在美国,我们看到南方的劳动力流向北方生产汽车。我们同样看到纺织厂从新英格兰南部迁移出来(通过关闭原来的工厂并在其他地方建立一个代替它的工厂来实现迁移)以达到将资本与相对低工资的劳动结合起来的同样的目的。在经济学上,两个要素中只要有一个要素是流动的就行,具体哪一个要素是流动的并没有区别。

那么,为什么国际劳动力流动的丧失或减速能严重影响新古典理论预测的要素价格趋同呢?况且,这一新古典理论预测的趋势在历史上已给予了非常有力的证明。如果将一个纺织厂从新英格兰转移到美国南卡罗来纳州是有利可图的,为什么将它转移到墨西哥并不能获得更高的利润呢?事实上,我们看到某些资本流向低收入国家的事实并不足以回答

33

这个问题，因为该理论预测所有新资本的投入直到要素回报率和真实工资差异被消除为止。事实上，为什么这些资本流动不发生在殖民时代？在政治和军事安排下，可以消除"政治风险"，而政治风险经常被作为反对资本流动的一个因素。对该问题我不能给出一个令人满意的答案，但是在我看来这是一个主要的——也许是唯一主要的——新古典理论预测和我们观察到的贸易模式之间不一致之处。解决这一问题显然是经济发展理论的一个最基本的要求。

4. 人力资本与经济增长

到目前为止，我已回顾了新古典增长模型的一个案例，将该案例与美国经济历史特定事实作了比较，并指出为什么我想用该理论作为一种模型，或想象一下，我为什么认为它作为一个经济发展理论是可行的且有用的。但我也指出，有两个重要的原因使得目前这一理论还不是有用的经济发展理论：它显然不能解释各国观察到的差异；它对国际贸易应当导致资本—劳动比和要素价格迅速趋同的强有力的预言与观察到的事实明显矛盾。这些事实为本章剩余部分内容奠定了基础。

我并不想一开始就同时讨论上述两个问题，而是将暂时保留模型的其他特征（尤其是封闭特征），先考虑其中一个可替代的技术变迁（在索洛模型中技术变迁是增长驱动力），或至少对其具有补充作用的因素作为经济增长引擎来进行研究。我将通过在模型中引入舒尔茨（Schultz, 1963）、贝克尔（Becker, 1964）称之为的"人力资本"来做到这一点，在技术上，我的处理非常接近阿罗（Arrow, 1962）、宇泽（Uzawa, 1965）、罗默（Romer, 1986a, 1986b）对类似模型的处理方法。

就本节的目的而言，人力资本是指个体的一般技能水平，因此，一个具有人力资本 $h(t)$ 的工人生产产量相当于两个人力资本为 $\frac{1}{2}h(t)$ 的工人生产产量，或者相当于人力资本为 $2h(t)$ 工人投入一半时间生产的产量。人力资本理论强调这一事实，即个体对当前各种活动中分配时间的方式，将影响其未来的生产率，或个体的 $h(t)$ 水平。将人力资本引进到模型中，就需要阐明人力资本水平怎样影响当期的产量，以及当期的时间分配如何影响人力资本积累。依赖于个人的目标，有许多方式可阐述"技术"的这两个方面。让我们从以下简单的假设开始。

假设工人总量为 N，工人技能水平为 h，其范围是从零到无穷大。技能水平为 h 的工人数为 $N(h)$，因此，$N = \int_0^\infty N(h)dh$。假设技能水平为 h 的工人投入 $u(h)$ 劳动时间（非闲暇时间）到当期的生产中，$1-u(h)$ 是其投入到人力资本积累的时间。那么生产中的有效劳动力——与式（2）中的 $N(t)$ 类似——是投入当期生产中以技术为权重的工时数加权之和 $N^e = \int_0^\infty u(h)N(h)h\,dh$。因此，如果产量是总资本 K 和有效劳动 N^e 的函数 $F(K, N^e)$，那么工人在技能水平为 h 时的小时工资为 $F_N(K, N^e)h$，总工资为 $F_N(K, N^e)hu(h)$。

个体人力资本除了对他自身产出有影响外——我将称之为人力资本的内部效应（internal effect）——还应考虑一个外部效应（external effect）。具体而言，令平均技能水平或平均人力资本水平由下式定义：

$$h_a = \frac{\int_0^\infty hN(h)dh}{\int_0^\infty N(h)dh}$$

这一平均指标对所有生产要素的生产率都会产生作用（具体作用我将随后解释）。我称 h_a 为效应溢出（effect external），因为虽然每个人的生产率受益于它，但是没有单个的人力资本积累决定能对 h_a 有明显的效果，因此，没有工人将在时间分配时考虑这一因素。

如果假定经济中所有的工人是同质的，那么按照先前的分析方式，问题可大大简化。在这种情况下，如果所有工人技能水平为 h，所有工人分配给劳动的时间为 u，那么有效劳动力就是 $N^e = uhN$，平均技术水平 $h_a = h$。尽管如此，我将继续使用记号 h_a，以强调外部效应和内部效应之间的区别。于是，先前描述商品生产技术的式（2）被式（11）所替代：

$$N(t)c(t) + \dot{K}(t) = AK(t)^\beta [u(t)h(t)N(t)]^{1-\beta} h_a(t)^\gamma \qquad (11)$$

在此，$h_a(t)^\gamma$ 反映了人力资本的外部效应，技术水平 A 被假定为常数。

为了完成模型，必须将投入到人力资本积累的工人劳动时间 $1-u(t)$ 与人力资本积累变化率 $h(t)$ 联系起来。接下来将围绕这一联系展开。假设人力资本的增长 $\dot{h}(t)$ 与其既有的 $h(t)$ 水平和投入人力资本积累的时间 $1-u(t)$ 有关，那么：

$$\dot{h}(t) = h(t)^\zeta G(1-u(t)) \qquad (12)$$

G 是增函数，$G(0)=0$。如果式（12）中的 $\zeta<1$，则人力资本的积累存在报酬递减。由此，可以看出人力资本不能作为替代技术 $A(t)$ 的增长引擎。对此，注意由于 $u(t)\geqslant 0$，式（12）暗含了：

$$\frac{\dot{h}(t)}{h(t)} \leqslant h(t)^{\zeta-1} G(1)$$

因此，不管赋予人力资本积累份额有多大，随着 $h(t)$ 增长，$\dfrac{\dot{h}(t)}{h(t)}$ 最终必将趋于零。这一模型只是将索洛初始模型复杂化，而没有提供任何真正新的东西。

在假设式（12）的右边与 $u(t)$（$\zeta=1$）存在线性关系的情况下，宇泽（Uzawa, 1965）建立了一个与上述非常相似的模型（他同时假设 $\gamma=0$ 且 $U(c)=c$）。该模型的显著特征，在于它仅从内生的人力资本积累就能保证持续的人均收入增长：不需要外部的"增长引擎"，这也是我们推荐该模型的原因。

宇泽的线性假设看起来是一个死结（对于我们的目的而言），因为我们在观察中看到的人力资本积累的个体收益是递减的。人力资本积累的个体模式为：在生命的早期迅速积累人力资本，然后积累人力资本的速度降下来，最后停止积累——仿佛每一个额外的百分比增加比之前更难。但是对这一现象，还有一个简单的替代解释，那就是人的生命是有限的，增加人力资本投资的收益随着时间而下降。罗森（Rosen,

1976）证明，当 $\zeta=1$ 时，式（12）表示的积累技术与我们所观察到的有关个人收入的证据是一致的。在此将宇泽-罗森（Uzawa-Rosen）模型改变一下，为了简便，假设函数 G 是线性的：

$$\dot{h}(t) = h(t)\delta[1 - u(t)] \tag{13}$$

根据式（13），如果不付出努力到人力资本积累中（$u(t)=1$），那么就没有积累。如果所有的努力都投入到人力资本积累中（$u(t)=0$），那么，$h(t)$ 将达到最大增长率 δ。在这两个极端情况之间，$h(t)$ 存量不存在收益递减：无论 $h(t)$ 已经达到什么样的水平，$h(t)$ 每增加一个给定的百分比都需要付出相同的努力。

然而，要将应用于有限生命个人的由式（13）表示的人类资本积累技术（如罗森的理论）应用到一个无限生命的代表性家庭，还有一些工作要做，因此在这里我不得不说些题外话。例如，每个个体以罗森模型中的方式获得人力资本，但是如果这种资本完全不能传递给下一代，则家庭（具有固定的人口）人力资本存量将保持不变。为了获得一个适合家庭行为的式（13），不仅需要假设个体资本遵循它，而且还需要假设每一个家庭新成员开始的初始水平是家庭中老成员已获得人力资本水平的比例（但与老成员不相等）。这是我一次又一次强调的一般事实的一个例子：人力资本积累是社会行为，它将人类群体包含进来的方式，在物质资本积累的过程中是找不到的。

除了在式（11）和式（13）所描述的技术中加入人力资本和人力资本积累外，这一模型与索洛模型完全相同。系统是封闭的，人口以一个不变的速度 λ 增长，并且典型的家庭有着式（1）所描述的偏好，让我们继续这一新模型的分析。[1]

当存在外部效应 $h_a(t)^\gamma$ 时，最优增长路径与竞争均衡路径不再一致，因此，我们不能采取应用于索洛模型假设规划问题（hypothetical planning problem）的研究方法建立均衡，我们将要做的是分别获得最

---

[1] 本节讨论的模型（相对于第 2 节的模型）在文献中没有得到充分分析。本节给出了平衡路径主要特征的完整的推导。对偏离平衡路径行为的处理主要是推测，采取了与宇泽（Uzawa, 1965）和罗默（Romer, 1986a, 1986b）类似的方法。

优路径和均衡路径,并对二者进行比较。

所谓的最优路径,是指在式(11)和式(13)的约束下,并且在所有 t 期都满足 $h(t)=h_a(t)$ 的条件下,选择 $K(t)$,$h(t)$,$H_a(t)$,$c(t)$ 以及 $u(t)$,以最大化效用函数式(1)。这一问题类似于在第 2 节中我们回顾的一般结构问题,我将很快再转回到它上面来。

至于均衡路径,更加复杂一些。首先,假定路径 $h_a(t)(t\geqslant 0)$ 是给定的,类似于索洛模型中外生的技术路径 $A(t)$。在给定 $h_a(t)$ 下,考虑一个由原子型的家庭和厂商组成的私人部门,如果每一个代理人预期人力资本平均水平遵循路径 $h_a(t)$,则问题有解。也就是说,将 $h_a(t)$ 视为外生给定的变量,选择 $h(t)$,$k(t)$,$c(t)$ 以及 $u(t)$,在满足式(11)和式(13)约束的条件下,最大化效用函数式(1)。当这一问题求得的路径 $h(t)$ 与给出的路径 $h_a(t)$ 一致时——实际的行为与预期的行为相同——那么我们就说系统达到了均衡。①

$\theta_1(t)$ 和 $\theta_2(t)$ 分别表示物质资本和人力资本的"影子价格",用来对两种资本的增长估价,求解最优问题的汉密尔顿函数的当前值为:

$$H(K,h,\theta_1,\theta_2,c,u,t)=\frac{N}{1-\sigma}(c^{1-\sigma}-1)+\theta_1[AK^\beta(uNh)^{1-\beta}h^\gamma-Nc]$$
$$+\theta_2[\delta h(1-u)]$$

在该模型中,存在两个决策变量——消费 $c(t)$ 和投入生产的时间 $u(t)$。通过选择这两个变量(使用最优法)以最大化 H。这一问题的一阶条件是:

$$c^{-\sigma}=\theta_1 \tag{14}$$

和

$$\theta_1(1-\beta)AK^\beta(uNh)^{-\beta}Nh^{1+\gamma}=\theta_2\delta h \tag{15}$$

商品在其两种使用用途——消费和资本积累(式(14))上的边际价值必然相等;时间在其两种使用用途——生产和人力资本积累(式(15))

---

① 这一存在外部效应的均衡行为的方法来自于阿罗(Arrow,1962)和罗默(Romer,1986a,1986b)。事实上,罗默在一个 $h(t)$,$t\geqslant 0$ 路径空间中研究不动点(fixed-point)问题,此处,我遵循阿罗的方法,但将范围限制于平衡路径的分析。

上的边际价值也必然相等。

两种资本的影子价格 θ_1 和 θ_2 的变化率由下式给出：

$$\dot{\theta}_1 = \rho\theta_1 - \theta_1 \beta A K^{\beta-1}(uNh)^{1-\beta}h^\gamma \tag{16}$$

$$\dot{\theta}_2 = \rho\theta_2 - \theta_1(1-\beta+\gamma)AK^\beta(uN)^{1-\beta}h^{-\beta+\gamma} - \theta_2\delta(1-u) \tag{17}$$

则式（11）、式（13）、式（14）～式（17），以及在此处没有写出的横截面条件，描述了两种资本 $K(t)$ 和 $h(t)$ 从任何初始组合下开始的最优路径。

在均衡中，私人部门要"解决"一个本质上与上述形式相同的控制问题，但是式（11）中需要给定 $h_a(t)^\gamma$。那么，市场出清要求对所有 t 满足 $h_a(t)=h(t)$，因此与最优路径一样，式（11）、式（13）、式（14）、式（15）和式（16）都是均衡路径的必要条件。但是式（17）不再适用：最优分配和均衡分配对人力资本的评价并不相同。对于私人部门，在均衡中，式（17）由如下式子代替：

$$\dot{\theta}_2 = \rho\theta_2 - \theta_1(1-\beta)AK^\beta(uN)^{1-\beta}h^{-\beta}h_a^\gamma - \theta_2\delta(1-u)$$

因为市场出清表明对所有时期 t 都有 $h(t)=h_a(t)$，因此，上式可以改写成式（18）：

$$\dot{\theta}_2 = \rho\theta_2 - \theta_1(1-\beta)AK^\beta(uN)^{1-\beta}h^{-\beta+\gamma} - \theta_2\delta(1-u) \tag{18}$$

注意：如果 $\gamma=0$，那么式（17）和式（18）相同。在存在外部效应 $\gamma>0$ 时，社会评价式（17）与私人评价式（18）之间产生偏差。

如同处理最简单的索洛模型，对最优路径和均衡路径特征最简便的刻画方式是从寻找这两个系统的平衡增长解开始：消费和两种资本以一个不变的百分比增长，两种资本的影子价格以一个不变速度下降，且时间分配变量 $u(t)$ 不变。我们从考虑最优路径和均衡路径具有的共同特征开始（暂且将式（17）和式（18）抛开）。

如前文一样，令 κ 表示 $\dot{c}(t)/c(t)$，那么式（14）和式（16）再次暗含了资本边际生产率条件：

$$\beta A K(t)^{\beta-1}(u(t)h(t)N(t))^{1-\beta}h(t)^\gamma = \rho+\sigma\kappa \tag{19}$$

这与条件（6）类似。正如在之前的模型中，容易证明 $K(t)$ 必然以 $\kappa+\lambda$ 比率增长，储蓄率 s 在平衡路径上保持不变，其值由式（10）给出。在有关物质资本积累的推导过程中，无论 $h(t)$ 是选择的结果，还是外部力量（如早前模型中的外部力量是技术变化）的结果，都是无关紧要的。

如果在平衡路径上令 $v=\dot{h}(t)/h(t)$，从式（13）容易得出：

$$v = \delta(1-u) \tag{20}$$

对式（19）求导，可得到消费和人均资本共同的增长率 κ：

$$\kappa = \left(\frac{1-\beta+\gamma}{1-\beta}\right)v \tag{21}$$

随着 $h(t)$ 以一个固定速度 v 增长，$(1-\beta+\gamma)v$ 的作用相当于之前模型中外生的技术变化率 μ 的作用。

接下来我们会转向考虑人力资本增长率 v 的决定因素，通过对一阶条件式（14）和式（15）求导，并消去 $\dot{\theta}_1/\theta_1$，得到

$$\frac{\dot{\theta}_2}{\theta_2} = (\beta-\sigma)\kappa - (\beta-\gamma)v + \lambda \tag{22}$$

从这一点开始，对效率路径（efficient paths）和均衡路径分析进行分离。首先，聚焦于效率路径，根据式（17）和式（15），可以获得：

$$\frac{\dot{\theta}_2}{\theta_2} = \rho - \delta - \frac{\gamma}{1-\beta}\delta u \tag{23}$$

先从式（20）中解出 u 的表达式，再将该表达式代入式（23）中，然后消去式（22）和式（23）之间的 $\dot{\theta}_2/\theta_2$，且将 κ 表示成 v 的形式。然后与式（21）联立消除 κ，求得人力资本的效率增长率，我称之为 v^*：

$$v^* = \sigma^{-1}\left[\delta - \frac{1-\beta}{1-\beta+\gamma}(\rho-\lambda)\right] \tag{24}$$

若模型沿着一个均衡平衡路径，则式（18）替代式（17），式（23）也被下式所取代：

$$\frac{\dot{\theta}_2}{\theta_2} = \rho - \delta \tag{25}$$

按照从式（23）推导出效率增长率 v^* 的方法，我们从式（25）中可以得到均衡增长率 v：

$$v = [\sigma(1-\beta+\gamma)-\gamma]^{-1}[(1-\beta)(\delta-(\rho-\lambda))] \tag{26}$$

要应用式（24）和式（26），增长率 v 和 v^* 应该不超过最大可能的增长率 δ。这一限制条件要求：

$$\sigma \geqslant 1-\frac{1-\beta}{1-\beta+\gamma}\frac{\rho-\lambda}{\delta} \tag{27}$$

从上式可看出,模型不适用于风险厌恶程度太低的情况(即消费的跨时期可替代性太高)。① 当式(27)满足相等条件时,则有 $v^{*}=v=\delta$;当方程不严格满足时,正如我们所料,$v^{*}>v$。

式(24)和式(26)分别给出了人力资本沿着平衡路径时的效率增长率和均衡增长率。在这两种情况下,增长都随着人力资本投资的效率 δ 上升而上升,随着贴现率 ρ 上升而下降(终于得出了节俭和增长的联系!)。式(21)给出了这两种情况下相应的人均物质资本增长率。需要强调的是,该理论预测,无论外部效应 γ 是否为正值,经济都会持续增长。如果 $\gamma=0$,有 $\kappa=v$,而如果 $\gamma>0$,则有 $\kappa>v$,因此,外部效应导致物质资本比人力资本增长得更快。

当 $\sigma=1$ 时,人力资本效率增长率和均衡增长率的差为式(24)减去式(26),即:

$$v^{*}-v=\frac{\gamma}{1-\beta+\gamma}(\rho-\lambda)$$

由此可以看出,当外部效应较小($\gamma\approx 0$),或者贴现率较低($\rho-\lambda\approx 0$)时,无效率也较小。

式(21)、式(24)和式(26)在效率和均衡情况下,描述了两种资本的渐近率。关于这些变量的水平又是如何呢?正如在初始模型中那样,该信息隐含在资本边际生产率条件式(19)中。在初始模型中,这一条件——或类似于式(6)——决定了标准化变量 $z(t)=e^{-(\kappa+\lambda)t}K(t)$ 唯一的长期值。在两种资本模型中,这一条件定义了一条与两个标准化变量 $z_1(t)=e^{-(\kappa+\lambda)t}K(t)$ 和 $z_2(t)=e^{-vt}h(t)$ 相关联的曲线。将这些变量代入式(19)中,以替代 $K(t)$ 和 $h(t)$,并将式(21)中 κ 的表达式代入式(19)中,得到:

---

① 如果效用函数过于线性化(σ 太接近于0),且 δ 足够高,那么消费者将永远保持延期消费。这种情况在宇泽模型中不会发生,即使他假设 $\sigma=0$,因为他设定式(13)中 $1-u(t)$ 报酬递减。

$$(\beta AN_0^{1-\beta}u^{1-\beta})z_1^{\beta-1}z_2^{1-\beta+\gamma} = \rho+\sigma\kappa \tag{28}$$

在平衡路径上，所有（z_1,z_2）都满足式（28）。我们首先看看（标准化）资本组合的核轨迹是什么，然后再看看这些轨迹对系统的动态含义是什么。

图1.1描绘了由式（28）定义的曲线。在没有外部效应（$\gamma=0$）的条件下，它是一条从原点出发的直线；相反，若$\gamma>0$，它是一条凸的曲线。曲线的位置取决于u和κ的大小，这两个变量可由式（20）和式（21）表示为v的函数。据此我们能够看到v值的上升将使曲线向右移动。因此，一个在平衡路径上的效率经济，对于任何给定的物质资本水平（z_1），都有更高的人力资本水平（z_2），因为$v^*>v$。

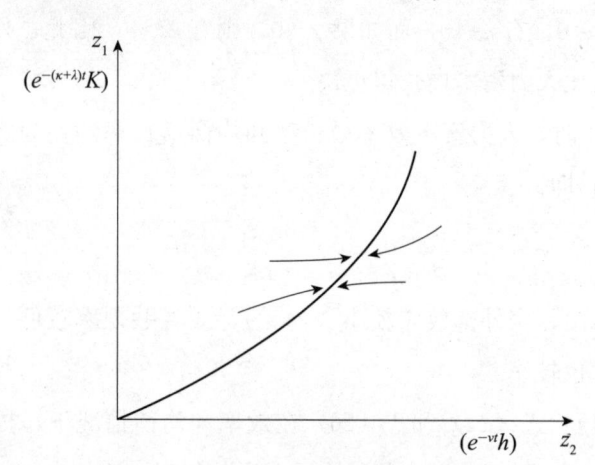

图1.1　人力资本和物质资本的可能路径

该系统的动态不如那些单商品模型的动态好理解，但是我设想对于两种资本的任何初始值（$K(0)$，$h(0)$），（$z_1(t)$，$z_2(t)$）的路径解（不管是效率系统还是均衡系统）将收敛于图1.1中曲线上的某一点，但是这一渐近的位置将取决于初始位置。图1.1中的箭头说明了一些可能的轨迹。那么，在这些动态系统中，一个初始人力资本和物质资本较低水平的经济体，将永远处在初始禀赋较好的经济体的下方。

图1.1中的曲线被定义为长期资本（K,h）的轨迹，物质资本边际产品有着由式（19）右边给出的常数值$\rho+\sigma\kappa$。沿着这条曲线，物质资本的回报是常数，并且在跨期下两种资本存量都在增长，回报也不变。

在不存在外部效应 γ 时,给定技术水平,沿着这条曲线,劳动的真实工资率(劳动边际产品)也是不变的。这一点只需通过式(11)计算出劳动边际产品,并做一些适当替换就可以证明。

在一般情况下,$\gamma \geqslant 0$,真实工资会随着图中 1.1 中的曲线上升而增加。沿着这条曲线,可以得到如下弹性方程:

$$\frac{K}{w}\frac{\partial w}{\partial K} = \frac{(1+\beta)\gamma}{1-\beta+\gamma}$$

因此,任何技术水平上的劳动力,在富国比在穷国有着更高的工资(当然,富国中的工人比穷国工人具有更熟练的技能)。在所有国家中,在每一技术水平下,工资以 ω 速度增长:

$$\omega = \frac{\gamma}{1-\beta}v$$

然后考虑技术增长,工资以下式增长:

$$\omega + v = \frac{1-\beta+\gamma}{1-\beta}v = \kappa$$

它与人均物质资本存量的增长率相等。

我建议使用式(21)、式(26)和式(10)组成的模型去拟合美国时间序列或由美国时间序列对模型参数进行估算。正如索洛模型使用的 λ、κ、β 和 s,由丹尼森(Denison,1961)估计得到的值,分别为 0.013、0.014、0.25 和 0.1。丹尼森同样给出了他那时的人力资本年增长率的估算值为 0.009,该估算主要基于不同教育水平的工人在劳动力构成上的比例变化,以及对不同受教育水平工人相对收入变化的观察。我将使用 0.009 作为 v 的一个估计值,这意味着假设人力资本积累达到一个点,在该点上私人收益等于社会(也即私人的)成本(因为在美国学校教育得到大量补贴,这一假设似乎很不符合实际,但是大多数教育补贴是针对早期学校教育的,几乎每个人都能参与,因此不会影响我对人力资本积累的边际计算)。接下来,我们将使用式(10)、式(21)和式(26)来估算 ρ、σ、γ 和 δ。

如同索洛模型一样,沿着稳态路径,不能分别求出 ρ 和 σ,但是式(10)(该式能够使用第 2 节模型推导方式推导出来)表明 $\rho + \sigma \kappa = 0.067\,5$。

式（21）表明 $\gamma=0.417$。联立式（21）和式（26），可以得到 γ，v，β，δ，λ 和 $\rho+\sigma\kappa$，但是不能分别得出 ρ 或 σ。通过这一关系式得到 δ 的一个估算值为 0.05。式（20）表明投入到商品生产中的时间份额为 $u=0.82$。

给定这些参数估算值，根据式（24），能够计算出人力资本增长的效率增长率，它是 σ 的函数：$v^{*}=0.009+0.014\,6/\sigma$。表 1.1 给出了一些 v^{*} 值，以及与之相关的 u^{*} 和 κ^{*} 的值，$\kappa^{*}=(1.556)v^{*}$。在对数效用下（$\sigma=1$），美国经济在人力资本积累上的付出"应该"是目前的近 3 倍，而"应该"享受的人均消费增长比过去大概高出了 2 个百分点。

假设人力资本的所有回报率都是内部的，或 $\gamma=0$，我们很容易使用该模型去拟合美国数据。在这种情况下，根据式（21）、式（22）和式（26），v，v^{*}，κ 具有相同的值，即 $\sigma^{-1}[\delta-(\rho-\lambda)]$，物质资本与人力资本的比将收敛于一个与初始条件无关的值（图 1.1 中的曲线将是一条直线）。由于当前 v 的值等于丹尼森估算的 κ 值 0.014，表明 $u=0.72$，或效率工人 28% 的时间投入到人力资本积累当中。根据丹尼森的估算，由学校教育引起的人力资本增长率只有 0.009，另外 0.005 归结于其他因素，比方说，与生产活动存在明显区别的在职培训。

表 1.1

σ	v^{*}	u^{*}	κ^{*}
1	0.024	0.52	0.037
2	0.016	0.68	0.025
3	0.014	0.72	0.022

从以上这些分析中能得出什么结论呢？在我看来，规范方面的结论非常少：上述模型拟合美国数据的能力与索洛模型一样，在索洛模型中，均衡增长率与效率增长率是一致的。进一步地讲，可以合并这两个模型以产生一系列也具有同样拟合数据能力的中间模型。我只是发现了一些新的可能性，以期得到各国收入水平和增长率差异的一个理论解释。由于刚检验的这一模型与任何规模的人均收入的永久性差异保持一致（尽管还无法与增长率差异保持一致），所以就我的目标而言，已取

得了一些进展。在回到详细的实证分析之前,我想再创造出一个与上述模型非常不同的模型,在该模型中,人力资本起着关键作用。

5. 干中学和比较优势

我在刚研究的模型中,将人力资本的积累等同于减少用于产生人力资本活动(比方说,去上学)的时间的决策。正如许多经济学家已经观察到的,在职培训或干中学在人力资本形成中似乎至少与学校教育一样重要。将这些影响因素加入到之前的模型中并不困难,但是一次仅考虑一个因素比较容易,因此,我将在要阐述的系统中(仍然假定系统是封闭的),将所有的人力资本积累看作是干中学中得到的。这样做将需要思考由许多消费品组成的经济,这为国际贸易和经济增长之间相互作用的研究带来许多有趣的新可能性。①

假设存在两种消费品 c_1 和 c_2,且没有物质资本。为了简化,令人口固定不变。第 i 个商品用李嘉图技术(Ricardian technology)生产:

$$c_i(t) = h_i(t)u_i(t)N(t), \quad i = 1,2 \tag{29}$$

其中,$h_i(t)$ 是专门用于商品 i 生产的人力资本,$u_i(t)$ 是投入生产商品 i 的劳动力占总体劳动力的比例(因此,$u_i \geqslant 0$ 且 $u_1 + u_2 = 1$)。当然,在该模型中增加物质资本本身并不困难,只需要对每一商品的生产用上文的式(11)或相关式子代替式(29)即可。我将在下文考察这一混合模型的行为,但是为了使问题变得简化,现在仍然将它从资本中抽象掉。

为了反映干中学的作用,假设 $h_i(t)$ 随着投入到生产商品 i 中的时间份额 $u_i(t)$ 的增加而提高(与上一节随着生产时间的减少而提升相反)。下式是反映这种思想的简单的方式:

$$\dot{h}_i(t) = h_i(t)\delta_i u_i(t) \tag{30}$$

---

① 本节使用的有关学习的论述来自于克鲁格曼(Krugman, 1987)。

具体而言，假设 $\delta_1 > \delta_2$，即商品1被看作"高技术"商品。为了展开讨论，假设在一个极端情况下，式（29）和式（30）中 $h_i(t)$ 的效应完全是外部的：每一商品的产量和技术积累仅取决于那个行业的平均技术水平。

正如式（13）中的情况，在之前讨论的模型中，人力资本积累式（30）似乎违背了报酬递减规律，虽然我们在研究特定商品生产率增长中能观察到该规律。在任何特定的活动中，干中学首先一开始都增长得特别快，然后逐渐变慢，直到最后停止。但是，正如前面的讨论，如果我们在式（30）中引入报酬递减，那么人力资本将失去其作为增长引擎的地位（因此目前的讨论也没有了意义）。我想式（30）描述了这样的一种环境，在该环境中，新商品不断被引进，对于每一种新产品单独进行学习具有报酬递减特征，并且旧商品特定的人力资本以某种方式传递给新商品。换言之，就如同我们需要考虑家庭中人力资本的继承性一样，我们也需要考虑一个商品体系生产中人力资本的继承性。①

在假设没有物质资本积累和人力资本积累为纯粹外部性的情况下，单个消费者不需要进行跨期权衡决策，所以在偏好方面我们只需要知道他的当期效用函数即可。我将采用一个不变替代弹性的形式，如下所示：

$$U(c_1, c_2) = [\alpha_1 c_1^{-\rho} + \alpha_2 c_2^{-\rho}]^{-1/\rho} \tag{31}$$

其中，$\alpha_i \geq 0$，$\alpha_1 + \alpha_2 = 1$，$\rho > -1$，$\sigma = 1/(1+\rho)$。σ 是 c_1 和 c_2 间替代弹性（注意，本节中参数 ρ 和 σ 与第2~4节中的 ρ 和 σ 代表的偏好含义完全不同）。在式（29）~式（31）给出的技术和偏好下，我先计算出自给自足经济的均衡，然后转向有国际贸易的情况。

以第一个商品为计价基准，令 $(1, q)$ 为封闭经济的均衡价格，那么 q 必然等于消费中的边际替代率，即：

$$q = \frac{U_2(c_1, c_2)}{U_1(c_1, c_2)} = \frac{\alpha_2}{\alpha_1}\left(\frac{c_2}{c_1}\right)^{-(1+\rho)}$$

---

① 斯托基（Stokey, 1988）构建了一个在无限商品体系中进行学习的模型，准确地捕捉了这些特征。其中商品体系包括已生产的商品和潜在生产的商品。

由此式可求得两种商品的消费比，

$$\frac{c_2}{c_1} = \left(\frac{\alpha_2}{\alpha_1}\right)^\sigma q^{-\sigma} \tag{32}$$

因此，这两种商品都将被生产。将式（29）加上利润最大化条件，可以看出相对价格由人力资本禀赋决定：$q=h_1/h_2$。联立式（29）和式（32），可以求出劳动力分配的均衡值，它是人力资本禀赋的函数：

$$\frac{c_2}{c_1} = \frac{u_2 h_2}{u_1 h_1} = \left(\frac{\alpha_2}{\alpha_1}\right)^\sigma \left(\frac{h_2}{h_1}\right)^\sigma$$

或

$$\frac{1-u_1}{u_1} = \left(\frac{\alpha_2}{\alpha_1}\right)^\sigma \left(\frac{h_2}{h_1}\right)^{\sigma-1} \tag{33}$$

将该信息加入到式（30）中，就可得到这一封闭经济的动态方程。首先求解自足自给的价格路径 $q(t)=h_1(t)/h_2(t)$，可以得到：

$$\frac{1}{q}\frac{dq}{dt} = \frac{1}{h_1}\frac{dh_1}{dt} - \frac{1}{h_2}\frac{dh_2}{dt} = \delta_1 u_1 - \delta_2(1-u_1)$$

或

$$\frac{1}{q}\frac{dq}{dt} = (\delta_1+\delta_2)\left[1+\left(\frac{\alpha_2}{\alpha_1}\right)^\sigma q^{1-\sigma}\right]^{-1} - \delta_2 \tag{34}$$

给定初始禀赋为 $h_1(0)$ 和 $h_2(0)$，对 $q(t)=h_1(t)/h_2(t)$ 求解一阶导数，可以求出每一时期的劳动力分配（根据式（33）），从而由式（30），可分别求得 $h_1(t)$ 和 $h_2(t)$ 的路径。

对于贸易学者来说，根据两种商品间的替代弹性 σ，将式（34）分成三种情况来讨论，是再正常不过的事情。在考虑贸易的前提下，对我们来说，有意义的情况是 $\sigma>1$ 时，这里 c_1 和 c_2 被假设具有良好的替代性。在讨论这一情况之前，我们需要对这三种可能性全面考察一下，参考图 1.2。

图 1.2 描述的是 $\sigma>1$ 的情形，在这种情形下，函数 $[1+(\alpha_2/\alpha_1)^\sigma q^{1-\sigma}]^{-1}$ 向上倾斜。在 q^* 的左边，$dq/dt<0$，因此 $q(t)$ 趋于 0。在 q^* 的右边，$dq/dt>0$，因此 $q(t)$ 毫无限制地增长。因此，自给自足的经济系统收敛于两种商品中的一种商品（除非 $q(0)=q^*$）。至于选择哪种

商品进行专门生产，取决于初始条件。如果我们最初擅长生产 c_1（如果 $q(0)>q^*$），且生产了很多商品 c_1，相对地我们越来越擅长生产更多的商品 c_1，由于 c_1 和 c_2 具有良好的替代性，生产商品 c_2 的数量微乎其微。

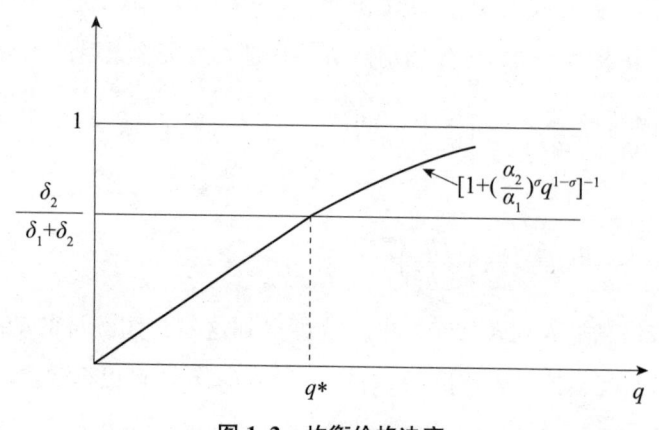

图 1.2　均衡价格决定

如果商品替代性不好，即 $\sigma<1$，图 1.2 中的曲线向下倾斜，并且 q^* 成为一个稳定的点。在这一点上，劳动力分配使得 $\delta_1 u_1$ 和 $\delta_2 u_2$ 相等。

在临界情况 $\sigma=1$ 时，曲线是水平的。劳动力的初始分配由需求权重决定：$u_i=\alpha_i$，$i=1,2$，这种分配比例将永远保持下去。自给自足的价格将永远以不变的速度 $(1/q)(dq/dt)=\alpha_1\delta_1-\alpha_2\delta_2$ 增长（或缩小）。

当我们学会如何生产计算机越来越便宜的时候，我们可以利用这个优势进行消费替代，消费更多的计算机而减少土豆的消费，或者，我们也可以从计算机生产中节省下资源，以消费更多的土豆。我们的选择，毫无疑问，取决于这两种商品是否具有良好的替代性。

正如上一节人力资本模型的情况一样，很显然我们刚刚计算出的均衡路径也是无效的。因为学习效应被假定为外部性，所以理性的代理人将不会考虑它们。如果考虑了学习效应，那么相对于均衡分配而言，代理人将把劳动力分配给 δ_i 较高的商品，以便利用其较高的增长潜力。

因此，除了不存在物质资本外，这一封闭经济模型与上一节的模型非常类似。在这两种模型中，人力资本积累都意味着当期效用的牺牲。

在第一个模型中，牺牲的方式是当期消费减少。在第二个模型中，牺牲的方式表现为相对于较缓慢的人力资本增长而言，获得低于愿望的消费品组合。在这两个模型中，均衡增长率低于效率增长率，导致了更低的福利水平。通过教育补贴将提高第一个模型的效率。在第二个模型中，用美国时下流行的语言讲，就是实施"挑选赢家"的"产业政策"（即补贴高 $\alpha_i\delta_i$ 的商品生产）。在模型中，"挑选赢家"是容易的，要是在现实中也是这样就好了！

将国际贸易引进到第二个模型中，我想会产生真正有意义的可能结果，尽管我不久前才对这些可能性进行了深入的分析。考虑由一些小国构成的最简单的世界，生产两种最终商品，实行完全自由贸易。在这种情况下，所有国家价格都等于世界价格，记作 $(1,p)$，每个国家的 p 是给定的。图 1.3 描述了这个简单的世界在单一时间点上的状况。在该图中，轮廓线反映了各国初始人力资本禀赋决定的国家联合分布。一个国家用一个点 (h_1,h_2) 表示，通过分布可以看出不同禀赋水平的国家集中度。

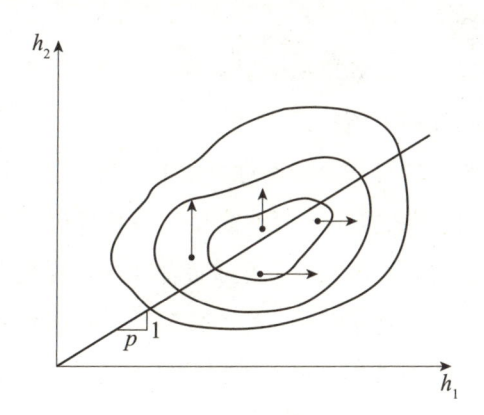

图 1.3 技能演变

给定一个世界价格 p，位于指示线上方的国家是商品 2 的生产者，因为对于它们来说 $h_1/h_2 < p$，专门生产商品 2 可以使产量最大化。位于指示线下方的国家是商品 1 的生产者，与位于指示线上方的国家有着同样的理由。通过加总（或积分）位于该价格线下方的 h_1 值，能够计算出在每一个价格 p 上的商品 1 的世界供给量，通过加总（或积分）位于该价格线上方的 h_2 值，能够得到每一个价格上的世界供

给量。显然,商品 2 的供给量是价格 p 的一个增函数,商品 1 的供给量则是价格 p 的一个减函数,因此总的供给量比率 c_2/c_1 随着 p 的上升而上升。

由于各国具有相同的偏好,因此世界相对需求与自给自足情况一样,是关于价格 p 的减函数:$c_2/c_1 = (\alpha_2/\alpha_1)^\sigma p^{-\sigma}$。这样,这一静态模型决定了世界相对价格 p 唯一的均衡结果。现在我们开始进行动态分析。

图 1.3 中位于价格线上方的国家仅生产商品 2,因此,其禀赋 h_1 是不变的,而禀赋 h_2 则以速度 δ_2 增长。位于价格线下方的国家仅生产商品 1,它们的禀赋 h_2 是不变的,而禀赋 h_1 则以速度 δ_1 增长。图 1.3 中的箭头表示每个国家的 (h_1, h_2) 坐标变化方向,它的改变决定一段时间内商品供给的禀赋分布。这些变化显然强化了比较优势,导致每个国家进行专门化生产。另一方面,随着禀赋分布的变化,均衡价格 p 也发生改变。这些价格变化是否可能导致一个国家从一个商品的专门化生产转向另一个商品的专门化生产?

稍加思考可以看出,如果哪个国家改变专门化生产的商品,那么这个国家之前一定是较高 δ 值的商品(即商品 1)的生产者。由于商品 1 的供给量迅速增长,贸易状况变得对商品 1 不利(在没有国家改变生产的情况下),讨论再一次转向了两种商品的可替代性问题。如果 σ 是低的,贸易状况可能恶化得很快,以至于商品 1 的边际生产者将转向生产商品 2:虽然相对而言他更擅长于生产商品 1,但是改变并不是足够地快。通过以下的不等式方程,可以排除这种可能性:

$$\sigma \geqslant 1 - \frac{\delta_2}{\delta_1} \tag{35}$$

我已经说过 $\sigma > 1$ 才是有意义的情况,因此在余下部分的讨论中我将使用式(35)。

在式(35)下——也就是说,没有生产者转变商品生产——我们能够从相对需求表中获取价格动态信息:

$$\frac{1}{p}\frac{dp}{dt} = \frac{\delta_1 - \delta_2}{\sigma} \tag{36}$$

随着相对价格变动的确定,所有国家真实产出增长率也被确定下来。如果以商品 1 价格为单位,那么商品 1 生产的产量以速度 δ_1 增长,商品 2 生产的产量以速度 $\delta_2+(1/p)(dp/dt)=\delta_2+(\delta_1-\delta_2)/\sigma$ 增长。一般而言,处于均衡中的国家真实产出增长率都是不变的,但相互之间并不相等。

哪一个国家将增长得最快?要使高 δ 值的商品 1 的生产者真正增长得更快,需要满足以下条件:

$$\delta_1 > \delta_2 + \frac{\delta_1-\delta_2}{\sigma}$$

该条件等同于 $\sigma>1$。换言之,仅当两种商品具有良好的替代性时,(在具有比较优势的条件下)生产高知识含量的商品将会导致比平均真实增长更快的增长。这正是该模型设计之初想要得到的结果,在我看来,$\sigma>1$ 确实是唯一潜在的有意义的情况。如果技术变化产生的贸易条件改变的间接效应超过了由技术变化引起的生产率改变的直接效应(这正是 $\sigma<1$ 的情形),技术迅速变化的国家真实收入增长最慢。可能存在这种"贫困化增长"的一些例子,但它们肯定是例外,而不是普遍情况(这些就是我前面提到的贸易因素)。

这一简单模型与第 4 节中的模型一样,预测了不变的、内生决定的真实增长率。此外,该模型还提供了不同国家增长率差异的可能性解释,尽管这种差异与收入水平系统上无关。依据该模型,在均衡状态下,比较优势决定生产模式:每一个国家生产适合它们人力资本禀赋的商品。给定一个类似式(30)的学习技术,通过生产自身擅长的商品积累技术,这进一步加强了它们自身的比较优势。从这点上来看,各国的生产将倾向于锁定在初始的生产模式上,各国的增长率都是稳定的但是又不相同。毫无疑问,我们能观察到这种稳定性的动力,但是似乎在现实中又有力量抵消了这种动力,而这一点模型并没有捕捉到。

一种抵消力量是需求结构的处理。在效用不变的假设下,需求结构并不随收入增长改变。但是,事实上,与不变假设相反,我们知道重要商品的需求—收入弹性是不相同的(例如,我们知道随着收入的增长,需求将系统地从食物消费中转移出来)。这种力量将随着时间在其他商品生产中创造出新的比较优势,从而引起世界生产模式和增长率的改变。

我猜想更加重要的另外一个抵消力量与新商品的不断引进和旧商品学习效率的降低有关。我在模型构建时,把学习看作以不变速度投入于生产一组固定商品之中,从而导致一些世界贸易模式变化的重要源泉被抽象掉。按照目前的理论技术水平,对模型进行修改以融合这两种类型的可能性,是一个完全实际的想法,但是这一修正模型的一般均衡解仍未被求出。①

修正的模型为讨论经济发展的两大流行"策略"提供了一个简单的背景:"进口替代"和"出口提升"。考虑一个具有 $q=h_1/h_2$ 的国家目前位于图 1.2 中 q^* 的右侧,但是 (h_1,h_2) 位于图 1.3 中均衡世界价格线的上方。在自由贸易情况下,这个国家将永远专门化生产商品 2。在封闭条件下(这仅是进口替代政策的一个极端形式)该国家将专门化生产商品 1。受保护产业的技术将不断发展,最终,在自由贸易条件下生产商品 1 也具有了比较优势,此时再坚持封闭政策也就没有了任何意义,但是这一点并不是一开始就这样的。

我不得不补充,从理论上看,这只是众多可能性中的一种可能性。另外一个可能性是初始 q 值位于图 1.2 中 q^* 下方。在这种情况下,封闭政策不再为新兴行业提供支持,而是使国家永远无法享受高知识含量的商品。因此,在这个模型的背景下,我们无法凭空得出有关贸易和发展的有用的政策指导。为了得到明确的结论,我们需要知道不同地区生产不同商品在现实中是否具有技术的可行性。

我所讲的"出口提升"政策与通常的含义略微不同:通过税收和补贴政策调控一个国家生产者面临的贸易条件 p。在这种灵活性政策下,不必仅在世界价格 p 和封闭价格 q 之间选择,而是可以设置任何生产激励,并进而在自由贸易两种极端均衡的增长率之间选择任何增长率。显

---

① 再次参见斯托基(Stokey,1988)。

然，即使具有这种灵活性，它也无法保证"加快增长"与"提高福利"一致，虽然它们有可能达到一致。

在这一节中，我的目标是提供一个理论模型，以解释各国增长率的差异，而不是提供政策建议。建立在外部效应基础上的新兴产业保护案例是经典的，并且从经验上看，将它嵌入到一个稍微新的框架下也是有效的。但是我想，能否用一个没有外部效应的模型去解释我们观察到的跨国增长率的巨大差异呢？在我看来，现在还无法做到。

6. 城市与增长

到目前为止，我的精力几乎全部花费在了经济发展机制的设计上，恐怕本章的讨论也不会超出这个范围。不过，我相信一个成功的经济发展理论（或者任何其他成功的理论）不能只是停留在总量建模上。接下来，我将解释一下这句话的含义，并指出我们在哪些方面还能拓展分析，以便取得更有深度、更富有成效的收获。

在第 4 节和第 5 节的模型中，经济增长的引擎是人力资本。在这两个模型中，人力资本只是一种简单的、带有某些假设特性的无法观察的数量或力量。我假设人力资本的存在是为了解释总量经济行为的一些我们观察到的特征。如果这些行为特征是人力资本全部可观察到的结果，那么在我看来，对这种力量的称谓并不重要，比如说，我们可称之为新教伦理观、历史的精神，或者"X 因素"。毕竟，我们不能对一个社会拥有的人力资本总量，或者它的增长速度进行直接测量，就像我们无法测量新教伦理观对社会的影响一样。

然而，我们了解的人力资本并不仅仅是这些。这一公认的不可观察的力量也可以用来解释大量的现象，包括我们分配时间的方式，个人收入在一生中的演进方式，家庭、企业和其他组织内部关系的形成、维持和解散等等。在人力资本思想刚提出的时候，一切就像在雾里一样——至少对我来说是这样的，但是经过 20 多年的研究和应用，我们逐渐学会了在许多不同的现象中"观察"它，就好像我们从气象学那里学到了怎样从飘过的云层中"看到"暖流的出现，或者从闷热而潮湿的空气中"感受"到它的存在一样。

确实，人力资本的发展已经大大改变了我们考虑物质资本的方式。毕竟，我们不能直接测量一个社会的物质资本，就像我们不能直接测量人力资本一样。"计数机"（counting machines）虚构的东西在某些抽象的背景下可能是有用的，但是在实际经济甚至最原始的经济中，却没有可操作性和用途。如果资本能够测量，那么关于资本测量问题的"两个剑桥"之争，很早以前就能得到解决，其结果会支持英国新剑桥学派的观点。物质资本最好也被看作是一种无法观察的力量，我们假设它存在是为了以一种统一的方式解释某些能观察到的事实：无法给消费者带来直接收益的产品被生产出来，但生产这些产品将提高未来的劳动生产率等等。

事实上，对人力资本和物质资本的假设在宏观背景之外还有许多可观察到的含义，除了使宏观理论学家有了"微观基础"的感觉外，还在特定的数量应用方面也有重要的意义。例如，当我将人力资本模型应用于美国总量数据的时候，尽管美国的教育受到了大量的政府干预，明显不是竞争性行业，但是比较发现，美国的观察事实与竞争模型（相对于效率模型而言）预测的结果是一致的。那么为什么不将观察到的路径与效率轨迹联系起来呢？这是因为总量数据无法区别两种假设，效率模型与我采用的竞争模型"拟合"结果并无差别。选择竞争模型，主要是从个人角度看，大部分教育补贴都在边际水平之下。这个事实意味着，在解决特定问题之前，模型还有许多方面需要改进，同时，它也表明：建立在总量之外的其他宏观模型——虽然有"微观基础"，可以为解决总量问题提供帮助，但是仅凭宏观理论和观察，这些问题是无法得到解决的。如果无法做到这一点，那只能根据过去趋势推测未来的方向，而一旦这些趋势发生改变，我们就会感到出乎意外。

在我建立的这些宏观模型中，人力资本的概念和人力资本的外部效应起着关键的作用。在我看来，人力资本的外部效应与一般意义上的人力资本概念有很大的差别:在 20 年的研究中,我几乎全部的注意力都在人力资本内部效应上,或者人力资本为私人(或他的家庭)带来的回报上。如果我们在这种研究中"看到"人力资本,但大部分外部效应都无法看到,或仅在总量水平上能看到。例如,在第 4 节中我估计美国的人力资本外部效应的产出弹性为 $\gamma=0.4$,这是一个正确的数字吗?或者我们用一个更好的方式提问:$\gamma=0.4$ 与其他数据一致吗?但其他数据又是什么呢?我无法给出这个问题的答案,但是它是那样重要以致我不得不投入大量精力寻找这个答案。我紧跟简·雅各布斯开展这些工作。在我看来,她的非凡著作《城市经济》(The Economy of Cities),令人信服地阐述了人力资本外部效应,尽管她并没有使用这一术语。

我一直关注国家经济增长的模型化问题,既包括封闭经济,也包括自由贸易经济。从某种意义上讲,这是对我本章一开始引用内容的回应:大部分数据都是以国家水平上的时间序列形式出现的。因此,"与事实符合"就是与国家的总体事实符合。当我们考虑政策变动的效应时,国家自然再次成为我们考虑的经济单位,因为大多数重要的财政和金融政策都是在国家层面上作出的,并且在影响国家经济上也是一致的。但从上文类似式(11)所示的技术角度来看,我们假设的是群体的平均技能影响的是群体中个体的生产率,将国家经济作为一个经济单位来考虑完全是武断的。假如波多黎各成为美国的第 51 个州,这本身并不改变波多黎各人们的生产率,尽管这将大幅度提高他们的平均人力资本水平。式(11)中的 h_a^γ 项表示的外部效应是指个人生产率对其他人生产率的影响,因此,这种效应的范围与不同群体之间的作用方式有关。这些方式与政治边界有关,但两者完全不是同一回事。

对于外部效应的范围问题,显然不可能存在唯一正确的答案。许多外部效应可以在家庭或企业一个小群体中内部化。在对无限生命期的家庭作为行为代理人处理时,我假设外部效应是非市场(non-market)水平产生的,因此,私人收益和社会收益并不存在差别。在另一种极端情况下,基础发现会立刻变成公共的财富,例如新的数学成果发现。用于这些发现的资源本来可以满足当期消费,但对大多数国家和个人而言,这些发现是"外生"的，以第 2 节 $A(t)$ 的方式引入模型比第 4 节中以 $h_a(t)$ 的方式引入更合适。

如果能将外部生产效应简单地分为全球范围或家庭及厂商这一水平，那么我想建立一个引入人力资本内部效应而将其他效应视作外生技术变迁结果的模型就足够了。这种模型是介于第 2 节和第 4 节模型之间的中间模型，其对发达国家时间序列的拟合效果与我前面提到的任何一个模型都没有差别，而这反过来也使我们无法仅凭数据对它们进行区分。不过，我认为这个模型很难解释在缺少资本流动下人口迁移的压力，但是这一异常现象也许能通过其他方式得到解释。

然而，我们从日常经验中获悉，能对个体生产率产生关键影响的群体作用存在于大于家庭但小于全人类范围的群体之间。我们的大部分知识通过向他人学习得到。在这些学习中，有一部分需要付出学费，或通过直接或间接的方式——以接受较低的报酬为代价与他们在一起。但大部分知识都可以免费获得，且常常以交互的方式得到，此时已无法区分学生和老师，我个人的职业生涯也是如此。我很清楚能从同事身上学到许多东西，以致我会花费一些时间考虑究竟应该和哪一些人成为同事。我还会花费一些时间去各地旅游，以便与那些我们希望但是事实上没能成为同事的人交流。这种外部效应是所有艺术和科学——"创造性职业"——共有的。人类所有的智慧历史都是这种效应传播的历史。

但正如雅各布斯所强调并以几百个实例证明的那样：许多经济生活与科学、艺术一样具有创造性。纽约的时装区、金融区、珠宝区、广告区和其他类似区域与哥伦比亚大学或纽约大学一样都是智力中心。虽然这些区域交流的内容与学术圈子不同，但过程非常相似。在外人看来并无不同：一群人做着几乎相同的事情，但每个人都强调自己工作的原创性和独特性。

对这些因素的考虑使我们确信人力资本外部性的存在，甚至将它们看作是经济增长中的一个重要因素。但是，将它们量化并不容易。这时，我再次发现雅各布斯的成果颇具启发性。她强调城市在经济增长中的地位源于她对城市的观察，她发现城市在经济中的作用就像原子核在原子中的作用：如果我们仅仅列举城市的一般性经济力量，城市将变得支离破碎。生产理论无法告诉我们城市的整体是什么。城市是生产要素——资本、劳动、土地——的简单集合，而且城市外的土地比城市内的土地便宜得多。为什么资本和劳动不流向城市外，与更便宜的土地结合以提高利润呢？当然，人们喜欢居住在购物方便的地方，商店也需要建立在离顾客较近的地方。但是这种循环推理只能解释购物中心的存在，而无法解释城市的存在。由于城市是大规模的批发商和生产商的聚集地，一个理论要解释城市的存在，就不能不解释为何这些生产商宁愿选择高成本而不选择低成本的运行模式。

我感到我们在解释经济生活中城市的中心作用力量时所需要的假设，与我在解释宏观经济发展的某些特征时所使用的人力资本外部性假设本质上是一样的。如果是这样，土地的租金能提供这种力量的直接的测量，就如同学校教育产生的收入差异能提供人力资本内部性的生产力效应的测量一样。为了利用城市地租信息，我们需要建立一个比我已提供的关于人力资本外部效应更加详细的理论（就如同为了利用收入数据的信息，我们需要建立一个比第 4 节中的人力资本理论更加详细的理论一样）。这两种情况的总的逻辑是一样的。如果不是为了与其他人更加接近，那么他们支付曼哈顿或芝加哥市中心的租金是为了什么呢？

7. 结论

正如我在本章开头所讲，我的目标是努力寻找一种适合研究经济发展的（我所称谓的）机制，即一个微分方程构成的系统，它能模拟我们在世界经济中观察到的经济行为的主要特征。我一直竭尽所能来实现这个目标，现在我将停下来总结一下这些机制的主要特征，以及与我们观察到的事实的一致程度。

我认为我在第 4 节建立的模型是关键的，该模型除了给定人口增长率外，再没有其他外面或外部力量。在这个模型中存在两种资本，或者说两个变量：在我们熟悉的新古典技术下积累并用于生产的物质资本，以及能提高劳动和物质资本生产率的人力资本。人力资本的积累有一个重要的"规律"，即一个不变水平的积累能产生一个不变的增长率，而与既有的物质资本无关。

这个被视为独立的封闭系统具有如下的动态特征：物质资本的边际产品逐渐收敛于一个根本上由时间偏好决定的常数。这一事实，在只有一种资本的情况下，决定了资本的长期存量；在第4节的两种资本情况下，则决定了物质资本—人力资本平面中的一条曲线。不管初始资本的组合如何，系统都收敛于这条曲线上，具体收敛的位置取决于初始条件。初始相对贫穷的经济将保持这种相对贫穷，虽然它们收入的长期增长率与相对富裕的经济在初始时（也是永久的）相同。在一个由这种经济体组成的世界，且其中每个经济体都是封闭的情况下，各国将具有一样的增长率，并且跨期收入和财富分配将保持一个完全的稳态分布。

如果在这个模型中加入资本品交易而假设劳动力不能流动，则世界经济不会出现贸易的倾向，也就是说，穷国和富国之间不会出现借贷关系的系统性趋势。换句话说，每个国家持有的两种资本的长期关系表明物质资本的边际生产率是相同的，而不管其已经积累的资本水平有多高。这样，我将一个由封闭经济构成的世界的描述不加改变地运用到一个资本品可自由交易的世界中。

如果劳动力可以流动，则一切都取决于人力资本的效应是内部的（只影响其"所有者"生产率）还是外部的（利益能从一个人身上溢出到另一个人）。只有在后者的情况下，任意给定水平的劳动力的工资率才会随着一国财富的增加而提高，而此时，如果劳动力可以流动，则一般会从穷国流向富国。

我已经建立的模型在拟合19世纪美国经济数据方面的表现与索洛-丹尼森的现代标准的新古典模型一样好，也就是说，吻合程度相当高。这没有什么意外，因为我建模的机制尽可能与他们的思路保持一致。在我看来，它也能很好解释世界经济的主要特征：各国之间存在着巨大的收入水平差异，并在所有收入水平上都保持不变的人均收入增长（当然，每个国家在每个时期收入水平是不同的），且在不同水平上，增长率没有系统差异的明显趋势。这个模型与我们观察到的世界移民压力也是一致的，甚至在它极端地假设自然资源禀赋差异无关紧要，以及资本品和消费品可以完全自由交易的情况下，也是如此。任何技能的人如果在人力资本高的环境下能产生更高的生产率，这种压力就一定会存在，除了人口流动没有其他办法能消除这种压力。

第 4 节的模型虽然能解释平均增长率，但却无法解释各国增长率的差异或一国内不同时期增长率的差异（除非随意改变偏好和技术）。第 5 节建立了一个更加精致的两种商品的模型，提供了更多可能的结果。在这个模型中，人力资本积累与特定商品的特定生产过程相关，通过在职培训或干中学获得。如果不同的商品有着不同的人力资本增长潜力，则决定在哪里生产哪种商品的比较优势也同样决定了一国的人力资本增长率。由此，该模型得出了各国之间普遍存在且持久存在增长率差异的结果，并且这种差异与每个国家的初始资本水平并不系统相关。

在仅考虑一组固定商品组合的情况下，我解释跨国差异时并没有为解释一国内的增长率变动留下太多的空间。一国初始生产的比较优势将随着时间而被人力资本加强。在我看来，对于特定产品学习的一个更加令人满意的方式是在模型中加入新产品不断引进这一因素，并且假定对特定产品的学习潜力随产品生产数量的增加而降低。毫无疑问，我们能在现实的生产线上看到这种现象。如果能将这一现象嵌入一个易于处理的总量模型中，我们就加入了一个比较优势不断改变的因素，由此可以在第 5 节使用的一般均衡框架下颇有意思地解释一个国家内部跨期增长率的变动。

如果这个与贸易相关的增长率变动的分析是正确的话，那将是一件非常有意义的事情，因为最近戏剧般发展成功的故事——韩国、中国台湾、中国香港和新加坡的"增长奇迹"（不包括日本）——都与出口额上升有关，更为惊奇的是，这些国家和地区所出口的产品先前并不生产。这不能不使我们感到，一个强调干中学效应的模型可能有助于解释这些现象。

显然，一个成功的经济发展理论需要具有与持续增长和持续的收入水平差异相一致的机制。这正是第 4 节的目标。但是，没有一种增长模式能够保证所有的经济与之相符，因此，一个有用的理论还需要包含能改变增长模式的理论，以及使这种力量发挥作用的机制，这是一个更加艰巨的任务，我在本章中的分析显然还未做到这一点，不过在我看来第 5 节的分析是个不错的开端。

第 2 章 为什么资本不从富国流向穷国？

1. 引言

最简单的关于贸易和增长的新古典模型做出的趋同预测是众所周知的，并且该模型易于解释，因为这是从技术的标准假设中得出的必然结果。考虑两个生产相同商品的国家，假定它们的资本和劳动力的投入同质，并且具有相同的不变规模报酬的生产函数。如果两个国家的工人平均产量不同，则一定是因为两个国家工人的平均资本持有水平不同：我已排除了其他一切因素！规模递减原理暗含了在生产力较低（即比较穷）的经济体中，资本的边际产品较高。假如这样的话，如果资本品贸易是自由的且具有竞争性，那么新的投资将仅仅出现在较穷的国家中，并且在较穷国家的投资将继续下去，直到两国的资本—劳动比达到相同为止，从而工资和资本收益也必然相等。

当然，我们也能看到许多富国在穷国投资的例子，但是只需粗略地列举一些例子就可以清楚地看出，资本的流动远远没有达到新古典理论预测的水平。根据罗伯特·萨默斯和艾伦·赫斯顿（Robert Summers and Alan Heston, 1988, 表 3, 第 18～21 页），美国人均产出大概是印度的 15 倍。假设这两个国家人均产出都符合柯布-道格拉斯不变收益函数：

$$y = Ax^\beta \tag{1}$$

其中，y 是工人的人均收入，x 是工人的人均资本持有量。以此表示的资本边际产品为 $r=A\beta x^{\beta-1}$，从而，资本的人均产量可表示为：

$$r = \beta A^{1/\beta} y^{(\beta-1)/\beta} \tag{2}$$

假定两个国家资本份额仍然为 $\beta=0.4$（美国和印度资本份额的均值），那么式（2）表明印度资本的边际产品大约为美国的 $15^{1.5}=58$ 倍。

如果这一模型足够精确，世界资本市场也足够自由和完全，那么面对如此巨大的回报差异，资本品一定会迅速地从美国和其他富国流向印度和其他穷国。确实，面对如此巨大的差异，我们一定会预期不再有任何投资投入到富国。我对这个例子进行的计算表明：关于资本流动的这一标准的新古典模型预测，毫无精确性可言，导致本例结果错误的技术和贸易假设显然也是完全错误的。但是，究竟它们有什么错误，用什么假设可以代替它们呢？这是经济发展的核心问题。对于这个问题，在本章中，我考虑了四个备选答案。

2. 人力资本的差异

在上一节给出的例子中，关于两个国家之间人均有效劳动投入相同的假定，忽略了劳动质量或人力资本的差别。在修正劳动投入测量以反映人力资本不同方面，安妮·克鲁格（Anne Krueger，1968）做出了最有益的尝试。尽管她的估计基于 20 世纪 50 年代的数据，但是在最近的 25 年，穷国与富国之间的收入差异百分比本身并没有变化。无论如何，粗略的估计总比什么都没有好。克鲁格的方法是将每个国家工人的教育水平、年龄、部门等信息结合起来，得到影响工人劳动投入差异的因素，并对这些因素对工人生产率的影响进行估算。在估算时，克鲁格使用的是相对收入。

克鲁格在其著作的表Ⅲ中（第653页）给出了主要结论。在假定每个国家都具有与美国一样的物质资本禀赋的前提下，她估计了28个国家能够达到的人均资本收入，估计结果表示为美国收入的一个比例，其结果范围从大约0.38（印度、印度尼西亚、加纳）到1（加拿大）和0.84（以色列）。这些数字等于以相对人力资本存量为底，以劳动份额为指数的幂函数之值。因此，如果劳动份额为0.6（正如我在前面例子中估计的那样），则相对的人力资本贡献的估值从0.2到1不等，亦即每1个美国工人或者加拿大工人的生产率等于5个印度人或者加纳人（1987年美国每个雇佣工人的报酬大约为24 000美元，因此，这一估算结果意味着一个来自印度或加纳的具有代表性的工人在美国能够赚到大概4 800美元）。

为了用克鲁格的人力资本估值重新处理我在前面提到的例子，我将式（1）和式（2）中的 y 定义为每个有效工人的收入。这时，美国和印度之间 y 的比例变成了3而不再是15，同时，预期的资本收益率之比也变为 $3^{1.5}=5$ 而不是58。这是一个实质性的修改，但是，即便如此，初始的矛盾依然很大：收益率5倍的差别仍然使得人们预期的资本流动规模比观察到的规模要大很多。

如果用有效劳动代替劳动能完全地排除资本边际产品的差异，那么这将能回答我在本章初提出的问题。然而，如果这一问题真正得到了解决，那么代替它的将是一个更难处理的问题。在不变收益的假设下，相等的资本收益意味着相同技术的工人具有相同的工资率，因此，如果不存在导致资本流动的经济动机，那么就不存在导致劳动流动的经济动机。然而我们却发现，大量的人口从穷国移民到富国，其规模达到甚至超过了最大限度。我们并不想用这个理论来解决资本流动的难题，因为按照这个理论预言，墨西哥工人在美国和墨西哥将获得相同的工资，而这显然与数百万墨西哥人提供的真实情况相矛盾。

3. 人力资本的外部效应

显然，我们能够通过假设资本的边际产品相等，并使用式（2）和收入差异的估计值，估算出两个对比国家的参数 A（通常称为技术水平），以解决资本流动不足的难题，这正是我在这一部分中大致要完成的工作。不过，我使用的方法内容更加丰富，即假设一个经济体的技术水平为工人平均人力资本的幂函数。这一假设（如第 1 章所做的）意味着生产函数采用形式为：

$$y = Ax^\beta h^\gamma \qquad (3)$$

其中，y 表示每个有效工人的收入，x 表示每个有效工人的资本，h 表示每个工人的人力资本。我将 h^γ 解释为外部效应（正如罗默（Romer，1986a，1986b）所做）。h^γ 与式（3）中的 A 一样，提高了任何技术水平下工人的生产率。

由式（3）得出的资本边际生产率公式为：

$$r = \beta A^{1/\beta} y^{(\beta-1)/\beta} h^{\gamma/\beta} \qquad (4)$$

如果使用爱德华·丹尼森（Edward Denison，1961）对美国 1909 年和 1958 年生产率的比较估计出的参数 γ，然后将这一估计应用到式（4）中，并利用克鲁格 1959 年的跨国相对人力资本存量的估计值，可以得到一个相对资本收益率的新的预测结果。

γ 的估计如我早期的论文中所述（见第 1 章）。根据丹尼森的估算，美国在 1909—1959 年每工时产出增长比每工时资本增长快了 1 个百分点。丹尼森估计 h 的增长率为 0.009，并将其完全归因于受教育程度的增长。根据技术函数式（3），这意味着 $(1-\beta+\gamma)$ 乘以人力资本增长率 0.009 等于 0.01。如果资本份额为 $\beta=0.25$，这些数字意味着 $\gamma=0.36$。那就是说，我同事的平均人力资本提高 10%，我的生产率将提高 3.6%（该估计基于人力资本总量的增长率也是 0.009 的假定。但事实上，人力资本增长一部分是通过正规学校教育积累的。我不清楚这一假设条件有多大程度的精确性)。

现在使用克鲁格的估计结果,即 5 个印度人的生产率等于 1 个美国人,则印度和美国之间的资本预期收益率之比变为 $3^{1.5}5^{-1}=1.04$。也就是说,将人力资本的外部效应考虑进来,几乎完全消除了两国预期收益的差异。值得注意的是,这一结果绝不是我基于估算得出的。由 1909—1958 年美国比较数据估计的 γ 值完全消除了 1959 年印度—美国对比的收益差异。

人们可能认为这一结果解决了我在本章标题中提出的问题。这一问题是我在一篇早期论文中提出的,当时仅仅使用了美国的数据,但是让我惊讶的是,它在一个跨国比较中也能取得这么好的效果。但是,应该指出的是,这种跨国的比较是建立在一个国家的人力资本存量的外部收益完全归因于该国生产者的假设基础之上,这是非常重要但却令人讨厌的,而国家之间的知识溢出效应被假设为零。日常经验告诉我们,尽管个人知识增加的一些外部收益是本地的,局限在一个城市或者城市的周边,但是有一些却是世界范围内的。然而,由于缺乏这些外部效应作用范围的一些真实的证据,我们无法进一步对其进行定量分析。本节以及上一节的讨论表明,在考虑了人力资本差异后,穷国与富国之间预期的资本收益率差异至少从 58 降低到大约 5。如果知识溢出在很大程度上发生于本地,这一预期的收益率的差异将会降低到 1。

4. 资本市场的不完全性

我已经在静态条件下讨论了资本流动,理所当然地认为,在某一时点上资本边际产品的差异意味着资本品会随着时间流动。在我正在使用的单一商品情境下,这一流动等同于一个借款合同:穷国从富国获得资本,作为回报,承诺将来商品从穷国流向富国。

假如国家 A 和国家 B 从事这一交易活动,且两个国家的资本存量沿着各国的路径增长并最终收敛于相同的值。如果我们观察这两个国家的商品流动,我们发现资本品先从发达国家 A 流向落后国家 B,接着商品以利息支付或汇出利润的形式从国家 B 流向国家 A(这一阶段将持续下去)。事实上,在我论述资本流动问题时,已隐含地采用了这种模式。这是一个竞争性均衡的模式,它需要一个有效的机制以加强国际借款协议的执行。否则,国家 B 将通过终止它与国家 A 之间在某一时点上(偿还时期开始的点)的关系来获利,而国家 A 预见到这一点,将从一开始就不会借给国家 B。这种类型的资本市场的不完全性常常用术语"政治风险"来概括。

要用政治风险来解释资本流动的不足还有许多困难,其原因在于穷国与富国之间现有的政治安排出现了新情况。直到大约 1945 年,许多第三世界的国家服从欧洲强加的法律和经济安排,并且持续了几十年甚至几个世纪之久。一个欧洲人借钱给印度人或者荷属东印度群岛的人,可以预期他的合约能够与国内借款者合约一样具有完全相同的效力和以相同方式被执行。即使自 1945 年以来,政治风险可以被视为限制资本流动的一种力量,但是,为什么在 1945 年之前的两个世纪里,无法通过资本流动使得各国资本和有效劳动的比率相等呢?

我并不知道这一问题的答案,但是,在寻求答案时,我发现殖民列强的目的绝不仅仅是在世界范围内实行自由主义贸易体制。下边的垄断模型在几个方面给了我启发,它与亚当·斯密(1776/1976)对早期殖民主义的分析在本质上是非常相似的。

考虑一个帝国国家,它的投资者能够以世界收益 r 获得资本。假设帝国主义者对殖民地及与殖民地的贸易具有排他的控制权。现在假设,在一个极端情况下,殖民地自己没有资本,并且没有能力积累资本,不过,殖民地的劳动力市场是自由的。每个工人的资本为 x,在殖民地可以由帝国主义者选择,并且收入完全遣返。在这些条件下,对于具有垄断身份的帝国主义者来说,什么是最优的 x 值呢?

假定殖民地的生产函数为 $y=f(x)$。那么,垄断主义的问题是选择 x 以使下式最大化:

$$f(x)-[f(x)-xf'(x)]-rx \tag{5}$$

上式也可以解释为，总产出减去由竞争性决定的工资总额，再减去资本的机会成本。该问题的一阶条件为：

$$f'(x) = r - xf''(x) \tag{6}$$

可以看出，殖民地的资本边际产品等于世界收益 r 加上殖民地实际工资率对工人人均资本的导数。在殖民地，帝国主义者对工资的买方垄断力量是极其关键的。它的最优策略是阻止资本流动而人为地将实际工资率控制在一个低的水平。

采用我先前例子中使用的柯布-道格拉斯技术函数，可从式（6）得到 $r=\beta^2 x^{\beta-1}=\beta f'(x)$。当 $\beta=0.4$ 时，殖民地的资本收益是欧洲的 2.5 倍，这一收益在数量上是非常有吸引力的。我认为，殖民时代的一些制度特征强化了这种高额利润的获得：在殖民时代，欧洲瓜分第三世界，并且经常授予垄断公司排他的贸易权。①

在类似印度、印度尼西亚这样的国家，大多数劳动力（现在仍然是）从事传统的农业，很难想象帝国主义者通过控制资本从国外流入就能对总体工资水平拥有较大的垄断权。换句话说，从欧洲进口的资本只是殖民地国家总资本的一小部分，总资本的大部分是以土地形式存在的。如果对资本的垄断控制是造成殖民地高回报率的重要源泉，那必然是因为殖民地仅有的一小部分劳动力有足够的技能从事商品生产工作。但是，要深入探讨这种可能性，我们需要对人力资本的性质有更进一步的认识，而不是停留在五个工人等于一个工程师的层次。②

如果对资本品贸易垄断控制是 1945 年之前决定资本—劳动比的一个重要因素，那么我没有任何理由相信在殖民时代政治结束之后它不再是一个因素。并不仅仅欧洲人对垄断利润感兴趣。存在大量的非系统性

---

① 通过对资本投资的强调，多布（Dobb，1945）对 19 世纪后期至 20 世纪初期殖民主义的讨论比亚当·斯密更加接近于本章中的模型。根据戴维斯和赫滕巴克（Davis and Huttenback，1989）的研究，在英国帝国主义晚期，投资以公平竞争条件对所有国家的资本开放，这明显与本章的模型不相符合。更进一步地，他们没有发现英国在殖民地的投资收益率超过了同样的投资在欧洲的收益率。

② 参见南希·斯托基（Nancy Stokey，1988），在她的模型中，人力资本高的工人与人力资本低的工人生产的产品在质量上有差别。

的证据显示：印度尼西亚、菲律宾、伊朗以及其他一些穷国对国外投资者本身是具有吸引力的，但它们经常对国外资本征收高额的所得税。资本流入国对资本流动上的限制常常被解释为它们对国外投资者缺乏信任或者不愿意发展的速度"太快"，但是我认为这种解释不过是证明了斯密怀疑论的有效性。

5. 结论

如果我提出的四种假设中的组合足以解释世界资本缺乏导致收入趋同的流动的话，那么究竟是哪一种组合又有什么关系呢？事实上，战后所有发展政策的核心思想都是刺激资本品从富国流向穷国。只要本章第2或第3节所提出的人力资本假设是正确的，那么这种转移将完全被投资于穷国的国外私人投资减少所抵消，或由穷国在国外投资的增加所抵消，或两者都有。只要资本收益存在差异，而维持收益差异是为了获得垄断租金，那么转移到穷国的资本也将完全由私人部门投资的减少所抵消。即使给予垄断者一些好处，也无法降低他们搜寻潜在租金的兴趣。

仅当政治风险是限制资本流动的重要因素的时候，我们才能预期资本转移将加速国际要素价格趋同。在一个大量劳动力缺乏流动的世界里，强调人力资本积累的政策确实有很大的潜力。同样，我也认为，需要援助的国家制定竞争性条款以接受国外投资的开放政策也是很有潜力的。

第3章 创造奇迹

1. 引言

1960 年,菲律宾和韩国的生活水平基本一样,以 1975 年的美元价格计算,人均 GDP 大约都是 640 美元。这两个国家在其他方面也具有很多相似之处。菲律宾有 2 800 万人口,韩国有 2 500 万人口,都具有略超过一半的适龄劳动力。27% 的菲律宾人居住在马尼拉,28% 的韩国人居住在首尔。在两个国家,所有适龄男孩和几乎所有适龄女孩都上小学,但仅仅大约 1/4 的适龄孩子上中学。在 20 岁出头的人中间,13% 的菲律宾人在念大学,而韩国只有 5%。在菲律宾的 GDP 中,农业贡献了 26%,工业贡献了 28%;在韩国分别为 37% 和 20%。菲律宾出口商品中 96% 是初级产品,4% 是制造品;在韩国,86% 是初级产品,14% 是制造品(其中 8% 是纺织品)。

从 1960 年到 1988 年,菲律宾人均 GDP 的年增长率约为 1.8%,与整个世界的平均水平大致相等。同期,韩国人均 GDP 的年增长率为 6.2%,按照这一增长速度,每 11 年收入水平就能翻一番。如今,韩国收入水平与墨西哥、葡萄牙或南斯拉夫差不多,大约是菲律宾收入的 3

倍,美国收入的 1/3。[①]

我认为将韩国社会的这种持续的变化视为奇迹毫不夸张,或将具有类似变化的中国台湾、中国香港以及新加坡视为奇迹,也不过分。以前,从未有过如此多的人(1980 年这四个地区总人口为 6 300 万人)经历过如此长时期和如此迅速的发展,也没有任何迹象显示这种进步接近于尾声(中国香港不幸是个例外)。这种奇迹是如何发生的?为什么它发生在韩国和中国台湾,而不是菲律宾?

我们能够在许多层面讨论这些问题。在开始时,列举一下这些变化(除收入增长率的变化外)的一些特征是非常有用的。所有创造了奇迹的东南亚经济体都成为复杂程度很高的大规模制成品出口商。它们具有很高的城市化水平(新加坡和中国香港本身是城市)和迅速提高的教育水平;它们都有着高储蓄率;它们都拥有支持商业的政府,都采取自由放任主义和重商主义的商业混合政策。这些事实——或至少它们中的一些事实——一定会出现在增长奇迹的解释中,但是它们只是我们试图解释的一部分事实,而它们本身不是解释。

我们希望能够运用这些结果来帮助评估可能影响其他国家增长率的经济政策。但是仅仅建议一个国家"按照韩国模式发展",就像建议一个有抱负的篮球运动员"按照迈克尔·乔丹方式"打球一样。为了利用他人的成功经验,我们需要将该经验进行分解,看看每一部分对整体作出了什么贡献,以及哪一部分是可以模仿的,哪些是值得模仿的。简而言之,我们需要一套理论。

最近几年,出现了大量关于增长和发展的理论研究,其中一些研究是直接针对亚洲奇迹的,更多的研究在我看来也是与亚洲奇迹相关的。在本章中,我将考察近期的研究对亚洲奇迹做出了哪些解释。我的研究将主要聚焦在新古典理论,该理论将增长奇迹视为生产率提高的奇迹。在过去 30 年里究竟发生了什么事情,使得韩国或海外的中

[①] 第一段中的数据引自 1984 年的《世界发展报告》(World Development Reports)。本段和第三段中的收入和人口数据引自萨默斯和赫斯顿(Summers and Heston, 1991)。

国工人的商品和服务的产出是1960年的6倍？事实上，我的观点要比我描述的新古典理论狭隘，因为我打算致力于技术问题的研究，仅粗略地处理一下消费者偏好和产品市场竞争的性质。毫无疑问，谁从创新中获利是一个核心问题，也不是一个仅仅基于技术考虑就能解决的问题，因此这种关注面的狭隘性必然限定了我将要得出的结论。但是，在没有对相关技术给出清晰的描述之前，试图思考产业组织和一般性均衡的艰深问题是毫无意义的。因此，在我看来从这出发是合适的。

我将在第2节开始简要叙述一下最近理论的发展，以及它们对世界经济的描述。在这些描述中，我看不到任何能称之为奇迹的东西，但是，它却促使我在下文中对人力资本积累加以强调，尤其是工作中的人力资本积累：干中学。在第3节中，我将考察一些关于学习和生产率的微观证据，以此提示经济增长理论的证据在多大程度上可靠以及在数量上有多大的前途。然而强调干中学在一个特定生产过程中对生产率增长的重要性与强调其在整个经济甚至只是经济的一个部门中的重要性是不同的。建立这种联系比我想象的要困难得多。但是这一难题通过南希·斯托基和阿尔文·扬的研究得到解决，我将在第4节中概述他们研究的主要技术含义。我们有足够的理由相信，类似这种技术的一些因素为生产率奇迹的出现创造了条件。在第5节中，我将讨论市场均衡理论遇到的一些问题，在该理论中，学习效率差异可以解释观察到的增长率差异。此外，该节还利用市场均衡理论对贫穷国家的发展前景进行了预测。第6节对本章内容进行了总结。

2. 理论背景

人们重塑对索洛（Solow，1956）新古典增长模型的信心——这在很大程度上应该归功于罗默（Romer，1986a）——该模型经过修正能够同样符合富国和穷国的可观察行为，它们在一个有国际贸易的世界里相互作用。尽管我不相信我们能在一个纯粹的总量结构中得到一个增长奇迹的理论，在该结构中，每个国家都生产一种相同的商品（富国生产更多该商品），但是这一框架却有助于阐明问题以及对理论进行浓缩和限定。

我们从单个经济体开始，这个经济体使用物质资本 $k(t)$ 和人力资本 $h(t)$，生产一种商品 $y(t)$：

$$y(t) = Ak(t)^\alpha [uh(t)]^{1-\alpha} \qquad (2.1)$$

在此，用 u 乘以人力资本投入，即人们用于生产的时间份额。[①] 物质资本增长取决于储蓄率 s：

$$\frac{dk(t)}{dt} = sy(t) \qquad (2.2)$$

而人力资本增长取决于用于积累的时间份额：

$$\frac{dh(t)}{dt} = \delta(1-u)h(t) \qquad (2.3)$$

决策变量 s 和 u 是既定的，我将在阐述中给出，模型（2.1）～（2.3）仅仅是对具有单一、封闭经济的索洛初始模型的重新解释。在索洛模型中，技术进步率（索洛残值）为 $\mu = \delta(1-\alpha)(1-u)$，初始技术水平为 $Ah(0)^{1-\alpha}$。在该系统中，每个工人的平均物质资本和平均产出的长期增长率都为 $\delta(1-u)$，人力资本增长率和物质资本与人力资本的比都收敛于一个常数。在长期，收入水平是经济体初始人力资本存量的

[①] 一个读者在阅读本章时发现我在特殊的总量情境中使用术语"人力资本"一词，并且我同意总量学者使用术语"技术"或"知识资本"来代替我这里的"人力资本"。这两个术语一个由微观经济学家使用，另一个则由宏观经济学家使用，但是使用两个术语，对于经济学家（宏观或微观经济学家）而言很容易忘记另一种术语的含义，后者正是相关思想和一些证据的来源。

舒尔茨（Schulz, 1962）明确地指出人力资本理论（当时该理论还处于早期阶段）将在经济增长中发挥重要的作用，并且在表 1（第 S6 页）中给出了有关工作中人力资本积累的数据。他的数据基于明瑟（Mincer, 1962）的估算。明瑟的估算方法是"将'从经验中学习'视为与明显的工作中培训的形式一样（比方说，学徒项目）也看作人力资本投资"（第 S51 页）。我认为，本章中我的用法与劳动经济学中 30 年来的用法一致。

一个比例。①

为了分析由上述国家组成的世界经济，人们需要对生产要素的流动性做一些具体的假设。我认为，一种既简洁又不失现实性的方法是假设劳动是完全不流动的，而物质资本是完全流动的。即如果存在 n 个由 i 来指代的国家，假设物质资本的世界总量 $K = \sum_{i=1}^{n} k_i$ 将在国家间进行分配，直到每个国家的边际产品都等于世界收益 r。如果每个国家具有式（2.1）中相同的技术参数 A，那么世界收益 $r = \alpha A(K/H)^{\alpha-1}$，这里 $H = \sum_i u_i h_i$ 是全世界用于商品生产的有效劳动的供给。每个国家国内净产出与它的有效劳动力成比例：

$$y_i = A\left(\frac{K}{H}\right)^\alpha u_i h_i \tag{2.4}$$

如果每个人都具有相同的常数储蓄率 s，那么世界经济的动态在本质上与索洛模型中的一样。世界资本存量由 $(dK/dt) = sAK^\alpha H^{1-\alpha}$ 得到，H 的时间路径则由各国的式（2.2）乘以它自身的分配变量 u_i，然后加总而得到。* 物质资本的长期增长率和各个国家产出的长期增长率等于人力资本增长率。不仅在长期，而且只要经济沿着均衡路径增长，各个国家的收入水平就等于初始人力资本的比例。因此该理论与永久存在的任何程度的收入不平等都是一致的。

很难再想出一个与上述一样简单的其他理论，能够更好地拟合《世界发展报告》给出的战后统计数据。通过将索洛模型中的技术变量重新定义为各个国家的特定人力资本存量，一个原本预测各个国家收入水平迅速趋同的模型将转变为与一个收入水平永久不平等一致的模型。但

---

① 当然，我们能够从模型中获得本质上同样的经济状况，在该模型中，消费者偏好是给定的，但储蓄和时间分配行为是推导出来的，而不是假设的。参见宇泽（Uzawa，1965）、卢卡斯（Lucas，1988），以及卡瓦列和桑托斯（Caballe and Santos，1993）。文中选择的特定模型仅仅从最近大量的研究中任意选择的一个，这类模型具有相似激励机制。可参见琼斯和真野惠里（Jones and Manuelli，1990），金和雷贝罗（King and Rebelo，1990），以及贝克尔、墨菲和田村（Becker, Murphy and Tamura，1990）。

* 注意，$H = \sum_i u_i h_i$，各国的人力资本时间份额应该为 h_i，加总的应该是式（2.3）表示的各国的时间份额而不是式（2.2），疑原文有误。——译者注

是，该模型基于的关键性假设——在任何一个经济体中的人力资本积累独立于其他经济体中的人力资本水平——与在某一地方形成的思想可以到处传播的事实明显冲突。这说明存在一个人力资本边界，而在每个单独的经济体中不存在这种边界。

进一步地，正如帕伦特和普雷斯科特（Parente and Prescott, 1993）所观察的一样，如果按照现实的情况对上述模型进行修正，以允许每一个经济体都受到经济冲击，且各国受到的冲击具有独立性，那么各国的持续增长仅与本国人力资本增长的积累有关，这将说明国家之间的不平等将会扩大下去，相对收入水平将遵循随机游走的特征。不过，我认为该预测和如经济合作与发展组织（OECD）国家或欧洲经济共同体（EEC）的战后经验并不一致。世界各国无论在经济上还是技术上都是以某种方式联系在一起的，模型（2.1）～（2.3）中没有抓住这一点。[①]

要在上述模型中引入趋同特征，一种方式是修正人力资本积累函数式（2.2）*以允许任何国家的人力资本增长率受到世界范围内其他国家的人力资本水平的影响。例如，令 $Z(t) = H(t)/\sum_i u_i$ 表示世界平均人力资本水平，$H(t)$ 为上文定义的世界有效劳动变量，则可用式（2.5）代替人力资本积累方程式（2.3）：[②]

$$\frac{dh(t)}{dt} = \delta(1-u)h(t)^{1-\theta}Z(t)^{\theta} \qquad (2.5)$$

经过这一修正，物质资本和人力资本的世界存量的动态性质在本质上没有变化，但是现在低于世界人力资本存量平均值的经济体将比在平均值以上的经济体增长得更快。例如，如果各国的时间分配方式相同，那么

[①] 近期关于收入趋同的讨论受到鲍莫尔（Baumol, 1986）、德朗（De Long, 1988）及鲍莫尔和沃尔夫（Baumol and Wolff, 1988）之间的交流所激发。正文中的陈述只是分享了这些作者的一些结论。

[②] 如果用最发达国家的人力资本水平来代替世界平均水平 $Z(t)$，也许能够更准确地反映这一外部效应的实质。但是 $Z(t)$ 的使用能简化运算，而且我认为这对于我要得出的结论也没有重要影响。

* 疑有误，应该为式（2.3），这里直接用的是人力资本积累方程。——译者注

$H(t)$ 和 $Z(t)$ 以比率 $\delta(1-u)$ 增长，一个国家的相对人力资本 $z_i = h_i/Z$ 的变换如下：

$$\frac{d}{dt}z_i(t) = \delta(1-u)z(t)[z(t)^{-\theta} - 1] \tag{2.6}$$

显然，$z_i(t)$ 将收敛于 1，并且从式（2.4）中可知，这意味着相对收入也将以相同的速度收敛于 1。

就战后全世界的情况看，各国收入差异的扩散似乎是增加的。当然，我们有充分的理由相信：导致式（2.6）的世界自由贸易的假设与实际情况存在明显的差异，并且在各个国家进行两种资本积累的激励上也存在差异，这意味着各国储蓄率和时间分配方式是不同的。然而在要素和最终商品流动性较高的经济共同体或一国内的不同地区中（如欧洲经济共同体或美国 50 个州），能够观察其趋同性。[1]

巴罗和萨拉-伊-马丁（Barro and Sala-i-Martin, 1992）以解释变量受控于以上假设为条件，得到了相对收入平均收敛速度的一个回归估计，比 0.02 略少（表 3，第 242 页）。正如他们所发现的，如果将该系数看作是一个世界里物质资本积累差异比率的反映（收入差异主要反映了每个工人资本的差异），那么收敛率太低而与所观察的资本份额相背离。或者，将这一数据解释为式（2.6）中的 $(1/z)(dz/dt)$ 估值，则意味着 $\theta\delta(1-u) = 0.02$。$\delta(1-u)$ 是人力资本增长率的世界平均值，其真实值大约也是 0.02，因此，θ 的估值大约为 1。根据式（2.5），这意味着任何国家的人力资本积累取决于自身积累的努力程度和世界范围内的知识水平，而与自身既有的人力资本水平无关。从这一视角来看，巴罗和萨拉-伊-马丁的估值有些偏高。

所有的这些论述都在为思考增长奇迹做准备，我们将奇迹视为对平均增长水平的偏离。我已经描述了一个世界经济的模型——它对不同收入水平国家平均行为的描述是比较接近现实的——每个人有着相同的储蓄率和时间分配方式。如果允许不同经济体在参数 s 和 u 上存在差异，

---

[1] 例如，参见本-戴维（Ben-David, 1991）。

那么使用该理论是否能推导出我们所满意的经济行为的差异呢？现在问题变得复杂起来。

事实上，东南亚经济体确实有很高的投资率。当前韩国国内总投资占GDP的比率约为0.29，而世界平均水平约为0.22；中国台湾和中国香港的投资率分别为0.21和0.24；新加坡投资率高达0.47。相比而言，菲律宾的投资率是0.18。[①] 在我上文阐述的资本可以完全流动的世界中，投资率的差异与储蓄率没有任何联系：任何高于平均储蓄水平的国家可以吸收国外投资。而且在国际资本无法流动的情况下，我们必须用资本收益率乘以储蓄率的差异才能将其转换为产出增长率差异，因为根据式（2.2），我们可以得到：

$$\frac{\partial}{\partial s}\left(\frac{1}{y}\frac{dy}{dt}\right)=\frac{\partial}{\partial s}\left(\frac{1}{y}\frac{\partial y}{\partial k}\frac{dk}{dt}\right)=\frac{\partial y}{\partial k}$$

如果资本收益率是10%，那么，韩国和菲律宾两国0.11的投资率的差异可以解释两国产出率0.011的差异，或约为1个百分点。即便这种规模效应也是短暂的，因为长期储蓄率的差异只具有水平效应。

现在将这种粗略的计算方法应用于新加坡和菲律宾，得出投资率的差异为0.29，则可以解释大约3%的产出增长率的差异（如果使用一个更高的但仍然合理的资本收益率，那么这一结果将更高），这种差异已接近我所称的"奇迹"了。事实上，扬（Young，1992）已经证明，自20世纪60年代以来新加坡产出增长完全可用按照常规测量的资本和劳动力投入的增长来解释，根本不需要归因于技术进步。尽管扬用相同的方法分析了新加坡和中国香港的增长以强化他的观点，但是，事实上，这只是反映了新加坡增长的例外特征。总的来说，亚洲奇迹不能归因于资本积累。

如同扬的研究，我们将增长的测量方法运用于各国的增长测量，能够量化投资差异在形成增长率差异中的作用。总的来说，这些差异只能解释一部分增长率的差异。这一结论，在我看来很清楚，但仍然存在争

[①] 以上引用的数据都是1984年的。中国台湾的投资率数据来源于1987年台湾地区居民收入，其他国家和地区投资率的数据来源于1986年《世界发展报告》。

论。投资率和增长率之间的相互关系，一般是正的，这常常被引用但并不能解决任何问题。如果增长由迅速的人力资本积累推动，那么需要物质资本保持快速增长以与之配合：看式（2.4）！我在人力资本积累式（2.3）或式（2.5）中排除了物质资本，这可能排除了一些有趣的可能性：人们不能积累技术正如没有电脑的程序员一样。也许当更好地理解人力资本积累函数时，物质资本也许能在解释增长差异中发挥更加重要的作用，但是即便如此，它的作用充其量只是辅助性的。让我们看看其他因素。

在我使用的框架中，增长率差异的另一个可能的源泉是人力资本积累率差异，该积累率是由各国时间分配决策差异所导致的。但是人力资本具有很多形式并且它的积累也是多样化的，因此，在这里要强调决策。我认为，关键选择是在学校加强人力资本积累还是在工作中强调人力资本积累。

如果我们将式（2.3）或式（2.5）解释为通过学校教育获得的知识积累，那么这两个方程意味着在校时间扩大一倍将产生两倍的人力资本增长率，但是这仅仅在 0.02 平均率上增加了一个额外的 0.02。并且，式（2.3）假设的线性增长率可能高估了学校教育的积累效应。正如我在本章引言部分的评论，一般地，快速增长的亚洲经济体并没有比缓慢增长的相邻经济体有更高的教育水平。那么，强调正规教育在人力资本积累的作用，似乎赋予了各国教育细微差异的一个合适的乘数，但这同样会得出令人失望结论，就像前面讨论的物质资本的例子一样。

这一结论可能是一个过分简单的模型推导出来的，但是事实上，如果更加深入地思考学校教育的影响反而可能会加强这一结论。真正的学校教育决策发生在生命周期情境中，上学先于工作，且每一个个体决定这两个阶段的长度（这也是简单化，但是这比代表性经济人在一生中不断进行时间分配的假设要好得多）。当一个经济体处于稳定状况，或在平衡路径上时，每个人都将花费 $1-u$ 时间在上学上，受教育水平为 $1-u$ 的工人陆续从劳动大军中退休，而具有相同教育水平的新工人以相同的速度不断补充到劳动大军之中。在这种稳定的状态下，无论 u 的值是多大，新工人加入产生的所有人力资本都是重置资本，劳动力平均技术水平并没有提高。因为式（2.3）是关于净投资的一个假设，因此，我们不能用花费在学校中的时间来识别变量 $1-u$。于是，我们将面临两个选择：第一，我们能够将净人力资本投资与平均受教育水平的提高联系起来。由于当今世界所有经济体的受教育水平都是上升的，因此，这种观点是具有发展前途的。但是我们无法在一个稳定的框架中进行这项研究，因为此时无论是发达的经济体还是落后的经济体都无法沿着平衡路径移动，这是一个重要的且常常被忽视的方面。

第二，我们可以考虑一个平衡路径，在此路径上，花费在学校的时间是一个常数，一般知识增加会促使受教育的质量发生改进。斯托基（Stokey，1991b）分析了这种可能性，上一节的讨论即取自于此。在他的论文中，知识增长率被视为受教育时间的外部效应，且将水平效应转变为需要的增长效应。但是这一假设并没有解决我上文所说的乘数问题，除非人们愿意假设知识的增加等同于花费在小学、中学和大学上的时间。要将斯托基模型定量化，我们需要更加有力的经验证据来证明：除了在校时间增加外，还要有其他因素能够导致新知识的增长——在一个社会中人力资本净投资的增长。这是一个非常有趣的研究方向，但是我在此不准备这样去做，因此，我将结束这一题外话，继续进行讨论。

人力资本积累也同样发生在工作之中，这一点我们从有经验的工人和管理者比缺乏经验的人收入更高的事实中可以看出。这种人力资本积累的方式——在职培训——如同时间分配决策一样能够（而且已经）模型化。或者，在一个多商品世界中，我们能够将工作中的积累——干中学——与所从事工作的过程类型联系起来，即我们可能会想到从事某些生产活动能获得较高的知识积累率，而从事另外一些机械的、传统的生产活动，积累率就较低。如果这样，一个社会生产的商品组合将影响人力资本积累率和增长。为了理解多样性，我认为以下思路是有帮助的：各国或者至少参与国际贸易的国家，其商品组合的变化是巨大的。在本节，我尝试通过排除法将大家的注意力转向这种多样性的思路中来：无论是物质资本积累还是学校教育产生的人力资本对理解各国收入的差异都没有太大的潜力,至少在我使用的分析框架中是这样的。在接下来的部分,我将转向更加直接的微观证据。

3. 自由轮奇迹

在"论经济发展的机制"(本书第 1 章)中,我使用了改编自克鲁格曼(Krugman,1987)的多商品模型。在该模型中,不同的商品与不同的学习效率相联系以获取生产何种商品的选择,隐含了选择人力资本积累率的思想。在开放经济中,比较优势——先前积累的特定商品的人力资本——将决定生产什么商品,而由此决定的特定经济体生产的商品组合将决定人力资本增长率。这种构思已经由博尔德林和沙因克曼(Boldrin and Scheinkman,1988)以及松山(Matsuyama,1992)对该问题进行的有益探讨中得出。就我们当前的目标而言,它是非常具有吸引力的,其原因在于各国的商品组合存在巨大的差异,而且迅速增长的亚洲经济体所生产的商品组合也已经有了显著的变化。

然而,关于学习潜力的永久性差异与商品组合差异相联系的假说,已有的证据表明存在两方面的严重冲突。第一,通过不同行业不同时期的全要素生产率(索洛残值)增长(正如哈伯格(Harberger,1990)所做的)的检验,结果表明,在生产率高速增长的行业中不存在几十年来的稳定行业。在 20 世纪 50 年代,木材和木材制品的生产率增长位居第 14,在 20 世纪 60 年代跃居第一,而在 20 世纪 70 年代完全从排行榜中消失。[1] 第二,有关商品生产线学习行为的证据表明,对于同一商品的生产,学习效率在起初很高,但随着产量的增加而不断下降。这两种证据互相加强,并对克鲁格曼的模型提出了有力的挑战。这些事实使得斯托基(Stokey,1988)和扬(Young,1991)提出了根植于微观经济证据的不同构想。我将在第 4 节论述他们的模型,但是在这之前,我想

---

[1] 参见哈伯格(Harberger,1990),表 3。

让大家对干中学生产率效应的证据有一个深刻印象,以提高第4节理论探讨的兴趣。

就我所知,在单一的、大规模的生产过程中,与工作生产率变化相关的最好证据来自艾伦·D·瑟尔(Allan D. Searle,1945)和伦纳德·A·拉平(Leonard A. Rapping,1965)的研究。这两个研究都使用了美国14个造船厂在二战期间一种货轮——自由轮的生产数据。1941年12月至1944年12月,这些船厂共生产2 458条自由轮,所有的自由轮都使用同样的标准化设计。瑟尔将建造每条船所需工时数与所造船的数量绘制在一个双对数平面图上,图3.1是其中两个船厂的情况。图3.2显示了10个自由轮船厂的平均生产水平和3个其他类型船的生产情况。对于自由轮而言,"累计产量每增加1倍,每建造一条船所需工时数下降12%~24%。"①

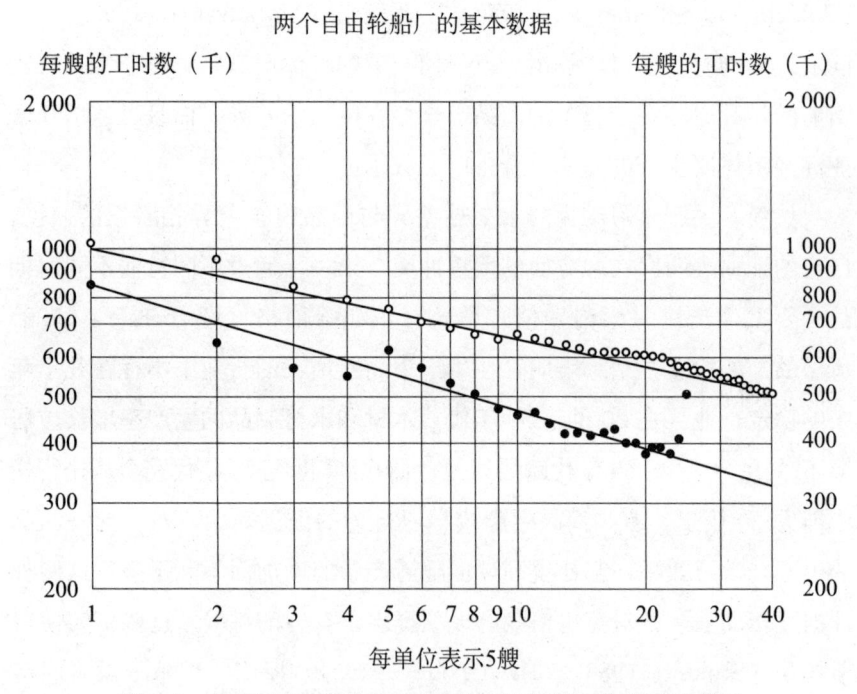

两个自由轮船厂的基本数据

图3.1 商业船厂随着生产增加每艘船只所需工时数减少情况

---

① 参见瑟尔(Searle,1945),第1144页。

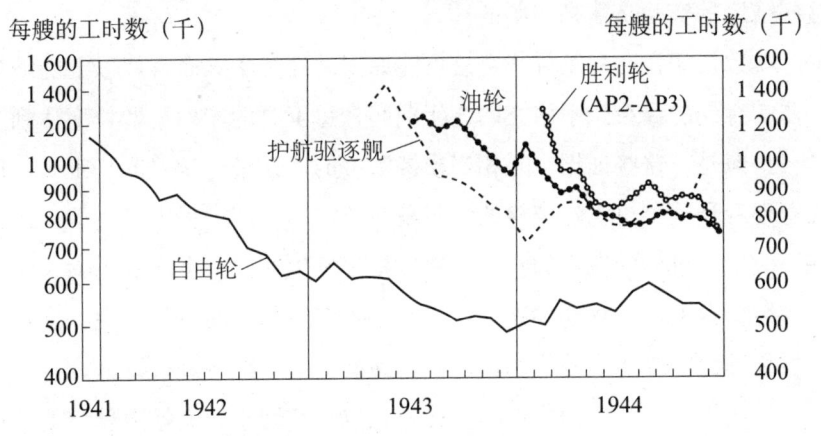

图 3.2 几种船只每艘所需工时数（建造时间：1941.12—1944.12）

资料来源：美国劳动部、劳工统计署。

部分受到肯尼思·阿罗（Kenneth Arrow，1962）理论的启发：干中学在整个经济的增长中可能是一个关键性的因素，拉平将瑟尔和其他人的证据整合到一个新古典生产框架中。他收集了所有船厂的数据，估算了一个柯布-道格拉斯生产函数，并以每个船厂资本的变化为调节量，以船厂（而非产业）的累计产量变化为回归量，进行了分析，并由此对造船业的学习效应进行了估值，其结果范围为 11%～29%，与瑟尔的估算比较接近。他的结果也显示，包含时间项对这些结果没有任何影响（结果反而略呈负值）。

我不认为瑟尔和拉平对造船业的发现是一个特例。波士顿咨询小组（Boston Consulting Group，1968）得到不同行业相当清楚的学习曲线，与瑟尔和拉平的估计结果具有相似的斜率，其他研究人员也得到类似的结论。自由轮的特殊性在于在一段时间内完全根据蓝图建造船，并且数据为所有船厂使用。图 3.2 中绘制的整个行业的学习曲线不像图 3.1 中单个船厂的学习曲线那样陡峭，这大概是因为行业扩张所致，这种扩张既包括已有船厂产量的扩大，也包括缺乏经验的新船厂的进入。由于来自于范围很小的行业生产数据不具有很好的连续性，而且商品组合也随着时间而不断变化，这使得我们很难从这些数据中得到很强的学习效应。我认为自由轮数据的独特性并不在于其结论如何美好，而在于得出这些结论的实验是清晰明了的。

就数量而言，对于寻找奇迹可能原因的经济学家而言，以上的结果是非常有趣的。在拉平研究的 3 年期间，每工时的产出年增长率达到了 40%！但是，这些证据也是相当模棱两可的。在进行学习的是工人，还是管理者和整个组织？技能的学习是在特定的生产过程中发生的，还是在一般生产过程中发生的？学习效应是仅发生在进行生产的个人、管理者和组织身上，还是外部观察者也可随手获得其中的一部分呢？这些都是增长理论需要解决的问题，但是在此处，我不准备进行讨论。

我认为，一个更加紧迫的问题是，拉平和瑟尔的文献中总结的一种行业在短期的特定行为是否能够与整个经济体在超过 30 年或 40 年里的生产率增长相联系？这是下一节要讨论的主题。

4. 学习模型：技术

为了考察个别行业的学习行为和作为整体的一个经济体中生产率增长之间的联系，考虑一个仅有劳动投入的技术：

$$x(t) = kn(t)z(t)^\alpha \tag{4.1}$$

其中，$x(t)$ 是一个商品的生产率；k 是生产率参数，其取决于测量的劳动投入和产出的单位；$n(t)$ 是雇佣人数；$z(t)$ 代表在该商品生产中积累的经验。经验积累由如下的微分方程来定义：

$$\frac{dz(t)}{dt} = n(t)z(t)^\alpha \tag{4.2}$$

在时期 t_0 开始生产，假设经验变量的初始值 $z(t_0)$ 大于或等于 1。式 (4.2) 的一般解为：

$$z(t) = \left[(z(t_0))^{1-\alpha} + (1-\alpha)\int_{t_0}^{t} n(u)du\right]^{1/1-\alpha} \tag{4.3}$$

单一商品生产动态模型的含义已为我们熟悉。假设采用最简单的情况，在整个时期内，雇佣人数是固定常数 $\bar{n}$，那么式 (4.1) 和式 (4.2) 表明商品生产服从下式：

$$x(t) = k\bar{n}\left[z(t_0)^{1-\alpha} + (1-\alpha)\bar{n}(t-t_0)\right]^{\alpha/1-\alpha}$$

产出将无限增长,产出增长率从 $\alpha\bar{n}(z(t_0))^{\alpha-1}$ 单调下降到零。对于任何初始生产率水平 $z(t_0) \geqslant 1$,以及在 t 时期的任何就业工人水平(或路径)生产率是学习率 α 的增函数。

值得注意的是,函数(4.2)隐含了一个规模效应:就业水平和生产率增长率之间的联系。这是一种我们不愿看到的情况:像印度这样的国家应该比像新加坡这样的小国家有巨大的增长优势。这是任何干中学理论的特征,但是我同意松山(Matsuyama,1992)的观点。他认为,如果考虑一个完整经济体或其大型部门时,它将处理起来非常麻烦。[①] 松山建议考虑一个企业家占人口比例固定的经济体,每家企业都使用一个具有领导企业的学习技术。人口增加一倍意味着符合这种学习技术的企业的数量增加一倍,由于每个企业的规模不变,因而没有增长效应。正如我所想的那样,对企业而言只要学习效应具有部分外部性,该方法就完全没用。我们需要考虑其他限制规模效应的因素,比方说,城市规模。假设沿着松山的思路能找到一些忽略这些规模效应的合理解释,我将在下文中忽略这些规模经济。

使用技术(4.1)~(4.3),人们能够通过转移大量的劳动力到一个单一的新行业中,得到神奇的生产率增长率。假如相对于初始经验(这是大多数人解释统计的学习曲线的方式)$\bar{n}(t-t_0)$ 是较大的,在开始生产的 t 年后,生产率增长率大约是 $\alpha/[(1-\alpha)t]$。使用拉平和瑟尔的估计值 $\alpha=0.2$,开始生产一年后的生产率增长率是 $\alpha/(1-\alpha)=0.25$。两年后,增长率下降了 50%,变为 0.125,以此类推,因此,要保持 10 年时期的持续增长奇迹就必须包括新产品的持续不断的引进,而不仅仅是对已有商品的不断学习。如果引进新的商品,工人从低学习率的旧商品转移到高学习率的新商品中仍然存在生产率在初始阶段的下降:人们在熟悉的活动中比在陌生的活动中做得更好,这些因素是如何被抵消

---

① 巴克斯、P. 基欧和 T. 基欧(Backus,Kehoe and Kehoe,1992)以不同的方式对增长率的规模效应进行了经验检验。他们发现一些在制造业上存在的效应在整个经济中却不存在。

的，还不是很清楚。

为了解决这一问题，我跟随斯托基（Stokey，1988）的思路，考虑一个生产不同商品的经济体，这些商品用 s 表示，较高的 s 表示一个更好的商品。斯托基（Stokey，1988）在消费者偏好或技术方面给出了特定的假设，采取了与扬（Young，1991）、格罗斯曼和赫尔普曼（Grossman and Helpman，1991b）不同的方式，并在某种程度上给出了一个商品好于另一个商品的精确含义。就我当前的目标而言，考虑一个开放的小型经济，并假设以世界价格形式 $p(s,t)=e^{\mu s}$ 来概括商品的质量就足够了：这意味着一个优质的商品在世界市场上有更高的价格。假设通过在一段时间内引进高质量的商品（较高的 s）进行生产而取得进步，并用 $S(t)$ 表示 t 时期首次生产的商品（我也使用 $\tau(s)$ 表示商品 s 首次生产的时期，τ 是增函数 S 的反函数）。如果 $x(s,t)$ 表示 t 时期商品 s 的产量，那么经济的总产值是：

$$y(t)=\int_0^{S(t)} e^{\mu s} x(s,t)ds \tag{4.4}$$

令 $n(s,t)$ 表示 t 时期生产商品 s 的劳动力数量，$z(s,t)$ 表示累计的经验，那么，如果学习过程是相互独立的话，式（4.1）和式（4.3）意味着：

$$x(s,t)=kn(s,t)\Big[(z(s,\tau(s)))^{1-\alpha}\\+(1-\alpha)\int_{\tau(s)}^t n(s,u)du\Big]^{\alpha/(1-\alpha)} \tag{4.5}$$

在各生产线劳动力分配方式确定的情况下，式（4.4）和式（4.5）共同描述了总产出的含义。

考虑下面特定的劳动力分配。令新产品引进率为常数 λ，因此 $S(t)=\lambda t$ 和 $\tau(s)=s/\lambda$。令 φ 为一密度函数，其累积分布函数为 Φ，并且假设对于所有的 $s\in(0,\lambda t]$，$n(s,t)=\varphi(t-s/\lambda)$（即 $\varphi(t-s/\lambda)$ 数量的工人去生产 $t-s/\lambda$ 期引入的商品）以及假设剩余的 $1-\Phi(t)$ 工人生产没有学习行为的其他商品。假设所有商品的初始生产率相同，为 $z(s/\lambda,s)=\xi\geqslant 1$。在这些假设条件下，由式（4.4）和式（4.5）可计算出总产值为：

$$y(t)=1-\Phi(t)+k\lambda e^{\mu\lambda t}\int_0^t e^{-\mu\lambda u}\varphi(u)[\xi^{1-\alpha}+(1-\alpha)\Phi(u)]^{\alpha/(1-\alpha)}du \tag{4.6}$$

显而易见,该经济的渐近增长率是 $\mu\lambda$。这一增长率既不取决于学习参数 α,也不取决于不同行业劳动力在商品中的分布 φ,这两个因素的变化只会产生水平效应。为了在这一框架中取得持续的增长,我们需要假设优质的商品以外生给定的速率 λ 引入生产。这样 λ 就与质量指数 μ 共同决定了经济系统的长期增长率,而与学习行为无关。

虽然在该例子中不断有新商品引入生产,但是新产品的引入率却是不变的。在斯托基(Stokey,1988)的研究中,引入率是内生的,通过假设生产商品 s 中的经验积累降低生产商品 $s'>s$ 的成本(它可能也降低生产 $s'<s$ 的成本,但是溢出效应被假设为能提高更先进商品的生产率)。让我们修改一下前一个例子,可以看作是斯托基假说中一个特例,非常接近于扬(Young,1991)提出的例子。假定学习曲线(4.3)中的初始值 $z(s,\tau(s))$ 取决于不太先进的商品积累的经验。假设一个经济体在固定时期 t 的生产经验用 $z(s,t)$ 表示,其中 $s<S(t)$。但是该经济体必须使用 s 值高于 $S(t)$ 的商品。假设一个商品 $s\geqslant S(t)$ 在时期 t 开始生产(假设 $\tau(s)=t$),那么它的初始值将是该经济体先前生产商品平均经验值的一个比例:

$$z(s,\tau(s))=\theta\delta\int_0^s e^{-\delta(s-u)}z(u,\tau(s))du \tag{4.7}$$

式(4.7)把商品 s 的初始生产率表示为低质量商品经验的平均值。同样地,我们能够把 t 时期引进的商品 $S(t)$ 的初始生产率表示为早期引进商品经验的平均值:

$$z(S(t),t)=\theta\delta\int_0^t e^{-\delta[S(t)-S(t-v)]}z(S(t-v),t)S'(t-v)dv \tag{4.8}$$

此处用对时间 v 的积分代替对商品 s 的积分。

接下来假设式(4.7)和式(4.8)一旦达到临近值 $\xi\geqslant 1$ 时,就开始生产一种新的商品,其中 ξ 为一个既定的常数。在这一假定下,用常数 ξ 代替式(4.8)左边项意味着函数 $S(t)$ 的导数就是新商品的引入率，新商品的引进必须满足：

$$\xi = \theta\delta\int_0^t e^{-\delta[S(t)-S(t-v)]} z(S(t-v),t) S'(t-v) dv \tag{4.9}$$

如先前的例子，我们继续假设劳动力在任何时期的分配都由密度函数 φ 和累积分布函数 Φ 表示，$\Phi(u)$ 是生产引进时间少于 u 年商品的劳动力的比例。在当前的例子中，每个商品的初始生产率水平都为 ξ。使用这一初始值，将式（4.3）的答案 $z(S(t-v),t)$ 代入式（4.9）中，将产生一个关于函数 $S(t)$ 的单一方程。对于较大的 t 值，该方程解出的 $S(t)$ 的形式类似于 $S(t)=\lambda t$，常数 λ 满足如下条件：

$$\xi = \theta\delta\lambda\int_0^\infty e^{-\delta\lambda v}[\xi^{1-\alpha}+(1-\alpha)\Phi(v)]^{1/1-\alpha} dv \tag{4.10}$$

式（4.10）的右边是正的递增函数 $\theta[\xi^{1-\alpha}+(1-\alpha)\Phi(v)]^{1/(1-\alpha)}$ 的均值，通过参数 $\delta\lambda$ 与一个指数分布相关联。因此，它是 $\delta\lambda$ 正的递减函数，当 $\delta\lambda\to\infty$ 时，其值趋于 $\theta\xi$；当 $\delta\lambda\to 0$ 时，其值趋于 $\theta[\xi^{1-\alpha}+(1-\alpha)]^{1/(1-\alpha)}$（如果在 $\lambda=0$ 时后者表达式小于 ξ，那么该经济体尚未积累足够的相关经验在稳态下引进新商品）。对于固定的 $\delta\lambda$，式（4.10）的右边是 θ,α,k 的一个增函数，当劳动力的分布 $\varphi(v)$ 更集中于 v 较低的值（较新的商品）的时候，它同样也会增加。因此，如果 λ 存在一个正值解，那么它与溢出经验的衰减率成反比，是溢出参数 θ 和学习率 α 的增函数，并且随着劳动力更加集中于生产靠近生产前沿的商品而增加。

在第二个例子中，计算总产出值的公式（4.6）仍然成立，并且与前面一样，经济体的长期增长率是 $\lambda\mu$。但是在第二个例子的溢出技术下，经济体以不同的方式在不同商品之间分配工人，并以不同的速度增长。当然，该结论并非完全依赖于技术：用以假定触发新商品开始生产的初始生产率 ξ 是非常重要的，它需要一个经济学理论来说明。

人们可能将斯托基和扬的溢出技术看作是克鲁格曼的假说——一个制造业部门通过学习可以保持生产率增长率不变和个人在生产过程中的学习率随时间下降到 0 的事实的结合。例如，我们可以将本节中两个例子解释为对经济体中一个部门的描述，该部门的生产率有一个正的渐近增长率。关于这一点，斯托基和扬的贡献是将假设的部门学习率分解为

α，θ 和 δ（这是我使用的符号），并且将该学习率与工人在不同时期引入的商品的分配方式相联系。

如果我们正在讨论的是既定的劳动力分配的结果，这将是一个不错的解释，但是，如果我们试图运用比较优势理论来考虑每个国家工人在不同商品间的分配方式时，那么它不再有意义。在克鲁格曼的理论中（如第1章第5节），在讨论一个部门是否存在比较优势时，部门被视为一个整体，而在斯托基和扬的理论中，每个部门生产许多商品，比较优势是由一个个商品决定的。没有一个国家能够期望在制造业的总体上具有比较优势，甚至也很难在像化学品之类的原材料或印刷出版业中具有比较优势。比较优势总是与特定的产品种类联系在一起，如乙炔或英文诗歌的平装书，即使在最好的工业统计中也无法找到比较优势。正如我们将在下一节中看到的，这一特征除了更进一步与现实主义贴近外，还产生了一个与克鲁格曼技术完全不同的贸易与增长观点，尽管二者表面上看很相似。

学习溢出技术（正如本节第二个例子的描述）的主要吸引力在于它提供了一种关于中低等收入经济体之间真实存在的生产率增长巨大差异的解释。当然，我们对关键的溢出参数 δ 和 θ 知之甚少——第3节中描述的学习曲线有关参数的证据也没有提供任何信息——但是核心的第一步必然是发现一个公式，它能在某些参数值下，产生我们正试图解释的行为。

5. 学习与市场均衡

上一节的目标是设定一个与增长奇迹——具有类似禀赋的经济体之间存在生产率增长的巨大差异——相一致的技术，我认为，从某种程度上讲，这一技术在斯托基和扬那里已经找到，它与东亚奇迹主要特征一致。在这些创造奇迹的国家中，劳动力都不断地从简单商品向更尖端的商品转移。在这种技术下，快速增长的经济体或部门成功地将劳动力集中地用于它所能达到的前沿商品的生产，并且通过新商品生产的高学习率和仍然较新商品生产的经验溢出，快速地进行人力资本积累。这些假设与众所周知的事实相一致，而且还对许多事实具有可检验的含义。然而，到现在为止，一个经济体或经济体中部门实际参与的生产组合如何被决定，这一经济学命题我还没有谈到。

斯托基（Stokey, 1988, 1991a）和扬（Young, 1991）的论文在学习效应是外部性的（即所有的人力资本是公共产品）假设下，构建了一个具有学习技术的市场均衡模型。在这个模型中，劳动仅分配给本期收益率最高的商品，而不管学习率的高低。在报酬不变的假设下，这些作者得出的竞争均衡是可以直接计算的李嘉图式均衡。这是最简单的模型，因此，我也从它开始。

在这样背景下，斯托基（Stokey, 1991a）研究了南北贸易，其中"北方"指的是具有较高人力资本禀赋的国家。在不同质量商品消费者偏好不同的特定假设下，斯托基得到一个唯一的世界均衡，在该均衡中，南方生产低质量商品，北方生产高质量商品，并且存在一个商品的中间范围，在此范围中的商品这两个地区都不生产。在自由贸易环境下（与干预相反），干中学在穷国受到抑制，穷国试图从富国进口高质量的商品，而不是在本国内生产该种商品。我们可以看到使用斯托基（Stokey, 1988）假设的动态过程中，两个国家经济都能增长，但是穷国永远更穷。

扬（Young, 1991）刻画了一个类似的均衡。该均衡中，他将偏好和学习技术参数化以明确计算南—北均衡，并对均衡系统的动态过程进行了完整描述。在他的南—北体系中，存在许多种可能的均衡，这取决于两个地区的人口以及开始贸易时期它们各自持有的相对人力资本。正如在斯托基（Stokey, 1991a）的分析中，富国生产高质量的商品，而穷国生产低质量的商品。自由贸易放慢了穷国的学习和增长速度，而加速了富国的学习和增长速度。在扬的分析框架中，存在穷国追赶富国的均衡，但是仅仅当较多的人口使它们享有较大的规模经济时。扬没有强调这种可能性，正如我前文所述，这也不是我所希望看到的。

在斯托基和扬的均衡中，富国和穷国都持续增长，但可能以不同的速度增长，并且商品生产不断从北方转移到低工资的南方。正如克鲁格曼分析的那样，初始比较优势是暂时的，因为富国生产任何既定商品的经验，最终将被在一个缺乏经验但低工资的环境中生产成本更低的事实所抵消。但是这些理论都无法解释增长奇迹。虽然这些均衡可以被修改以包括跨国的外部效应，并且因此出现赶超效应（因为与经济规模无关的理由），正如我对索洛模型的修正一样，但是不能指望这一过程中能产生我们称之为奇迹的东西。

在斯托基和扬的模型中，所有的人力资本收益被假定具有外部性，学习和增长的产生，在某种程度上，总是偶然的。其他模型还考虑了私有知识，以至于单个代理人将面临权衡当期收益和学习的未来收益的资本理论问题。松山（Matsuyama，1991）研究了一个两部门模型，在该模型中，工人对传统部门当前收入和制造部门的收入进行比较，其中，在制造部门，生产服从外部性的收益递增。扬（Young，1993）将研究视野扩展到生产专利新产品的研究活动。格罗斯曼和赫尔普曼（Grossman and Helpman，1991a，1991b）假定两种研发活动——仅发生在富国的创新活动和仅发生在穷国的模仿活动，并假设扩散的滞后使得发明者或者成功的低成本模仿者享有一段时间伯特兰（Bertrand）均衡的超正常利润。不管我们将这些分析决策中的问题称为职业选择问题，还是研究和学习问题，所有这些问题都包括工作时间的分配决策，涉及在现期收益和未来递增收益之间进行权衡，而且它们都有一个类似的资本理论框架。

虽然放弃学习仅仅具有外部效应的假设一定更加接近现实，但是由此产生的许多有趣理论的可能性尚需探索，因此，它仅仅是猜想。我推测斯托基和扬处理均衡的主要特征在人力资本所有权（如果我能使用这一术语的话）不同的假设下，都能很好地成立。学习的溢出效应使得那些生产前沿商品的人们在超越这一前沿时能获得明显的收益。即使决策是短视的，这一利益也是确定的。我不清楚为什么当学习效应的收益内部化，以及工人和企业在他们的个体决策中考虑未来时，这种利益会消失。

简言之，已有的南—北贸易一般均衡模型没有预言穷国能够出现增长的奇迹，我也没有任何理由期望更加精致的均衡理论能具有这一特征。也许，这是令人失望的，但是在我看来，其并不是因为这些模型的不足造成的。在一个两国世界均衡框架中，将富国和穷国分成两组，以抓住两组之间最主要的关系。事实上，穷国无法赶超富国或赶超很慢，人们预测的理论也不可能得出相反的结论。

我认为，一个成功的经济奇迹理论应该能对一定时期经济迅速增长进行解释，但是不应该将快速增长视为相对落后的一个简单结果，它不仅应该与韩国经验一致，而且也应该与菲律宾经验一致。就研究这些可能性的目标而言，传统的小型开放经济贸易理论比封闭的两国体系的理论更加合适，而且使用起来也更加简单。如果面临世界价格的经济体所获得的技术是报酬不变的，那么任何事情都有可能发生。一些劳动力的分配将产生高的外部利益以及产出和工资的快速增长，而另外一些劳动力的分配将无法产生。虽然这会产生大量的可能性，但是均衡中的单个经济体并不关心会产生不同总量结果的行为过程。从理论上讲，我们能够通过引进报酬递减来消除一些可能性，但是我不敢肯定这些多样性是否应该被视为理论缺陷而被修补。如果我们的目标是了解一个世界，在这个世界中，出发点相似的经济体具有不同的发展路径，那么这些理论特征是有益的。一个具有报酬不变（就个别生产单位水平而言）的学习溢出技术既能符合迅速的增长，也能与缓慢的增长保持一致。如果我们的工作是理解多样化，那么这是一个本质特征，而不是一个缺陷。

学习溢出技术的第二个吸引力是它与我们所观察的事实——迅速的生产率增长与贸易或开放之间存在紧密联系——是一致的。考虑两个小的经济体，它们面临相同的世界价格，具有相似的禀赋，就像 1960 年的韩国和菲律宾一样。假如韩国将它的劳动力转移到原先不生产的商品上，并且不断这样做下去，而菲律宾继续生产它的传统商品，那么根据学习溢出理论，韩国产出将更加迅速地增长。但是在 1960 年，韩国和菲律宾的收入差不多相同，因此它们的消费者需求组合也差不多相同。对这一可能的情形，韩国的生产品和消费品之间就会产生一定的差异，而且这个差异将会随着时间变得越来越大，因此，对于学习的增长时期而言，大规模的贸易将是不可缺少的。

我们能够使用同样的理由去理解为什么进口替代政策会失败，尽管在起始阶段该政策在刺激增长上可能是成功的。考虑一个经济体，假设它出口农产品而进口大多数制成品，如果该经济体通过关税或者其他壁垒，转向贸易保护，那么它的劳动力将转向先前出口的商品中，并且会产生迅速的学习效应。但是，这对于生产率而言，仅是一次性刺激，此后在该封闭经济中生产的商品组合，如消费变化一样，仅仅能够缓慢地变化。注意，以上的论述仅考虑了经济体商品组合的变化速度而没有考虑规模效应，尽管规模效应将加强这个论断。

对于那些面临给定世界价格的小国所具有的学习溢出技术，我不计划用对其含义的推测来代替理论的实际构建。要完成这样的理论构建，我们需要从实际出发，研究我在讨论拉平和瑟尔证据时所涉及的问题。工人、资本家和管理者所面临的人力资本决策问题的性质是什么？他们的决策将产生什么样的外部后果？虽然本章引用的论文考虑了这些经济问题的各种可能假设，但是，我们对此仍然知之甚少。如果不具备这些知识，对于激励政策将会怎样影响经济增长，我们几乎无话可说。

6. 结论

通过提出"当前的经济理论对东亚增长奇迹做出了怎样的论述"这一问题，我开始了本章的论述。尽管我引用回答这一问题的近期文献不够全面，对该问题的概述也有些支离破碎，但是，我认为对增长过程以及对该过程中产生的出色经济所起作用的描述还是非常清楚的。当然，这是相对于我们十年前对该问题所做的回答而言。下面，我将对本章的描述给予总结。

增长的主要引擎是人力资本积累，即知识的积累，各国生活水平的差距也主要来源于人力资本。尽管物质资本积累是不可或缺的，但是它只能起到辅助作用。人力资本积累主要来源于学校、科研组织和生产与贸易过程中。对于这些积累模式的相对重要性我们所知甚少，但是对于理解一个经济体的快速增长而言，在职学习（learning on the job）似乎是最重要的。如果要使在职学习持续发生，工人和管理者就必须不断地接受新的任务，以使他们不断地沿着格罗斯曼和赫尔普曼的"质量阶梯"向上攀登。如果这种在职学习大规模发生，那么该经济体一定是一个大型的出口国。

这个描述的优点是它与菲律宾和韩国最近的经历相一致，它也与1960年以来两国状况变化的历史相一致。这一描述对于沿袭东亚模式、商品组合与消费组合之间存在巨大差异的小型经济体而言，也是适合的。不过这一描述并不认为第三世界国家作为一个整体已经以东亚速度开始增长；重商主义者必然认为干中学产生的经济增长具有零和的特征。

以上两段论述是否能作为我对经济增长论述的概括？毕竟，它们只是概述了数学模型的一些性质，而数学模型不过是经济学家创造出来的纯粹的虚构世界。坐在办公室里仅仅动动笔和纸怎样才能获得现实社会的知识呢？当然，问题还远不止于此：我引用的数据是几十年研究的成果，我所评述的模型具有明确的含义，并且能够与观察的事实进行比较，尽管我并没有做这种比较。即便如此，我认为我们的建模过程仍然是不可缺少的。我无法想象，离开这些模型，我们怎样组织和使用这些可得到的大量数据。如果我们理解了经济增长的过程——或任何其他过程——我们就能够在只有笔和纸（也有计算机）的实验室里创建相关模型并阐述这些知识。如果我们知道了什么是经济奇迹，我们就能够创造出经济奇迹。

第4章 21世纪的宏观经济学

1. 引言

20世纪下半叶的经济增长与历史上任何时期的增长如此的不同,以至于20世纪50年代受教育的人们仅凭观察就能对世界经济有一个全新的看法。1960—1990年的30年间,整个世界的产出——包括社会主义国家、前殖民地国家和其他经济体——以每年4%的速度增长,而世界人口每年增长速度仅为2%。自第二次世界大战和欧洲殖民时代结束以来,实际人均收入提高了一倍多。

人均收入显著增长但分布极不平衡:平均数字将前工业时期收入水平已经停止的经济体的经验与其他以空前的速度进入工业化的经济体(在1950年同样贫穷的国家)的经验结合了起来。由于对经济增长路径决定力量的理解非常重要,近年来吸引了大量学者。理论家们设计了一系列模型以捕捉正在发生的工业革命扩散的特性,并考察我们将被引领到何处。

本章我将对田村(Tamura,1996)模型,一个基于技术扩散的世界收入动态模型的简化形式进行数字模拟。该模型对世界平均收入增长趋势的预测与观察到的事实非常吻合,而且它对历史相对收入分配的预测与普里切特(Pritchett,1997)的记录也非常吻合。我将使用该模型解释 1960—1990 年这一时期的经济增长,萨默斯和赫斯顿(Summers and Heston,1991)曾利用宾大世界数据表对这一时期进行了大量的计量检验。我也将使用该模型对 21 世纪的世界收入增长进程和收入不平等情况进行预测。

2. 一个增长模型

考虑一个包含许多国家在内,随时间演变的世界人均实际产出。为了建模简单,假设这些国家拥有相同的人口数量。假设这些经济体处于先于工业革命的初始时期。为具体起见,我将这个时期设定为 1800 年。假设 1800 年前,任何经济体都没有出现人均收入的增长,并且按照生活标准衡量,所有的经济体具有相同的不变收入水平。我将工业革命前的这一不变收入水平假定为 600 美元(以 1985 年美元价格计算),这与当今世界最贫穷国家的收入水平相当,也符合我们所知道的工业革命前世界生活水平。接下来,我们就以人口和收入水平相同的一些贫穷、停滞的经济体构成的世界经济图景来开始我们的分析。

现在想象所有这些经济体排成一排,每一个经济体面前都有一扇位于同一跑道上的机械门。在我即将描述的工业化跑道上,尽管大门不同时对所有经济体敞开,但是它们确实都位于轨道上。相反地,在任何一个时期 t,尚未打开的一些门由随机设备选择。当铃声响起,这些门打开,一些曾经停滞的经济体被释放出来,开始增长。剩下的经济体必须直到下一期,$t+1$,才等待到它们的机会。在 1800 年后的一些年中,世界经济体既包含未曾开始增长,仍停留在 600 美元生活水平上的国家,也包括在一些时期开始增长并一直增长的国家。

图 4.1 描述了四个不同经济体的收入路径。该图的构造基于两个假设(本章末尾附录部分对该模型进行了精确的描述)。第一个假设是:

首先开始工业化的国家——英国，工业革命开始的地方——从1800年始以不变的速度 α 增长。将 α 值设定为0.02，正如人们能从图中顶端曲线看到的，到2000年，英国人均收入为33 000美元（以1985年美元价格计算）。我认为该模型不存在许多经济学含义，但是可以让我们回到索洛（Solow，1956）模型以及后来许多对增长理论做出贡献的模型中来，以理解一个国家人均收入能以不变速度增长的条件。不管怎样，它是对实际发生情况的一个比较恰当的经验描述。

上述对于引领经济体（leading economy）已经谈了很多。构成图4.1的第二个假设是：1800年以后开始增长的经济体，其增长率为引领经济体增长速度 $\alpha=0.02$ 加上该经济体与引领经济体之间收入差距百分比的一个比例。这意味着，一个国家开始增长的时期越晚，初始收入差距就越大，初始增长的速度就需要越快。不过，增长比引领经济体快的国家随着与引领经济体收入差距的缩小，其增长率将向0.02收敛。因此，较晚参与工业革命的经济体最终将与引领经济体有着相同的收入水平，但是不会超越引领经济体水平。从图4.1其他三条曲线中可以看到这种追赶行为，它们分别对应1850年、1900年和1950年开始增长的经济体。

为了量化这种追赶速度，我们需要对不变比例 β 进行赋值，β 将两个国家间的收入差距与它们的相对增长率联系起来。例如，考虑一个1850年开始增长的国家。在1850年，该国家具有前工业化的收入水平600美元，然而，引领国家从这一基数（600美元）以不变速度 $\alpha=0.02$ 已经增长了50年，在1850年引领国家的收入是工业化之前水平的 $e^{(0.02)50}=e$ 倍。百分比差距是这一乘数的自然对数 $\ln e$，其值 $\ln e=1$。设定参数 $\beta=0.025$，这意味着需要假设1850年新的进入国家最初以速度 $\alpha+\beta=0.02+0.025=0.045$ 增长。每过50年，后来进入的国家增长速度需要再增加一个0.025，因此，1900年的进入国家将以 $\alpha+(2\beta)=0.07$ 的初始速度增长，1950年的进入国家将以 $\alpha+(3\beta)=0.095$ 的初始速度增长，等等。这些假设构成了图4.1的基础，反映了一个众所周知的事实，即后来进入国家比早期进入国家有更高的初始增长率，但不会超过早期进入国家的收入水平。

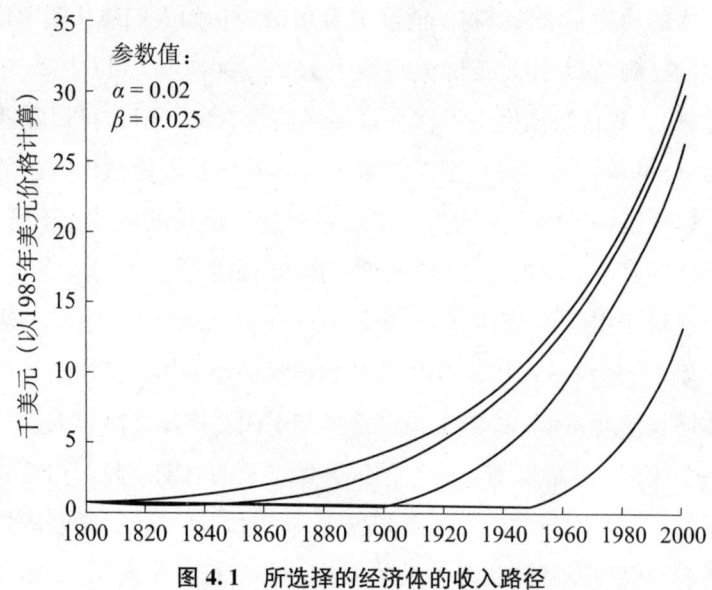

图 4.1 所选择的经济体的收入路径

参数值：
$\alpha = 0.02$
$\beta = 0.025$

纵轴：千美元（以1985年美元价格计算）

从 1800 年开始的任何时期，图 4.1 所描述的世界都有一系列经济体构成：包括 1801 年开始增长的经济体，1802 年开始增长的经济体，以此类推，直到一些尚未增长的经济体——因为当今世界仍然存在前工业化经济体。世界经济是图 4.1 中显示的经济体的加权平均。为了预测世界经济进程，我们需要知道这些权重，以了解每一个收入类别中包含有多少经济体。

起初，我试图建立一个在开始时有不变几率（hazard rate）的模型，即假设如果一个国家在 t 期尚未增长，它在 t 期开始增长的可能性——"几率"是独立于 t 的 λ 值。该模型不符合如下事实：即工业革命起初扩散缓慢，这要求 19 世纪有一个小的 λ 值；在战后时期扩散迅速，这要求 20 世纪后期有一个大的 λ 值。因为这一理由，我假设一个可变的几率，1800 年的初始水平为 $\lambda_m = 0.001$，然后逐渐增加到最大值 $\lambda_M = 0.03$。

为了描述 λ 从 0.001 到 0.03 的变化，我使用了田村（Tamura，1996）提出的工业革命扩散模型。在田村的模型中，当世界知识存量达到一个关键水平时,就有一个经济体偏离停滞均衡开始增长。假设尚未开始增长的不同经济体面临不同的关键水平,那么这意味着模型将有一个开始增长的时间的分布。具体地,假设尚未开始增长的经济体面临的几率 $\lambda(t)$ 是两个几率 λ_m 和 λ_M 的加权平均,其中,高几率 λ_M 的权重被假设为那一时期世界平均收入水平的增函数。1800 年,那时所有经济体拥有 600 美元的收入水平,权重等于 0,几率为 0.001。随着世界平均收入的增长,λ_M 的权重增长到 1。我为模型增加了一定的灵活性,通过假设世界收入对几率影响的控制参数 δ 可以自由决定(详见附录)。

根据上述信息,我构造了图 4.2,该图反映了每年新增长经济体占总经济体的比例。图 4.2 反映了无条件概率,该曲线是采取通常的方式从上节所描述的几率(有条件概率)模型绘制出来的。需要注意的是,如果没有图 4.1 包含的信息,就无法构造图 4.2。在田村(Tamura,1996)模型中,停滞经济体开始工业化的概率取决于世界收入水平,而世界收入水平反过来又依赖于增长中的经济体过去的经历。

图 4.2 中累积分布函数的形状体现了工业革命在 19 世纪缓慢地扩散,在 20 世纪大部分时期扩散显著加速的思想。在 20 世纪后期,由于处于停滞的前工业化经济体已经很少,工业革命的扩散速度又减缓了下来。从图中可以看出,目前全世界几乎 90% 的经济体处于增长之中。

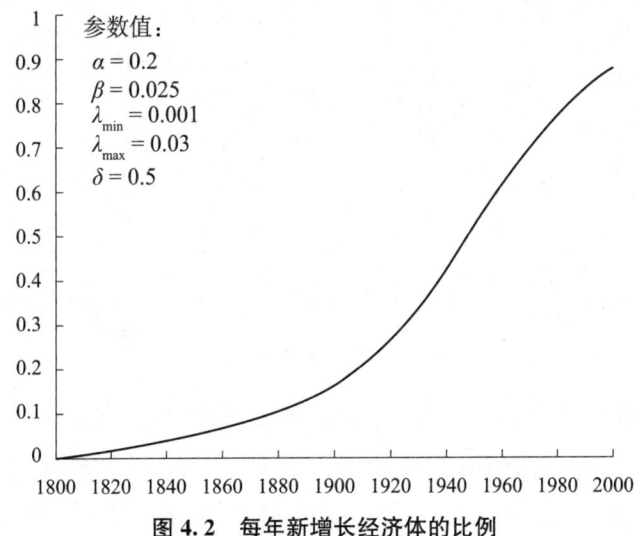

图 4.2 每年新增长经济体的比例

现在我们已经具备了估算世界经济过去、现在和未来的一切条件。图 4.1 显示了不同时期开始工业化经济体的增长情况。图 4.2 描绘了不同时期进入工业化的经济体分布。图 4.3 将这些信息结合起来,通过两个时间序列进行了展现。一个表示世界平均产出增长率,另一个表示对世界经济不平等程度的特定衡量:每期收入水平对数的标准差(见附录中式(6))。这两个时间序列都横跨了 20 世纪,一直延伸到 2100 年。

由图 4.3 可知,世界人均产出增长率最高点大约在 1970 年,在大约 3.3% 处,预期随后将会下降。依据我们的理论,如果图延伸到 2100 年之后,世界人均产出增长率将接近 2%,即假定的引领经济体的增长率,也是所有经济体的渐近增长率。用以衡量收入不平等程度的自然对数标准差在初始时期为零,这反映了我们所做的如下假设,即所有经济体在 1800 年前都具有一个相等的、固定的收入水平 600 美元。这种不平等程度以一个递增速度在不断增加,直到 20 世纪,并且在 20 世纪 70 年代达到峰值。目前不平等程度也在下降,根据我们的理论,它最终将降为零。

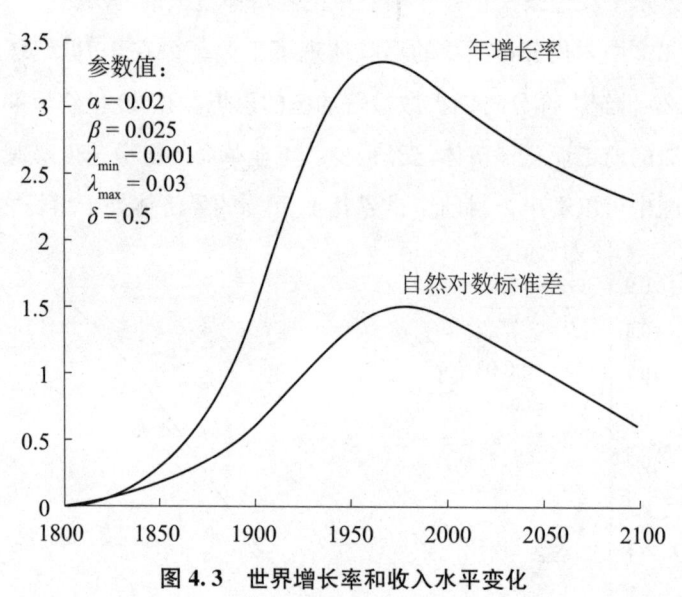

参数值:
$\alpha = 0.02$
$\beta = 0.025$
$\lambda_{min} = 0.001$
$\lambda_{max} = 0.03$
$\delta = 0.5$

图 4.3 世界增长率和收入水平变化

对于我在模拟中使用的参数值证据的详细讨论,在此处并不适宜,但是我依然想对参数值的精确性讲几句话。对于现代的或古代的传统农业社会来说,估算值 600 美元(以 1985 年美元计算)大致是正确的

（加上或者减去 200 美元）。假设 1800 年的人均收入水平为 600 美元，选择增长率 $\alpha=0.02$，计算得到的引领经济体在 1990 年人均收入水平与事实比较相符。但是，引领经济体的人均收入增长更加像战后时期的 0.015，甚至自 1970 年以来更缓慢。这将导致我们对世界峰值的高估 (0.033)，并且可能导致对 21 世纪增长率的高估。虽然增加了四个自由参数可以使这些缺陷得以纠正，但是在校准这样一个机械模型时报酬递减问题又引发了出来。

产生这些图表的模型是溢出模型，溢出效应的实现有两种途径：其一，前工业化经济体开始增长的概率被假设为依赖于其他经济体产出水平；其二，一旦一个经济体开始增长，它的收入增长率被假设为依赖于它与引领经济体收入水平的差距。田村（Tamura，1996）使用人力资本的外部性对溢出效应进行了解释：任何地方产生的知识都将惠及所有地方的生产者。经济学家还提出了一些其他的解释，并且近年来这些研究还很活跃。第二种是对溢出效应的政治解释：不成功经济体中的政府能够采用成功经济体的体制和政策以消除帕伦特和普雷斯科特（Parente and Prescott，1994）所称的"增长障碍"。第三种解释强调报酬递减和资源流动：成功经济体中的高工资导致资本流向不成功经济体，这提高了不成功经济体的收入水平。

对于所有这些导致扩散的力量以及帕伦特和普雷斯科特所强调的阻碍力量，一个定量化的解释将是经济增长和发展理论的核心。虽然我个人的观点与田村（Tamura，1996）一致，但是我们并无意在此讨论这一有趣的、尚未解决的争论。这三种扩散的原因无疑都是存在的、重要的，也是相互补充的。就本章的目的而言，无需了解它们之间的相对强度。

3. 讨论

上一节的模型与我们所知道的过去两个世纪人均收入的实际情况大部分是一致的。人均收入增长，先开始于一个经济体，然后逐渐扩散到另一个经济体。伴随这一进程，收入增长的平均值从零开始增加到一个越来越高的水平，最终，后来进入的经济体迅速的、追赶式增长导致了世界平均收入增长速度超越了引领经济体的增长速度。所有这些事件已经发生，虽然最近仅出现在第二次世界大战以后。①

在模型预测的长期中，收入不平等的不断扩大也已出现。这是普里切特（Pritchett，1997）的主要观点，被收录在许多其他文献中。在模型中，这一时期平缓地结束，因此，将存在不平等既不扩大也不缩小的时期。正如我的校准模型所示，1960—1990年就是这样一个时期。模型与收入不平等是否缩小，或者是否出现了趋同的实际情况具有良好的一致性，尽管在仅仅包含几十年的数据库中寻找答案是一个微妙的统计问题。

基于宾大世界数据表的实证文献对其他现象所作的评论，同样存在于图4.1～图4.3所描绘的世界中。例如，模型与战后时期发达国家之间的增长率差异远远低于穷国或者中等水平国家之间的差异的事实是一致的。这意味着存在一个持续增长的"趋同俱乐部"：即使全世界范围的收入差距还在上升或者没有太多改变，也不影响一些富国之间的收入差距在不断下降。借助于条件收敛，这个现象能够被解释，因为两个经济体都离开停滞状态开始增长，越来越相互接近。但是，模型更加有趣的含义是：趋同是无条件的。

通过观察模型产生的1960—1990年间的时间序列，我们可能会从这一时期大致不变的收入对数标准差中得出如下的结论：我们看到的是一个相对收入不变的30幅连续的图样，尽管单个个体在分配中的位置可能已经发生了变化。这正是琼斯（Jones，1997b），奎阿（Quah，1997），以及查里、基欧和麦格拉坦（Chari，Kehoe and McGrattan，1996）从宾大世界数据表中观察数据的方式。但是显然我们不能以这种方式解释过去一个半世纪的收入数据，否则我们将会得出1850年相对

---

① 在这一模型中，在1920年以前，世界平均年增长率超过2%。总体而言，模型赋予了战争中的经济太多的发展，而战后的经济较少的发展。或许这并不奇怪，因为模型中既不存在战争也不存在萧条。

收入方差与现在的相对收入方差相等的结论,而这比根据普里切特(Pritchett,1997)的数据得到的方差要高得多。我认为琼斯(Jones,1997b)在将他的马尔科夫(Markov)模型向前推进并得到未来十年相对收入水平的方差没有减少时,犯了一个同样的错误。

构成图 4.1～图 4.3 基础的模型是机械的,没有使用许多精确的经济学方法。该模型缺乏对导致隐含行为的偏好、技术以及市场结构的详尽描述。该模型的参数随着政策的变化而改变(我希望不变!)。该模型完全遗漏了在工业革命扩散中不断产生关键作用的变量,如资本流动、人口变迁。该模型把一些无法预测的力量看作是确定性的,而把可预测的其他影响的力量看作是随机产生的。该模型没有致力于,或没有试图致力于许多工业革命的核心问题:为什么它开始于英国?为什么它发生在 18 世纪,或为什么它在如此长的时间内扩散得如此缓慢?

尽管有这么多缺陷,但无可置疑,它是一个经济学模型:只有经济学家才能建立的模型。它不是一个由来自宾大世界数据表或其他单一数据集进行统计处理就能得到的理论。虽然该模型具有明显的局限性,但是该模型具有对未来世界经济行为进行预测的非凡含义。该模型预测了每个国家迟早将加入到工业革命中,预测了所有经济体将以一个与最富的经济体相同的速度增长,预测了收入水平百分比差异将会消失(换句话说,回到它们工业化前的水平)。

我猜测这些预言并不仅仅是我构建的模型带有机械性特征的结果,恰恰相反,即使我们改进了增长和发展理论,引入了明确的偏好、技术和市场结构,并计算出经济均衡,这些预言依然存在。当前在宏观经济学中大量使用的一般均衡模型,其核心假设是人们非常相似、人们的行为差异主要来自于由历史决定的个人可支配资源的差异。当然,符合该假设的特定理论是大量的,但是这样的理论怎么能在世界经济相互影响的不同社会体之间产生如此大的、永久的收入差异呢?思想能够被模仿,资源能够流向它们能够获得最高回报率的地方。或许直到 200 年以前,这些力量都足够维持世界范围内不同社会体间收入的大致相等。

工业革命在两个世纪中以惊人的力量推翻了这些导致平等的力量:

这就是为什么我们称它为"革命"的原因。但是这些力量在20世纪后期又重新集聚，我也认为社会间收入平等的恢复将是未来主要经济事件之一。当然，这不意味着我们要否定工业革命。在1800年，所有社会都处于同样的贫穷和停滞之中，如果到2100年所有社会都处于相同的富裕和增长之中，那么这并不意味着我们又回到了过去！

4. 结论

在两个世纪前的世界里，最富裕和最贫困的社会在收入水平之间的差距可能只有一倍，并且没有一个社会经历过生活水平的持续增长，但是当今各社会之间在收入水平和增长率之间存在着巨大差异。世界经济是如何从两个世纪前发展到今天这样一个状况呢？对此，我已经概括性地给出了该问题的答案，该答案还包括了一些关于未来的明确预测。如果你在2100年阅读本文，我问你：还有谁会把如此精确的预测事先告诉你，你生活年代的宏观经济学是什么样的呢？

附录：

下面是产生图 4.1～图 4.3 的方程。令 $y(s,t)$ 表示经济体 s 在时期 t 的人均产出，时期 t 是经济体从停滞转变为持续增长的时期。对于引领经济体，$s=0$，假设：

$$y(0,t) = y_0(1+\alpha)^t \tag{1}$$

对于经济体 $s=1, 2, \cdots$，假设：

$$\frac{y(s,t+1)}{y(s,t)} = (1+\alpha)\left(\frac{y(0,t)}{y(s,t)}\right)^\beta \tag{2}$$

图 4.1 描绘了 $s=0, 50, 100, 150$ 时，对于 t 的 $y(s,t)$，其中 $y_0=0.6$（即 600），$\alpha=0.02$，$\beta=0.025$。

令 $\pi(t)$ 为经济体在时期 t 开始增长的概率，$\lambda(t)$ 是经济停滞一直到时期 t 的条件下，增长开始于 t 时期的概率。那么，

$$\pi(t) = \lambda(t)\Big[1 - \sum_{s<t}\pi(s)\Big] \tag{3}$$

令 $x(t)$ 为时期 t 的世界平均收入水平：

$$x(t) = \sum_{s\leqslant t}\pi(s)y(s,t) + \Big[1 - \sum_{s\leqslant t}\pi(s)\Big]y_0 \tag{4}$$

假设由式（4）定义的存量 $x(t)$ 在 t 时期由下式决定了增长的经济体比例：

$$\lambda(t) = \lambda_m\exp(-\delta(x(t)-y_0)) + \lambda_M[1-\exp(-\delta(x(t)-y_0))] \tag{5}$$

上式中的参数 δ，λ_m 和 λ_M 是正的，并且 $\lambda_m < \lambda_M$。在 $t=0$ 处，即所有经济体尚未开始增长之前，$x(t)=y_0$ 且 $\lambda(0)=\lambda_m$。当 $t\to\infty$ 时，$x(t)\to\infty$ 且 $\lambda(t)\to\lambda_M$。

现在假定通过式（1）和式（2）已计算出数量 $\{y(s,t)\}$。那么，递归地使用式（3）~式（5）就能求出 $x(t)$、$\pi(t)$ 和 $\lambda(t)$ 的序列。对于 $t=0$，$x(0)=y_0=600$。根据式（5）有 $\lambda(0)=\lambda_m$，根据式（3）有 $\pi(0)=\lambda_m$。对于 $t>0$，假设 $\{x(s),\pi(s),\lambda(s)\}$ 满足 $s<t$，那么，使用 $\{y(s,t)\}$ 和式（4），就可以计算出 $x(t)$；使用算出的 $x(t)$ 值和式（5），就可以计算出 $\lambda(t)$；使用算出的 $\lambda(t)$ 值和式（3），就可以计算出 $\pi(t)$。给定参数值，按照这种运算法则就能产生图 4.2。

收入水平的对数标准差 $V(t)$ 被定义为：[①]

$$[V(t)]^2 = \sum_{s\leqslant t}\pi(s)\Big[\ln\Big(\frac{y(s,t)}{x(t)}\Big)\Big]^2 + \Big[1-\sum_{s\leqslant t}\pi(s)\Big]\Big[\ln\Big(\frac{y_0}{x(t)}\Big)\Big]^2 \tag{6}$$

---

① 注意，我在定义 $x(t)$ 时，完全主观地选择了算数平均而非几何平均。

第 5 章 工业革命：过去与未来

1. 引言

在人类历史上，从很久以前开始直到大约 19 世纪初，世界人口以及商品和服务的产量都以几乎不变的速度缓慢地增长着。18 世纪欧洲普通人的生活水平与同时代的中国或古罗马人非常接近，或者说，事实上，它与当今世界上最贫穷国家人民的生活水平相当。然而，在最近的 200 年中，世界人口和产量的增长都戏剧性地上升了，其中产量的增长比人口增长要快得多。大多数人的生活水平在人类历史上第一次出现了持续增长。我们看到人类社会有潜力不断提高其所有成员而不仅仅是统治阶层的物质生活水平。对于这一全新的事件，无论怎样强调都不为过。我们进入了经济史上一个全新的时代。

工业革命这一术语对于生活水平不断提高的新时期可能略显陈旧，但是对于处于不同阶段的社会而言其进程当然不同。工业革命始于北欧，然后逐渐扩散到其他社会，在第二次世界大战之后扩散速度大幅度地提高，而且至今为止还远未结束。在 1800 年，最富裕国家和最贫穷国家人均收入的差距可能只有一倍。亚当·斯密的《国富论》（*Wealth of Nations*）就是用来解释收入水平差距这类问题的。如今，美国的人均收入大约为印度的 25 倍，而两国的收入都以每年 1%～2% 的速度增长着。

没有什么经济行为像经济增长那样被古典经济学家所忽视，甚至连作为一种理论的可能性也没有。既然古典经济学家没有观察到经济增长这一现象，他们又有什么理由对其给予重视呢？古典经济学家，或者具体说就是马尔萨斯（Malthus）和李嘉图（Ricardo），认为任何一个社会在面对技术进步时，人均收入最后都将恢复到大致相同的稳定水平，他们将对这种趋势的解释作为理论核心。尽管他们并不否认经济的稳定收入水平可能存在着差异，但是他们将这种差异归因于消费偏好而非技术或可用资源的差异。社会生产能力的差异仅仅只会导致人口的差异。李嘉图将产生这一结论的马尔萨斯人口理论置于他生产和分配理论的中心位置。

对于工业革命引起的人类生活状况的改变，现代经济增长理论也无法给予很好的解释。这些理论都建立在技术变化率为正值这一基础之上，这些变化率要么只是通过简单地假定它存在而得到，要么是假设知识积累有不变或递增回报而产生的一个均衡结果。[①] 当我们给定人口增长率不变这一关键假设时，现代增长理论就能够与人均收入的持续增长保持一致。与古典经济理论预言技术进步仅仅能改变人口不同，现代增长理论认为技术进步只影响收入，而对人口没有影响。

古典理论和现代增长理论都能成功解释与它同时代的生产和人口行为的关键特征，但两种理论都与对方解释的数据存在着严重冲突。为了理解工业革命，从而理解这个世界，我们需要将这两个互相冲突的理论整合起来，也就是说，我们需要建立一个一般理论，将以上两种理论作为这个理论的特例，该理论能够使我们理解从大部分历史时期的稳定收入状态到最近两个世纪才出现的持续增长的转换性质。

---

① 我不打算列出所有索洛（Solow，1956）后继者的名单，我印象中最近几篇文献是：罗默（Romer，1986a）、卢卡斯（Lucas，1988）、曼昆、罗默和韦尔（Mankiw, Romer, and Weil，1992），以及帕伦特和普雷斯科特（Parente and Prescott，2000）。

这种阐述增长理论中心问题的方式反映了我思想的转变，主要受到了贝克尔、墨菲和田村（Becker, Murphy, and Tamura, 1990）以及田村（Tamura, 1988, 1994）论文的影响。这些论文考虑了一个均衡增长模型，在这些模型中，家庭同时决定养育孩子的数量和积累不同资本的数量。这些模型较早由拉辛和班-齐昂（Razin and Ben-Zion, 1975）以及贝克尔和巴罗（Becker and Barro, 1988）构建。通过将生育决策引入增长理论，这种研究将工业革命和生育率的下降——通常被称为人口变迁（demographic transition）——联系起来，将它们看作是同一经济事件的不同方法。尤其是，贝克尔、墨菲和田村（Becker, Murphy, and Tamura, 1990）将生产技术和偏好（包括对孩子和消费品的偏好）联系起来，构建了一个既与人均收入不变的传统稳态相一致，又与现代增长平衡路径相一致的理论。在该模型中，人力资本投资回报的上升可能引致经济从第一种状态转移到后一种状态。①

这些思想是以下各节内容的核心。由于它们对于我的吸引力来源于它们与工业革命主要事实的紧密联系，因此，我将花费一些时间回顾一些引言部分赖以成立的证据。最新的研究填补了我们在战后和遥远的过去对经济学实际知识的空白，使我们能够对于一个相当复杂的人口和生产的世界历史进行完整的描述。我将在第 2 节中进行这项工作。

第 3 节和第 4 节建立了一个关于拥有土地和劳动两种生产要素的经济体的生产和分配的李嘉图理论的现代版本，亦即一个数学化的表述。第 5 节将资本积累引入到李嘉图理论中——这项工作已经超过了李嘉图所掌握的方法，但是现代动态理论完全可以处理——并回顾了为什么工

---

① 里格利（Wrigley, 1988）的论文强调了古典人口统计与持续经济增长的不一致性。纳洛夫（Nerlove, 1974）提出的观点与本章比较接近。当然，有太多的关于工业革命和人口革命的文献，即使我们将注意力限制于那些构建了理论模型的文献，仍然有许多文献超出了本章的引证范围。

古德弗伦德和麦克德莫特（Goodfriend and McDermott, 1995）的模型将工业革命视为由人口减少引起的从停滞的家庭经济到动态市场部门之间的转换活动。墨菲、施莱费尔和维什尼（Murphy, Shleifer and Vishny, 1989）认为规模经济是工业革命的核心内容。这两个理论都没有将工业革命与生育率降低联系在一起。

业革命不能只建立在物质资本积累之上的若干理由。第 6 节构建了由技术变迁和人力资本积累产生的持续增长模型，生育决策也被整合进了模型中。通过该模型可以看到，将经济持续增长看做是由外生的技术变迁产生的理论无法与人口变迁相一致，而与它相似地，将经济增长率看做是由人力资本投资决策内生决定的理论可以轻易地做到这一点。第 7 节叙述了从马尔萨斯经济（第 3 节到第 5 节）到增长经济（第 6 节）的变迁。第 8 节是全文的总结。

2. 工业革命的基本事实

在引言部分我将工业革命这一术语定义为人均收入的持续增长。接下来我将对这一事件进行定量描述，具体而言，我将表明，这场革命发生于 18 世纪末或 19 世纪初，它是史无前例的，并且不断加速发展至今。[①] 然后，我将进一步提炼这些描述，以帮助理解工业革命的起源和进程。

图 5.1 描绘了从公元 1000 年至今世界人口、商品和服务产出总量（GDP）的情况。图中我使用了对数刻度单位而不是自然单位，以能够清楚地看到这两个时间序列的加速度（acceleration）（图中显示的是对线性的偏离）。左边的刻度人口单位为百万，产出单位为十亿美元（以 1985 年美元价格为基准）。人口数据从 1500 年开始，产出数据从 1750 年开始，分别来自本章末尾附录中的表 5.1 和表 5.2。较早时期的人口数据来自麦克伊维蒂和琼斯（McEvedy and Jones，1978，p. 342）。较早时期产出的估计是在假设其人均收入水平与 1750 年相等的基础上，采取插值法计算得到的（这样 1750 年以前的总人口和总产出序列的差距为一个常数）。

[①] 我发现克雷默（Kremer，1993）对于长期人口趋势的论述非常令人振奋。帕伦特和普雷斯科特（Parente and Prescott，1993）、约翰逊（Johnson，1997）以及普里切特（Pritchett，1997）对于生产和生活水平趋势的概述也同样令人振奋。

图 5.1 世界人口和产出

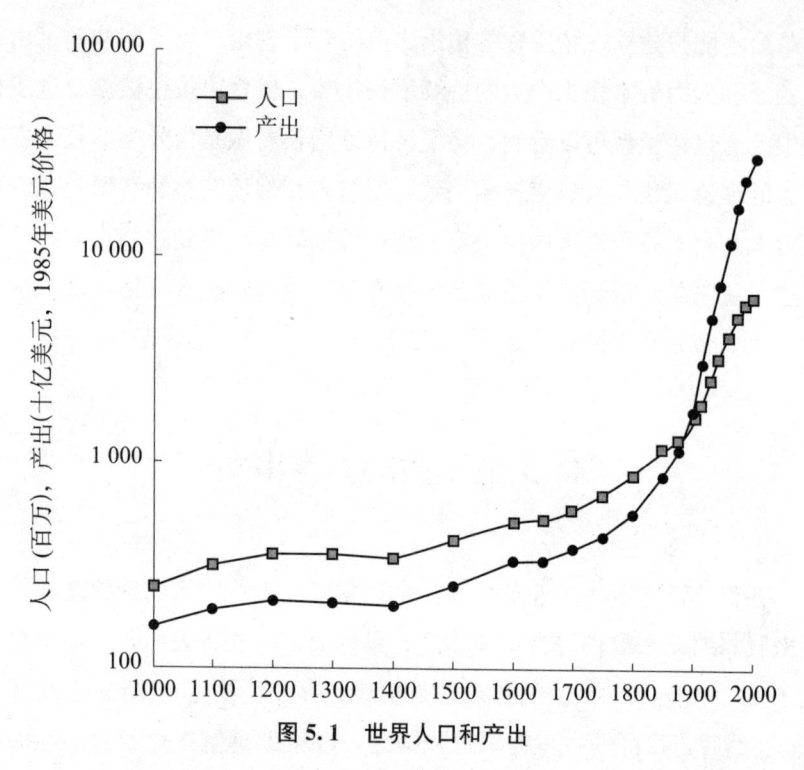

公元 1000 年世界人口的估计值为 2.65 亿,比当今美国的人口数量略低。到 1960 年,世界人口已增加到 30 亿,1990 年已达到 52 亿。从图中我们可以看到从 1800 年人口开始加速增长,但正如迈克尔·克雷默(Michael Kremer,1993)强调的,人口在人类更早时期就已开始增长了。[①] 在一个人均收入不变的世界里,人口增长本身就能测量产出增长,从而也能测量技术变化率。因此,无论 18 世纪的经济生活中出现什么新的情况,都不能简单地把它看做是由技术变迁引起的,因为在先前所有世纪中人口增长的压力都需要技术的进步来支撑。

在过去的几十年里,我们对于不同时期不同地方的生产情况和生活水平的了解有了很大的提高。在最近的实证研究中,罗伯特·萨默斯和

---

① 虽然对于是否能在图 5.1 中看到 1800 年以前人口的加速增长具有争论,但是从克雷默,以及麦克伊维蒂和琼斯给出的更长时期的序列中可以清楚地看到这一点,在克雷默根据这些数据绘制的图形中也可以看出。

艾伦·赫斯顿指导设计的宾大世界数据表，是其中最重要的贡献之一。① 该数据表编排合理，查询方便，其内容覆盖了从 1950 年或 1960 年（取决于具体国家）至今世界各国的生产和人口数据，并按照指数化理论，采用"购买力平价法"将各国的真实产出数据转换为同一单位。由于有了这样一个庞大的数据表，最近复兴的数量增长理论显示出明显的经验主义特征，这与 20 世纪 60 年代比较纯粹的理论研究有很大的不同。该数据表的出现也鼓励人们满怀信心地进行更大范围的理论性研究，以期建立一个对富国和穷国都同样能适用的理论。

作为宾大世界数据表的一个成果，我们第一次有了对于包括富国和穷国都在内的整个世界生产的可靠图像。让我们从人口估值开始，来看一看这一图像的主要特征。在 1960—1990 年的 30 年时间里，世界人口从 30 亿增加到 52 亿，即每年以 1.8% 的速度增长。这些数字常常作为警告来用，因为世界的人口显然不可能以每年 2% 这样的速度增长下去。但是，认为人口增长正在超出资源承受能力的观点，是最近许多倡议者提出的观点（我的一位朋友称之为"阴暗经济学"(the economics of gloom)），这简直是一个谬论，与我们观察到的事实并不相关。

这个世界上确实存在着大量的贫困和饥饿，但是以此认为贫困正在增加的想法是违背事实的。1960—1990 年，世界人口从 30 亿增加到 52 亿，但同一时期世界总产出的增长比人口增长快得多，已从 1960 年的 6.7 万亿美元增加到 1990 年的 22.3 万亿美元。也就是说，世界总产出以每年 4% 的速度增长，30 年里增长了 2 倍多。因此，人均产出——真实收入——每年以 2.2% 的速度增长，这就意味着世界人民的平均生活水平在 30 年里接近提高了 1 倍。需要说明的是我引用的数据并不只是发达经济体或一些创造了奇迹的经济体的数据，我并没有排除非洲和社会主义国家，这些数据是关于整个世界的。全人类正以史无前例的速度

---

① 萨默斯和赫斯顿 1984 年和 1991 年的论文对宾大世界数据表做了基础性的描述，其内容包含 1950—1988 年的数据。这些数据定期扩充和修正，并标有便于查询的序列编号。本章所引的萨默斯和赫斯顿或"S&H"数据来自 PWT5.6 版本，该版本可以从美国国民经济研究局的网站（http://www.nber.org）上下载。

走向富裕。

当然，这些一般性的描绘掩盖了许多分化。图 5.2 是利用宾大世界数据表概括的世界人口和人均收入的水平和增长率的分布情况。它包括两组直方图，一组代表 1960 年的人均收入，另一组代表 1990 年的人均收入。横轴采取对数刻度，表示以 1985 年国际元（international dollars，这是萨默斯和赫斯顿使用的单位，就我的研究目标而言，它与 1985 年的美元价格没有什么区别）为基准价格的 GDP，纵轴表示人口。图中的柱体高度表示对应平均收入水平所包含的人口数量，这里假设每个人都能得到该国的平均收入（这当然是错误的）。因此，图中相应年份的柱体高度的总和表示世界总人口数量，1960 年大约为 30 亿，1990 年大约为 52 亿。两个分布的平均值分别为 2 200 美元（1960 年）和 4 300 美元（1990 年）。

我们从图 5.2 可以看到，从 1960 年到 1990 年平均收入低于 1 100 美元的人口数量（不是比例）下降了。总的来说，整个世界的收入分布向右移动，但是自 1960 年以来收入不平等程度并没有什么变化。不过，从另一个方面来看，不平等程度仍是非常严重的。1990 年最贫困国家的人均收入约为 600 美元（1985 年美元价格），而美国的收入为 17 000 美元，其收入比高达 17 000/600＝28 倍！这种最贫困社会和最富裕社会之间的收入差距与战后人口和生活水平的增长一样，是前所未有的。

最近的大量实证研究聚焦于人均收入是收敛到一个共同的（增长）水平还是处于发散中这样一个问题。[1] 从图 5.2 可以看出，这是一个相当微妙的问题，难怪迄今仍未达成共识。显然，无论我们如何对 1960—1990 年的经济数据进行统计分析，都无法得到更多的关于未来增速的信息。如果我们以 2％的人口增长速度从 1960 年开始倒推，可以得到的结论是，亚当和夏娃在公元 1000 年左右才被驱逐出伊甸园。如果以人均收入 2.2％的增长速度向前倒推，我们将得出人们在 1800

---

[1] 参见巴罗和萨拉-伊-马丁（Barro and Sala-i-Martin, 1992, 1997）、奎阿（Quah, 1996）和琼斯（Jones, 1997）。在收敛问题研究方面，与本章相似的方法参见鲍莫尔（Baumol, 1986）和普里切特（Pritchett, 1997）。

图 5.2 收入分配

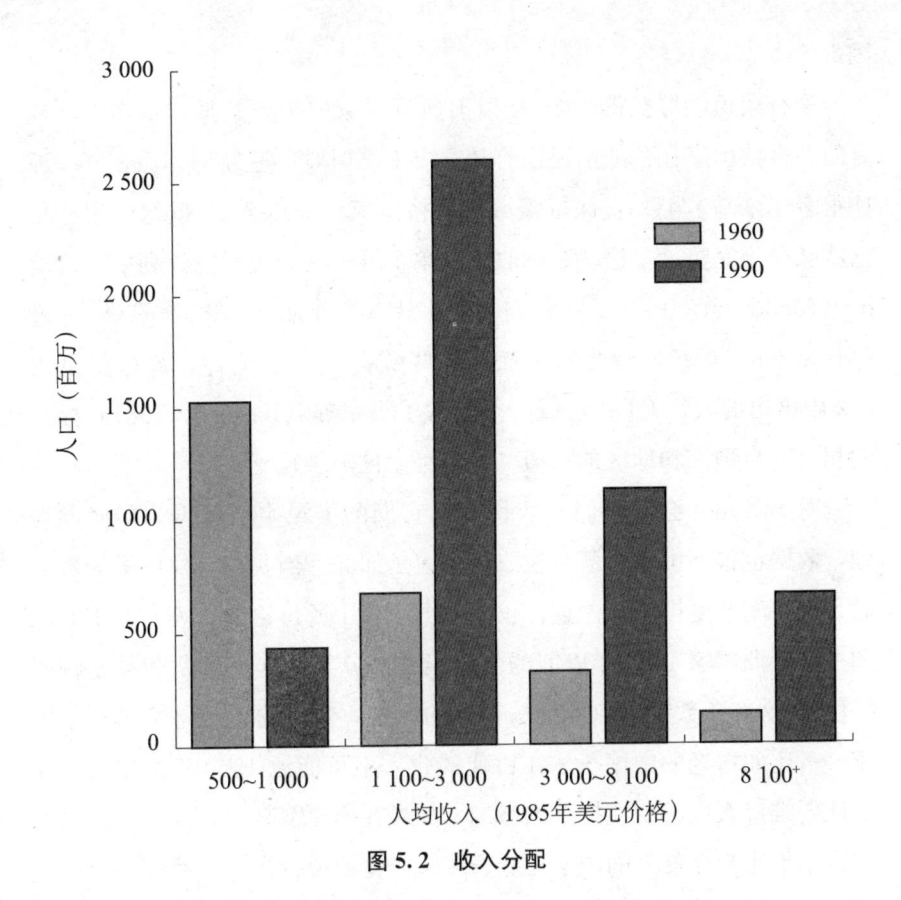

年的生活标准（按照 1985 年美元价格计算）只有不到 100 美元的结论。如果向将来推算，我们会得出人类将耗尽所有水资源（或其他任何资源）的结论。这些推测表明，1960 年是一个转型（transition）期，但是这一转型又怎样呢？

对于这个问题，历史能给出一半的答案。我们通过各种有效的途径获得全世界和各地区的可以查证的人口估值。本章数据附录表 5.1 中给出了 1500 年以来，21 个地区不同年份的人口数据。这些数据几乎全部来源于麦克伊维蒂和琼斯（McEvedy and Jones，1978）结构清晰和易于阅读的著作，而至少一些年份的数据是萨默斯和赫斯顿文献中没有涵盖的（在重叠年份，两个文献的数据总体是一致的）。表 5.2 给出了 1750 年以来 21 个地区不同年份的人均真实收入，其中 1950 年以来的数据来源于萨默斯和赫斯顿。当然，更早年份 GDP 序列的获得更为困难。

没有渠道能够获得1960年以前所有国家的生产数据，事实上，现有的大多数国家在二战前还没有独立出来。但对一些经济体而言——那些很多年来基本上一直保持疆域的富裕国家——甚至19世纪的生产数据就已经很完整了，这些数据收集在单个国家的历史研究计划中。麦迪逊（Maddison，1981，1983）、贝洛赫（Bairoch，1981）和麦迪逊（Maddison，1995）最近的文献对这些数据进行了估计。数据附录表5.2中给出的人均GDP估值主要参考了贝洛赫（Bairoch，1981）提供的相对富裕国家和地区的估值（细节可参见附录）。

对于贫困社会，我们一般得不到它们的国民生产数据，即使能得到，数据也很不可靠，甚至在二战后也是如此。当我们寻找更早的数据时，这一问题变得更加严重。正如数据附录中所讨论的，表5.2中非洲和一些亚洲国家1960年以前的数据很大部分是根据萨默斯和赫斯顿所提供的1960年数据采取外推法得到的。这一估值的思想是基于一个国家——比如古老的中国——在古代的收入不可能比1960年低很多，而且还要维持人口不变或持续的增加。如果在历史上某个时期一个国家的收入水平比当今贫穷的国家还低很多——比如说一半——我们一定听说过。如果历史上存在这样大的收入差距，那么它们一定会出现在弥漫着传奇色彩的历史人物著述中，这些人物从希罗多德（Herodotus）到马可·波罗（Marco Polo）再到亚当·斯密。

事实上，仍然存在许多渠道能得到贫穷社会——主要是农业经济体——一些能表明其生产状况的证据。我们来看一个例子，在我芝加哥公寓的前厅中悬挂着一幅农业景象的油画，这幅油画是我的一个韩国学生赠送的。在这幅油画中，一位农夫在公牛后面犁地，果树上开满了鲜花，背景为连绵起伏的群山。透过画面的宁静色彩，仿佛艺术家想勾起我们对纯朴旧时光的怀念。在这幅图画中，也包含经济学家所需要的许多信息。我们不难估计这位农夫的收入，因为我们大概知道一位农夫和一头牛能够耕作多少土地，这些土地上能种植多少农作物，一个小小果园上能结出多少果实，由此我们能按照1985年美元价格折算出他的收人有多少。这位农夫的收入大约是2 000美元。并且，我们知道几十年前，几乎所有的韩国人（超过90%）都在从事农业生产，这2 000美元的数字——对于农夫、他的妻子和两个孩子而言人均收入500美元——一定非常接近全国的平均水平。虽然我们没有韩国100年前国民收入和生产的精确数字，但是我们依然能较为准确地估算出那时普遍的生活水平。在所有时期和所有地方，传统农业社会都非常相似，我们比较有把握地估算出它们的生活水平。确实，图画中农场的景象（虽然图画的风格未必如此）可能取自于几千年的任何一个世纪，也可能取自于最后一个世纪。

表5.2提供的收入细节使我们能够对世界不同地区工业革命的不同进程进行描述，如图5.3所示。在这个图中，依据历史上收入增长的接近程度（similarity），将表5.2中的21个国家或地区分成五个组，并按照当前的收入水平进行排序。第Ⅰ组的国家——主要由英语语系的国家组成——是人均收入最早开始持续增长的国家。第Ⅲ组是由英语语系以外的西北欧国家组成的，它们在稍晚时候开始持续增长。第Ⅳ组国家由其余的欧洲国家、苏联和欧洲控制的拉美国家组成。第Ⅱ组为日本，之所以将它单独分为一组，那是因为我想突出日本的独特经济发展史。第Ⅴ组由剩余的亚洲和非洲国家组成。

从图5.3可以看出，在1750—1800年期间，各地区的人均收入水平大致不变，大约在600～700美元（1985年美元价格）。此处和下面的收入水平都应理解为估计值，误差可能为±200美元（1985年美元价格）。依据我上文提出的理由，所有社会在1750年以前的生活水平都被估计为600美元，这样图5.3就没有必要再向左延伸了。因此，图5.2所显示的不平等只是19世纪才首次出现的事件，到了20世纪才达到了现在的水平。

图5.3下面的数据表示五个组的人口数量（以百万为单位）。具体地看，大约2/3的人口属于第Ⅴ组，亦即居住在日本以外的所有亚洲和非洲国家。需要注意的是，在1950年以前第Ⅴ组的人均收入一直保持在600美元（1985年美元价格）。殖民时代是人口急剧膨胀的时代，也

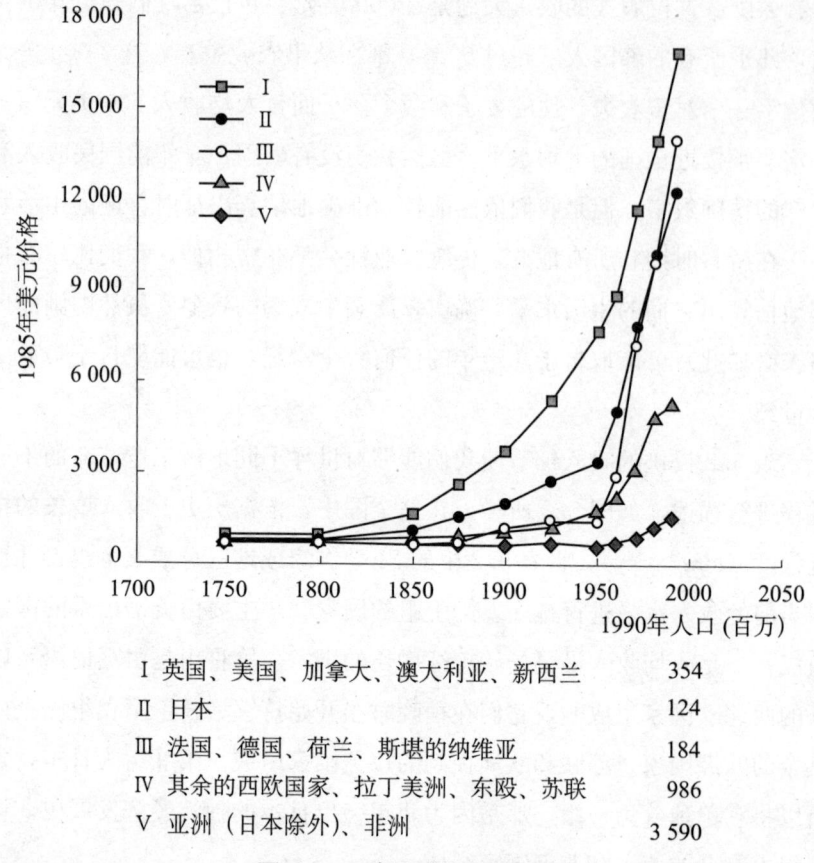

```
        18 000

        15 000                                    ■ I
                                                  ● II
                                                  ○ III
        12 000                                    △ IV
1985                                              ◆ V
年
美        9 000
元
价
格       6 000

         3 000

             0
              1700   1750   1800   1850   1900   1950   2000   2050
                              1990年人口（百万）
```

  Ⅰ 英国、美国、加拿大、澳大利亚、新西兰　　　　354
  Ⅱ 日本　　　　　　　　　　　　　　　　　　　124
  Ⅲ 法国、德国、荷兰、斯堪的纳维亚　　　　　　184
  Ⅳ 其余的西欧国家、拉丁美洲、东欧、苏联　　　986
  Ⅴ 亚洲（日本除外）、非洲　　　　　　　　　3 590

图 5.3　五个区域的人均 GDP

是大多数人民生活水平持续停滞不前的时代。非洲和亚洲的人均收入增长完全是后殖民地时代才出现的现象，这一增长显然是第二次世界大战以后世界增长率达到前所未有水平的主要原因。

  虽然我将人均收入的持续增长看作是工业革命的显著特征，但是从图 5.1 中可以清楚地看出，我们不能把 1800 年以来的收入增长解释为纯粹的技术事件。虽然技术变迁在 1800 年以后迅速发展，但是在 1800 年以前的几个世纪中也同样在加速地发展。1800 年前后发生的新事件——将近现代（modern age）与以往任何时代区别开来的——不是技术变迁本身，而是生育率增长不再将技术进步转化为人口增长的事实。这并不意味着技术变迁速度的提高不可能使人口持续增长，以"超越马尔萨斯实际观察到的上限"①。只有当加速的技术进步与非常高的生育水平组合在一起的时候，这样的发展才可能与马尔萨斯的模型相一致。事实上，工业革命总是与被称为人口变迁的生育率降低联系在一起。

图 5.4 粗略地描绘了自 1750 年以来已经发生而且至今仍未停止的人口变迁。图中的五条曲线分别与图 5.3 中的五个国家分组相对应。每个曲线由 10 个点连接而成，其对应时段的起始点与图 5.3 下边标示的日期相对应（注意时期的长短并不等于线段的长度）。每个点表示相应组在该时段中的平均人口增长率和该时段初期的人均收入。从图 5.3 中可以容易地看出 1750 年的人均 GDP 数据，每个组大约都是 600 美元。1750 年人口平均增长率大约为 0.4%，五个组都低于 1%。我们可以看到，对于每个组而言，在工业革命初期，人均 GDP 的微小变化都会引起人口增长率的直线上升。当然，这是马尔萨斯和李嘉图所告诉我们可预期的人口对技术进步的准确反应。对于第 I～IV 组，接下来人口增长率达到了峰值，然后随着人均收入的增加，人口增长率又开始下降。对于第 V 组——大多数亚洲和非洲国家——曲线只是变得平缓，但是又有

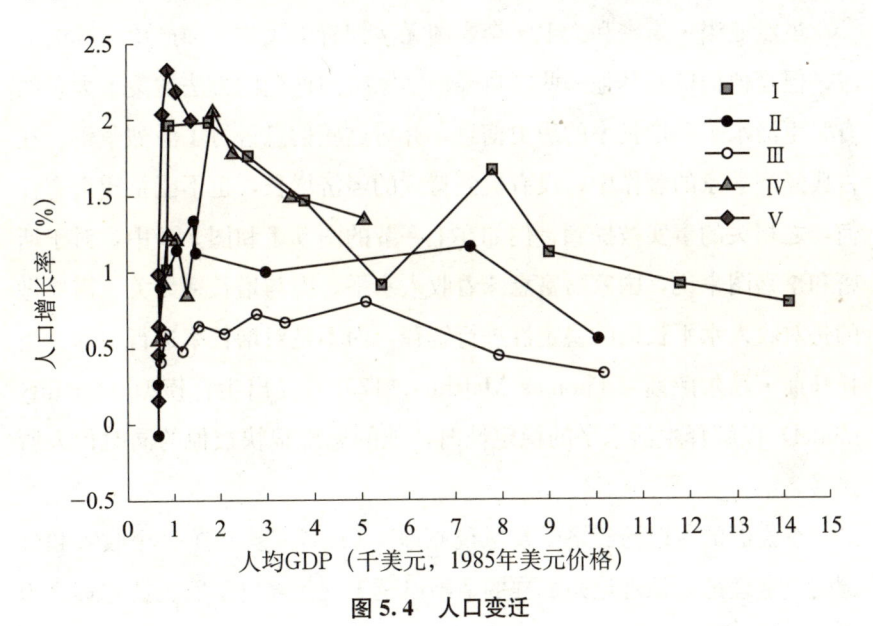

图 5.4 人口变迁

① 参见兰德斯（Landes, 1969）第 41 页。

谁能相信它们不会沿着其他组的路径前进呢？如果将五个组进一步细化，或者将出生和死亡率与人口迁移率进行区分，图5.4的准确度能进一步提高。我发现，即使不进行提炼或优化，我们仍然能清晰地看出图5.4中的曲线呈"倒U形"。人口的变迁显然需要我们以一个与马尔萨斯不同的生育观点进行审视。

本节最引人注目的是我们能从考察的数据中看到两种总量行为，一种是人均收入在400~800美元（1985年美元价格）之间的水平上基本保持不变，另一种是人均收入增长率以超过——有时远远超过——每年1%的速度增长。这个观察既是贝克尔、墨菲和田村（Becker, Murphy, and Tamura, 1990）的出发点，也是本章理论工作的基础。

3. 古典生产理论

虽然亚当·斯密和大卫·李嘉图无法拥有国民收入和产出核算的方法，但是他们以及其他一些古典经济学家按照他们的方法搜集了大量的有关生活水平和增长率的历史信息，并对这些信息进行了激烈争辩。在古典经济学家的著作中，没有提到持续的经济增长，也不能指望会有任何与之相关的事实被提到，例如在上一节的图5.1和图5.3中，对于斯密和李嘉图来说，国家财富意味着收入水平，而与增长率无关，需要做的是对收入水平长期的稳定性进行解释，而不是对增长率进行解释。当托马斯·马尔萨斯（Thomas Malthus, 1798）提出生育模型（fertility model）以解释生活水平的稳定性时，他的思想很快被他的同时代人所接受。

李嘉图的《政治经济学及赋税原理》（1817）提出了一个收入和分配的总量理论，该理论是那样的清晰以至于现代经济学家也把它称之为模型。李嘉图将马尔萨斯的生育观点置于他的长期收入决定理论的中心位置，并且强调该理论的重要含义：技术进步将会导致人口增长，而不

第5章 工业革命：过去与未来

会改变人均真实收入。该理论是古典的：它没有使用效用理论。本节的目标之一是以新古典方式重述古典理论，也就是说，运用数理方法描述代理人偏好（agents' preferences）和他们能得到的技术。一旦古典的生产和分配理论转化为现代形式，那么它就成为有用的关于收入决定的经验模型，该模型可以用来分析工业革命前的经济体，即斯密、李嘉图以及他们的同代人所熟悉的经济体。

首先，考虑一种动物，其天然行为是：当个体平均食物消费量超过了生存水平时，该种类动物数量就会增加；反之，当个体平均食物消费量低于生存水平时，该种类动物的数量就会减少。如果该种类动物在活动的区域内总的食物消费量是固定的，那么导致许多动物死亡的疾病一开始将会导致单个个体食物消费的增加，从而导致该种类动物数量增加，而数量的增加最终将会导致消费水平和个体数量回到初始状态。这一"马尔萨斯主义"模型的重要优点是：在面对数量和技术冲击时，预测了一个稳定生存消费水平的存在。

然而，一些其他事实表明，人类行为并不完全类似于动物。在大多部分人类社会中，一些个体或者个体家庭积累了大量的财富，并且其消费水平远远超过了大多数维持生存的标准。在大部分社会中，甚至在18世纪以前的社会中，平均消费是相当大的，以至于不能将人类需要简单看作纯粹为了维持生存。李嘉图笼统地（crudely）处理了这个问题，他将马尔萨斯假设应用于"工人"这个独特的"种类"，而赋予私有权体制下产生的其他"阶层"生产更少但消费更多的自由，而且，这个"阶层"还积累了我们称之为文明的成就。

为了用新古典方式重述李嘉图理论并在其他一些方面超越它，我将从构建一个单一家庭或"王朝"（dynasty）* 对子女个数和消费品数量的偏好开始。这将使得马尔萨斯生育理论的导出变成了自觉选择而不仅仅是生物本能的结果。随后，我将把具有这种偏好的家庭置于各种社会

---

* 从本章来看 dynasty 的意思接近于家庭，将其意译为家庭而不是王朝可能更容易理解，本章余下的部分采取了这个译法。——译者注

结构之中，并且运用均衡推理方法对个体和社会力量的相互作用如何决定生育、产出和人口进行推导。

家庭偏好

马尔萨斯为子女设定期望的生活标准的假设明显是关于偏好的假设，现代经济学家自然会用效用函数确定其形式。不过，这一有效的形式对马尔萨斯和李嘉图来说还是不具备的，但是，将他们对人口问题的思考用新古典语言表述出来并不困难。在这一小节，我将介绍偏好的假设，这些假设由早期的、具有类似动机的经济学家的相关研究改进而来，我将这些假设贯穿于本章始终。

我将典型家庭的偏好看做是一个单一代理人的偏好。家庭在生命周期中消费 c 单位的单一消费品，生育 n 个子女。因此，$n-1$ 是家庭人口的增长率，而选择 $n=1$ 意味着家庭仅仅维持它原来的人口规模。然后，每个子女建立新的家庭，这一过程将延续下去。假定家庭偏好通过效用函数 $W(c,n,u)$ 来描述，该效用函数取决于家庭本身的消费、子女的数量，以及每个子女享有的终生效用 u。这些偏好是能够在生育决策中进行"数量—质量权衡"（quantity-quality trade-off）的最简单而且也足够全面的偏好。假设人们在子女的数量 n 与每个子女期望享有的终生效用（质量）之间进行权衡。①

使用下标 t 表示代际中的一代，父母和子女的效用通过差分方程进

---

① 此处我使用的家庭偏好的特殊形式来源于拉辛和班-齐昂（Razin and Ben-Zion, 1975）。我的家庭偏好的构造与他们的一样，即父母的效用取决于商品数量、子女数量以及每个子女的效用。同样参见贝克尔（Becker, 1960，他在生育理论中引入了数量—质量权衡理论）、威利斯（Willis, 1973）、贝克尔和巴罗（Becker and Barro, 1988）、巴罗和贝克尔（Barro and Becker, 1989），以及阿尔瓦雷斯（Alvarez, 1995）。近期对生育决策中的数量—质量权衡的量化研究取得很大的进展，参见阿依图（Ahituv, 1995）、德普克（Doepke, 2000）、莫（Moe, 1998），以及贝洛索（Veloso, 1999）。

其他作者对生育和增长理论进行了整合，但没有借助"数量—质量"权衡，他们将子女的价值看做是父母投资的结果。埃利希和卢伊（Ehrlich and Lui, 1991）、劳特和斯里尼瓦桑（Raut and Srinivasan, 1994）的研究具有代表性。

劳里（Loury, 1981）和安德雷德（Andrade, 1998）没有处理生育决策问题，但是他们在人力资本代际投资方面的分析显然是生育决策理论的补充。

行联系：

$$u_t = W(c_t, n_t, u_{t+1}) \tag{1}$$

如果我们不断地进行后向替代来求解式（1），可以得到一个新的表达式：

$$u_t = W(c_t, n_t, W(c_{t+1}, n_{t+1}, W(c_{t+2}, n_{t+2}, \cdots)))$$

它是从 t 时期开始关于每期的家庭消费和后代数量的无穷序列 $\{(c_s, n_s)\}_{s=t}^{\infty}$。例如，我们采取熟悉的对数效用形式：

$$W(c, n, u) = (1-\beta)\ln(c) + \eta\ln(n) + \beta u$$

其中，贴现因子 β 在 0 到 1 之间，差分方程（1）的解为：

$$u_t = \sum_{s=0}^{\infty} \beta^s [(1-\beta)\ln(c_{t+s}) + \eta\ln(n_{t+s})]$$

巴罗和贝克尔（Barro and Becker, 1989）将上式表示为另一种形式：

$$U_t = (1-\beta)c_t^{\sigma} + \beta n_t^{1-\varepsilon} U_{t+1}$$

伊万·威林的研究发现，上述对数函数是巴罗-贝克尔（Barro-Becker）偏好的一个特例。如果令 $v_t = U_t^{1/\sigma}$，变换上式，我们可以得到：

$$v_t = [(1-\beta)c_t^{\sigma} + \beta n_t^{1-\varepsilon} U_{t+1}]^{1/\sigma}$$
$$= [(1-\beta)c_t^{\sigma} + \beta (n_t^{(1-\varepsilon)/\sigma} v_{t+1})^{\sigma}]^{1/\sigma}$$

因此，当前的效用（适当的变形）是 c_t 和复合变量 $n_t^{(1-\varepsilon)/\sigma} v_{t+1}$ 的 CES 函数。现在令 $\sigma \to 0$，并不断调整 ε，使比率 $(1-\varepsilon)/\sigma$ 保持为不变的常数，比如 η/β。接着，根据我们熟悉的柯布-道格拉斯（Cobb-Douglas）函数与 CES 函数的关系，得到：

$$v_t = c_t^{1-\beta} n_t^{\eta} v_{t+1}^{\beta}$$

现在使用第二个单调变换 $u_t = \ln(v_t)$，可以得到对数偏好函数。

一般地，我始终要求效用函数 W 满足：当 c_t 和 n_t 沿着常数序列取值时，父母效用函数对子女终生效用的导数 W_u 在 0 到 1 之间。即，假设：

$$u = W(c, n, u) \quad 则 \quad 0 < W_u(c, n, u) < 1$$

这是一个贴现假设，对于下文分析至关重要。在下文中使用的其他假设还包括：W 对于 c 和 n 都是严格递增的，且 (c, n, u) 是严格拟凹的，其中,"商品"c 和 n 都不是劣质品,并且 n 和 u 为互补品。①

一个狩猎者—采集者社会

为了能得到这些递归偏好对于观察行为的含义,将假设的家庭放在一个特定的情境中并观察它们的行为方式是非常有益的。我将从一个现在我们称之为狩猎者—采集者社会(hunter-gatherer society)的案例开始。斯密和李嘉图都使用了类似的情境,他们将之描述为"在土地私有之前"存在的社会体。我不清楚他们是否将它看做是一个历史事例,或者像我一样,仅仅用作说明而已。

接下来,考虑一个有 N 户家庭的经济体,这些家庭在一个固定土地(或更一般意义上的领地或资源)数量 L 上养活自己和他的后代。令总产出为 $Y=F(L,N)$,F 是不变规模报酬函数,因此,每个家庭的产出是 $y=Y/N=F(L/N,1)=f(x)$,此处 $x=L/N$ 是土地—人口比。保持竞争性假设,即每个家庭都把 y 值看作是给定的,其自身和其子女都无法控制,尽管 y 值可能随着时间以一种可预测的方式变化。父母无法影响子女未来(或者,就这件事而论,他们也无法影响自己的未来)的假设正是我们称之为缺乏私有权的含义。

在这样一个情境中,考虑偏好为 $W(c,n,u)$ 和当前产品收入为 y_t 的单个家庭的决策问题。每个子女的成本为 k(按照产品衡量)。父母必须选择他们子女的数量 n_t,以及他们自己的消费量 $c_t=y_t-kn_t$。在我们假定的社会中,家庭无法通过遗赠来影响子女的效用水平。但是,对于每个子女享有效用水平 u_{t+1} 的预期将会影响父母在他们自身消费和子女数量上的态度。因此,对家庭决策问题求解,则有:

$$\max_n W(y_t - kn, n, u_{t+1})$$

该问题的一阶条件是:

---

① 最后两个特征可以由 $\max_{c,n} W(c,n,u)$,约束条件 $c+kn \leq I$ 来定义。假设 c 和 n 都是非劣质商品,意味着对于所有的 k 值,c 和 n 的最大值都是 I 的增函数,当且仅当 $W_n W_{cn} - W_c W_{nn} > 0$ 和 $W_c W_{cn} - W_n W_{cc} > 0$ 时,该假设才能成立。假设 n 和 u 是互补品意味着在该问题中 n 的最优值是 u 的非减函数,当且仅当 $W_c W_{nu} - W_n W_{cu} \geq 0$ 时,该假设才能成立。

$$kW_c(y_t - kn, n, u_{t+1}) = W_n(y_t - kn, n, u_{t+1})$$

这是一个均衡条件。其他三个均衡条件分别是式（1）、由增长率 n_t 得到的条件以及根据技术得到的条件。均衡必须满足完整的条件是：

$$u_t = W(c_t, n_t, u_{t+1}) \tag{2}$$

$$kW_c(c_t, n_t, u_{t+1}) = W_n(c_t, n_t, u_{t+1}) \tag{3}$$

$$x_{t+1} = x_t / n_t \tag{4}$$

$$c_t + kn_t = f(x_t) \tag{5}$$

式（2）~式（5）可看作为类状态（state-like）变量 x_t 和 u_t，以及类流动（flow-like）变量 c_t 和 n_t 的四个方程。

在该经济体任何稳态中，典型家庭仅仅复制自身，即 $n_t = 1$，且父母和子女有着同样的终生效用水平，$u_t = u_{t+1}$。那么，稳态产品消费和效用水平（c, u）必然是以下两个方程的解：

$$u = W(c, 1, u) \tag{6}$$

和

$$kW_c(c, 1, u) = W_n(c, 1, u) \tag{7}$$

这两个方程可以从式（2）和式（3）得到。

根据贴现假设 $W_u \in (0, 1)$，通过式（6）总是可以求得唯一的稳态效用，它是一个净消费的递增函数，记作 $u = g(c)$。现在将稳态边际替代率函数 $m(c)$ 定义为：

$$m(c) = \frac{W_n(c, 1, g(c))}{W_c(c, 1, g(c))}$$

那么式（7）说明了稳态消费水平为下式的解，即：

$$m(c) = k \tag{8}$$

假设这一边际替代率函数满足约束条件 $m(0) = 0$ 和 $m(\infty) = +\infty$，就能保证式（8）的解 c 的存在。对于 c 的任何解，边际替代率函数导数 $m'(c)$ 的符号与下式的符号一样：

$$W_{cn} - kW_{cc} + [W_{nu} - kW_{cu}]g'(c)$$

上式符号严格为正，这是从生育为正常品且与未来效用互补的假设中得到的。因此，正如图 5.5 中所示，仅存在一个确定的稳态消费水平，我

将它记作 c_m（m 为马尔萨斯 Malthus 的首字母）。

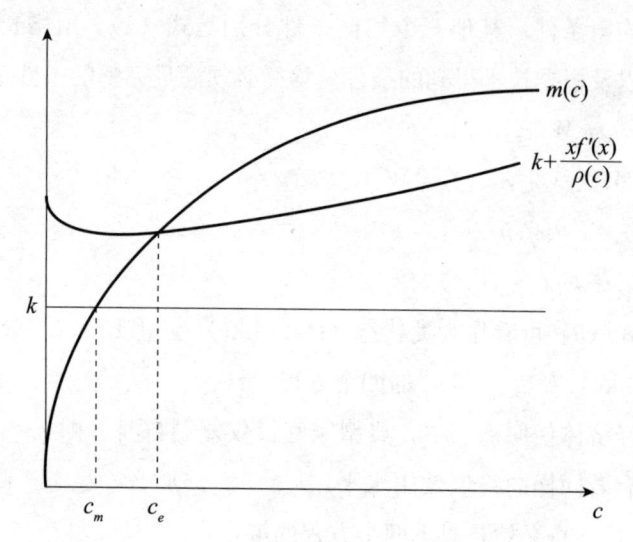

图 5.5 两种（土地公有和私有）情况下的李嘉图均衡[*]

在对数偏好情况下，函数 m 由下式给出：

$$m(c) = \frac{\eta}{1-\beta} c$$

上式的稳态消费为 $c_m = [(1-\beta)/\eta]k$。注意，一般情况与对数特例的情况一样，消费 c_m 的稳态均衡水平完全与商品生产技术 F，或人口和资源的水平 N 和 L 无关。它仅仅取决于养育子女的成本 k，以及父母对子女以及养育子女的态度，正如函数 W 中反映出来的那样。

该经济中的非稳态人口动态在式（2）～式（5）中隐含给出，求解比较复杂。对数特例提供了一个简单的起点，在这种情况下，未来效用 u_{t+1} 不出现在式（3）中，因此式（3）可表示为特殊形式：

$$k\frac{1-\beta}{c_t} = \frac{\eta}{n_t}$$

从式（3）、式（4）和式（5）中消除 c_t 和 n_t，可以得到：

---

[*] 该图右下边的曲线为下一小节所用，为避免理解上的歧义，对标题原文 Two Ricardian equilibria 采取了意译。——译者注

$$x_{t+1} = k\Big(\frac{1-\beta+\eta}{\eta}\Big)[x_t/f(x_t)]$$

此外，如果我们假设产出函数 f 是柯布-道格拉斯函数，即 $f(x)=Ax^\alpha$，$\alpha\in(0,1)$，则有：

$$x_{t+1} = \frac{k}{A}\Big(\frac{1-\beta+\eta}{\eta}\Big)x_t^{1-\alpha} \tag{9}$$

在这种情况下，很显然，唯一的均衡状态：

$$x_m = \Big[\Big(\frac{1-\beta+\eta}{\eta}\Big)\frac{k}{A}\Big]^{1/\alpha}$$

在整体上也是稳定的。[①]

私有财产下的平等均衡

上文所描述的马尔萨斯动态系统的经验魅力在于它们抓住了生活水平在几个世纪都几乎不变的特征，并将重大技术进步的发生与人均收入停滞和人口增长加速一致了起来。但是，土地公共所有的假设显然与历史上社会实际情况不相符合。在这一小节，我用土地（或者，更一般的是其他资源）的私人所有权（包括继承权）代替公共所有的假设，并假设土地最初根据家庭规模进行平均分配。在这种情况下，假设偏好相同，那么均衡下土地仍然会保持平均分配，并且我们能够通过同质代理人社会的分析来刻画这一均衡特征。

再考虑上一小节中研究的社会，该社会具有固定数量的土地 L 和可变数量的人口 N。典型的家庭偏好 $W(c,n,u)$ 与上一小节一样：消费 c、子女数量 n，以及每个子女的效用 u。如果该家庭的初始土地拥有量为 x，子女数量为 n，该家庭的产出为 $f(x)$，那么该家庭养育子女费用为 kn，留给父母的消费为 $f(x)-kn$。假设家庭的土地平等地遗赠给子女，每个子女可分得的土地数量为 x/n。将这个人的终生效用表示为

[①] 为了在关于 W 和 f 更多的一般性假设下研究局部稳定性，我们需要检验式(2)~式(5) 在稳态时的两个根。在我强调的假设中（见上一个脚注），这些根都是实数，一个在 0 到 1 之间，另一个大于 1。

$v(x)$。如果选择最优的子女数量,则函数 v 满足贝尔曼方程:

$$v(x) = \max_{c,n} W\left(c, n, v\left(\frac{x}{n}\right)\right) \tag{10}$$

约束条件为:

$$c + kn \leqslant f(x) \tag{11}$$

这个问题的一阶条件和包络条件为:

$$W_n\left(c, n, v\left(\frac{x}{n}\right)\right) - W_u\left(c, n, v\left(\frac{x}{n}\right)\right) v'\left(\frac{x}{n}\right)\left(\frac{x}{n^2}\right)$$

$$= k W_c\left(c, n, v\left(\frac{x}{n}\right)\right)$$

$$v'(x) = W_c\left(c, n, v\left(\frac{x}{n}\right)\right) f'(x) + W_u\left(c, n, v\left(\frac{x}{n}\right)\right) v'\left(\frac{x}{n}\right)\left(\frac{1}{n}\right)$$

假如我们令 $u_t = v(x_t)$,并定义 $q_t = v'(x_t)$,那么,这一私人财产权均衡中的完整动态系统是:

$$u_t = W(c_t, n_t, u_{t+1}) \tag{12}$$

$$kW_c(c_t, n_t, u_{t+1}) = W_n(c_t, n_t, u_{t+1}) - W_u(c_t, n_t, u_{t+1}) q_{t+1} x_{t+1}\left(\frac{1}{n_t^2}\right) \tag{13}$$

$$q_t = W_c(c_t, n_t, u_{t+1}) f'(x_t) + W_u(c_t, n_t, u_{t+1}) q_{t+1}\left(\frac{1}{n_t}\right) \tag{14}$$

$$x_{t+1} = x_t / n_t \tag{15}$$

$$c_t + kn_t = f(x_t) \tag{16}$$

将式(12)~式(16)视为三个类状态变量 u_t、q_t 和 x_t,以及两个流动变量 c_t 和 n_t 的五个方程。

考虑这一家庭可能达到的稳态,在稳态中 $n=1$,其他四个变量保持不变。在这种情况下,均衡条件式(12)~式(16)变为:

$$u = W(c, 1, u) \tag{17}$$

$$kW_c(c, 1, u) = W_n(c, 1, u) - W_u(c, 1, u) qx \tag{18}$$

$$q = W_c(c, 1, u) f'(x) + W_u(c, 1, u) q \tag{19}$$

$$c + k = f(x) \tag{20}$$

接下来我们考虑对式（17）～式（20）进行求解。首先采取在狩猎者—采集者经济体分析中处理式（6）的方式，将式（17）中的 u 表示为净消费 c 的函数 $g(c)$。在稳态中，W 的三个导数能够被视为关于 c 的已知函数。利用式（19），可以得到 q 的导数形式：

$$q = (1-W_u)^{-1} W_c f'(x)$$

然后将 q 带回式（18），得到：

$$f'(x)x = \frac{(W_n - kW_c)(1-W_u)}{W_c W_u}$$

由于 W_u 中包含贴现因子，因此 $(1-W_u)/W_u$ 中包含贴现率。将这一比率记作 $\rho = \rho(c)$，c 为稳态消费。类似地，将稳态边际替代率 W_n/W_c 记作 $m(c)$。于是，在稳态下，土地拥有量和消费水平必须满足：

$$f'(x)x = [m(c) - k]\rho(c)$$

或者，重新整理如下，以便与式（8）进行比较：

$$m(c) = k + \frac{f'(x)x}{\rho(c)} \tag{21}$$

式（20）、式（21）的解 (c_e, x_e) 是土地私人拥有家庭可能的稳态。

乘积 $f'(x)x$ 中包含人均地租流，除以贴现率 $\rho(c)$，得到式（21）右边的比率项，该项中包含了地租现值。因此，式（21）表示，子女和产品消费之间的边际替代率等于抚养子女的直接成本（如式（8）所示）与收入流现值之和，该收入流现值项使得第二个子女的福利与第一个子女一样好。当然，在土地不是私有的情况下，就不会有第二项*。

由于 $xf'(x)$ 项明显取决于生产技术，因而式（20）和式（21）的解 (c_e, x_e) 不再具有上例中稳态消费水平仅由偏好决定这样的属性。但是假如 f 是柯布-道格拉斯函数：$f(x) = Ax^\alpha$。利用式（20），$xf'(x) = \alpha f(x) = \alpha(c+k)$，式（21）变为：

$$m(c) = k + \frac{\alpha(c+k)}{\rho(c)} \tag{22}$$

---

* 即收入流现值项 $\frac{f'(x)x}{\rho(c)}$。——译者注

再次参考图 5.5，生产技术影响稳态消费 c_e 的唯一项是份额参数 α，截距项 A 并不出现在式（22）中。

在对数效用特例中，$m(c)=[\eta/(1-\beta)]c$ 和 $\rho(c)=(1-\beta)/\beta$。在这种情况下，结合柯布-道格拉斯生产技术，可以从式（22）求出 c_e 的解：

$$c_e = \frac{1-\beta+\alpha\beta}{\eta-\alpha\beta}k$$

这里假设 $\eta > \alpha\beta$。（正如下一小节例子所显示的，只有偏好参数满足 $\eta > \beta$ 才符合理性行为，因此，我将在下文中使用这一假设。由于 $\alpha \in (0,1)$，必然有 $\eta > \alpha\beta$。）$\alpha = 0$ 对应上一小节计算的均衡 c_m，因此，我们看到，对于所有 $\alpha > 0$ 都有 $c_e > c_m$。

对数效用和柯布-道格拉斯生产技术的使用仍然是考虑完全动态系统式（12）～式（16）的一个简单方法。在这种情况下，可以证明贝尔曼方程（10）具有如下形式的解：

$$v(x) = C + \alpha \frac{1-\beta+\eta}{1-\beta+\alpha\beta}\ln(x)$$

并且，可以得出一个最优的生育函数：

$$n(x) = \frac{\eta-\alpha\beta}{1-\beta+\eta}\frac{Ax^\alpha}{k} \tag{23}$$

如果式（23）右边分子中 $\alpha\beta = 0$，则意味着要么人们不考虑他们子女的效用（$\beta = 0$），要么他们不能影响他们子女的效用（$\alpha = 0$）。

联立式（23）和式（15），每户家庭土地动态（从而人口动态）可由下式来描述：

$$x_{t+1} = \frac{k}{A}\left(\frac{1-\beta+\eta}{\eta-\alpha\beta}\right)x_t^{1-\alpha} \tag{24}$$

差分方程（24）表明人口单调收敛于稳态水平：

$$N_e = L\left[\left(\frac{\eta-\alpha\beta}{1-\beta+\eta}\right)\frac{A}{k}\right]^{1/\alpha}$$

且长期稳态收入为：

$$y_e = \frac{1-\beta+\eta}{\eta-\alpha\beta}k$$

这些动态与式（9）中描述的狩猎者—采集者社会不同的是式（24）右边的分母中出现了 $\alpha\beta$ 项。正如预期的那样，土地财产权的建立激励家庭减少生育。这可能是数量—质量权衡在生育行为中重要性的最基本表现。

采取柯布-道格拉斯对数效用（Cobb-Douglas-log-utility）形式只是一种特例，因为对技术改变影响均衡生活标准的效应进行一般性分析要复杂得多。经济中每个家庭既是土地所有者，又是劳动者。在柯布-道格拉斯技术下，生产技术参数截距 A 的变化，既不影响要素份额，也不影响两个要素的相对重要性。一般而言，A 的增加可能导致在代表性家庭总收入中，土地出让收入份额的增加，从而强化质量—数量权衡中质量方面，因此家庭就会减少生育，增加稳态消费。A 的增加也可能减少土地份额，引起相反的反应。尽管存在多种可能性，但是这些可能性从数量上看并不重要，除非土地和劳动之间的替代弹性远远偏离了 1。

讨论

按照历史传统，城市和文明生活的起源可以追溯到"农业剩余"。客观上讲，如果社会中不是每个人都生产食物，那么这些生产食物的人必然要为不生产食物的人提供食物。但是，如果剩余这一术语意味着农业生产中的技术进步产生了剩余，那么这一定是一个错误。与狩猎者—采集者社会均衡相比，本小节所描述的私有财产均衡产生的剩余，不是由生产的物理方式改变引起的，而是财产权利的变化引起的。一个狩猎者社会只要在狩猎领域确立和执行财产权，即使技术没有任何变化，也会产生"狩猎剩余"。（事实上，狩猎权利或采集权利的私有化必然先于或至少不晚于农业的发展。如果每个人都有权利杀死并吃掉别人家养的动物，那么，谁还会去饲养它们呢？）

在这一节讨论的两个案例中，私有权均衡比公有资源均衡具有更高人均收入的原因与技术差异无关。收入差异的产生仅仅由于人们关心后代的福利，财产权的变化使得人们能够将生产资源传递给自己的后代。这些力量的相互作用导致本节所研究的在平等社会（由独立农户构成）中产生了收入"剩余"。在下一节中，我们将看到等级社会中，这种情况依然成立。

4. 阶层在古典理论中所扮演的角色

上一节描述的人人平等的狩猎者—采集者经济和小农经济是社会组织的可能形式，在现实中我们也能找到与之类似的例子。这种典型的代理人体系与现代宏观经济学的精神非常相似，它们将分配问题置于一边，而集中探讨生产和投资问题。但是，它们与古典经济学的精神却相差甚远，阶层思想在古典经济学中起到关键作用，不仅从表面上看是如此，而且我也相信，在本质上也是如此。

上一节在分析私有土地的经济时，我从同质的家庭出发，试图建立一个对称均衡系统*，并且找到了解决方法。在本节中，我的问题是，在第 3 节描述的农业经济中是否存在非对称的稳态均衡，在该均衡中，土地并不进行平均分配，而且这种状态将保持下去。我从分析一个系统的均衡开始，该系统的非对称均衡仅是因为一个特定的阶层结构的假设而产生的，这一点与李嘉图的思想比较接近，然后我将转向于另一个问题：阶层不平等是否也可能在竞争均衡中出现。

两个阶层的均衡

接下来，考虑一个具有第 3 节描述的技术和偏好的经济，但是，该经济带有特定的阶层结构，其均衡由工人**没有（或无法）获得土地且

---

* 此处原文为 symmetric evolution of the system，直译与下文联系不起来，于是结合随后出现的 asymmetric equilibrium 进行了意译。——译者注

** 原文作者使用的是 worker，考虑到我们习惯于使用的称谓"农民"在没有土地的情况下也可以看作给地主打工的"工人"，这里仍然翻译为"工人"。——译者注

地主不劳动的假设产生。在这样的均衡中，土地所有者仅依靠租金收入生活，他们的生育行为将决定社会总的土地租金分给家庭的数量（记作 N_{lt}）。产量将取决于土地的数量 L 和工人的数量（记作 N_{wt}），但与 N_{lt} 无关。在这种情况下，工人家庭与第 3 节狩猎者—采集者社会中的家庭一样，处于完全无财产状态。均衡条件由第 3 节中的式（2）～式（5）* 给出，只是这里状态变量 x_t 需要由土地数量和工人数量（不是总人口）之间的比率 $z_t = L/N_{wt}$ 来解释，同时，每个工人的收入 $f(x_t)$ 由每个工人的工资收入 $f(z_t) - z_t f'(z_t)$ 所取代。

在稳态中，工人消费是 c_m，可以从下式中得到唯一解：

$$m(c) = k \tag{1}$$

$m(c)$ 是上一节定义的稳态边际替代率函数。均衡工资率（记作 w_m）一定等于 $c_m + k$，因此，

$$w_m = c_m + k = f(z) - z f'(z) \tag{2}$$

因为 c_m 是由式（1）给出的，式（2）决定了稳态的土地—劳动比率 $z = L/N_w$，这一比率反过来又决定了稳态地租 $r = f'(z)$。无论在稳态中，还是在朝向稳态的路径上，地主的数量、他们的偏好以及他们决策问题的性质对于这些价格和数量的决定完全不起作用。我认为，这正是劳动价值理论的要义。

在稳态状态，对于拥有土地而无需工作的家庭而言，其贝尔曼方程为：

$$\varphi(x) = \max_{c,n} W(c, n, \varphi(x/n)) \tag{3}$$

约束条件为：

$$c + kn \leqslant rx \tag{4}$$

其中状态变量 x 是家庭土地拥有量，土地租金率 r 是一个给定的价格参数。我们在 $n=1$ 特殊条件下求解问题（3）的一阶条件和包络条件。使

---

* 原文为式（2）～式（3），因为一方面式（2）和式（3）中没有状态变量 x_t，另一方面在第 3 节中式（2）～式（5）才是完整的条件，原文疑有误，于是这里直接改成了式（2）～式（5）。——译者注

用上一节定义的贴现函数 $\rho(c)$，这些条件表明地主的稳态消费必须满足：

$$m(c) = k + \frac{rx}{\rho(c)}$$

利用约束条件式（4）以消除 rx，得到：

$$m(c) = k + \frac{c+k}{\rho(c)} \tag{5}$$

求解式（5），得到地主的消费 $c_l > c_m$（参见下一小节的图 5.6），现在回到预算约束式（4），以找到每个家庭的均衡土地拥有量 x：

$$c_l + k = f'(z)x$$

给定 z，在均衡中，存在 $N_l = L/x$ 个拥有土地的家庭。

注意两阶层系统的递归结构。按照马尔萨斯式的推理得到真实工资，真实工资通过边际生产率决定土地—劳动比率，土地—劳动比率决定土地的租金率，租金率决定地主的生育，地主的生育又决定地主的数量。这是李嘉图式的循环游戏，不需要同时求解联立方程。这位一般均衡经济学家无需从布劳威尔（Brouwer）那里获得帮助。[①]

在对数效用柯布-道格拉斯生产技术情况下，工人消费与在狩猎者—采集者社会中一样：

$$c_m = \frac{1-\beta}{\eta}k$$

地主的消费为：

$$c_l = \frac{k}{\eta - \beta}$$

约束条件为 $\eta > \beta$。（如果 $\beta > \eta$，子女的数量是"糟糕的"，拥有土地的父母将选择养育任意少的孩子，每个子女拥有的财富将是任意多！这就是假设 $\eta > \beta$ 的原因，这也是我认为应该保持该假设的原因。）

工人数量由 $z = L/N_w$ 和式（2）决定：

[①] 此处使用的假设，即工人和地主拥有相同的效用函数，对于现代经济学家来说是再自然不过了，但是该假设不会出现在李嘉图理论中。在这一节的论证中，该假设无关紧要，显然可以放弃。

$$c_m + k = (1-\alpha)Az^\alpha$$

地主的数量由总地租和地主总消费决定（包括抚养孩子的费用）：

$$N_w\alpha Az^\alpha = N_l(c_l + k)$$

从而：

$$N_l/N_w = \frac{\alpha}{1-\alpha}\frac{\eta-\beta}{\eta}$$

此外，稳态中的平均消费是：

$$\frac{N_w}{N_w+N_l}c_m + \frac{N_l}{N_w+N_l}c_l = \frac{1-\beta+\alpha\beta}{\eta-\alpha\beta}k$$

这完全是第 3 节描述的典型代理人经济的平均消费（这一结果必然与特定的参数设置有关）。

正如我一样，现代经济学家对于许多人服务于"阶层"的共同目标而不是个人的私利协同行动的理论持有怀疑态度。由于这一原因，工人不储蓄和地主不工作的假设对于实证经济学而言并不具有吸引力。我们宁愿把此处得到的均衡看作是国家对土地租金强制征收税费的一种分配。例如，如果我们考虑对第 3 节人与人之间关系平等的均衡征收地租税，那么那个模型中的代理人将更依赖于工资收入，并且当土地税率增加到最大水平时，他们的生育和消费行为将接近于马尔萨斯水平。政府变成了一个实际上的唯一的大地主。同样地，我认为我们也可以说地主阶层组成了政府。

竞争均衡中的不平等

有必要再次声明一下，在上一小节描述的均衡并不是一般意义上的竞争均衡。在我得到的价格上，工人不允许储蓄和得到土地，地主不允许获得工资收入。是否存在这样的偏好假设，使得在竞争均衡稳态下具有大量土地和高消费的家庭与具有较少土地和低消费的家庭同时存在？在该均衡中，较富裕的家庭将比贫穷家庭给予孩子更多的资源，但是这些额外资源所采用的形式是提高每个孩子的"质量"，通过给予每个孩子更多的土地来实现。本小节将对此进行探讨。

在稳态均衡中,每个家庭都将工资率 w、土地租金 r、土地价格 q 视为给定的,对于每个家庭来说,贝尔曼方程为:

$$\psi(x) = \max_{c,n,y} W(c,n,\psi(y/n)) \tag{6}$$

约束条件为:

$$c + kn + q(y-x) = w + rx \tag{7}$$

此处的家庭最初拥有 1 个单位的劳动和 x 单位的土地。劳动在工资水平上生产 w 单位的产品,土地在租金收入水平上生产 rx 的产品。家庭能够通过市场价格 q 销售 $x-y$ 单位的土地,来增加或者减少可支配收入 $w+rx$。未出售的土地 y 被遗赠给孩子,每个孩子获得 y/n 单位的土地。上一节描述的平等分配,以及式(17)~式(20)的解 (c,u,x,q) 就是这样均衡,相应的价格为 $w=f(x)-xf'(x)$ 和 $r=f'(x)$。

现在我们的问题是:是否可能存在具有不变价格 (w,r,q) 的均衡,且该价格不一定与对称均衡的价格相等,在这种价格下,作为不同的价格接受者的家庭在长期中持有不同的土地数量?为了刻画这种稳态均衡的特征,我们求解问题(6)的一阶条件和包络条件,考虑 $n=1$ 和 $y=x$ 的特殊情况,并采用上一节对函数 $m(c)$ 和 $\rho(c)$ 的定义。均衡条件包括:

$$m(c) = k + \frac{rx}{\rho(c)} \tag{8}$$

$$\rho(c) \geqslant \frac{r}{q} \tag{9}$$

当 $x>0$ 时等式成立。

$$c + k = w + rx \tag{10}$$

在我们熟悉的对数效用下,式(9)的左边为常数 $\rho = \beta^{-1}-1$,并且式(9)决定了比率 $\frac{r}{q}$。在式(8)和式(10)之间消去 rx,得到:

$$\left(1 - \frac{\eta}{\beta}\right)c = w - \frac{k}{\beta}$$

在前面给出的假设 $\eta > \beta$ 下,对于任何工资 w 都有唯一的消费水平相对应,并且由于均衡中的每个人的工资都相等,这意味着人人平等是唯一可能的稳态。当然,如果土地在初始状态下分配不平等,那么这种不平

第5章 工业革命：过去与未来

等在趋向稳态的过程中将持续下去，如果系统是稳定的，在长期不平等将会消失。简言之，在上一小节中对数效用下解出的两阶层均衡，无法对竞争市场进行解释。

更一般地，如果函数 ρ 满足 $\rho'(c)>0$——卢卡斯和斯托基（Lucas and Stokey, 1984）将该条件称为递增的边际不耐烦（increasing marginal impatience）——那么式（4）意味着在任何给定的价格上存在唯一的稳态消费水平，式（5）意味着存在唯一的均衡土地持有量 x。最后，任何稳态一定又是人人平等的。① 然后，我将转向考察递增的边际不耐烦条件不成立的可能性。我们再次强调两阶层的情况，其中一个阶层由没有土地的工人组成。

接下来我们考虑这一两阶层经济的稳态，将注意力限定在每个阶层内部行为同质的均衡上。我们的任务是决定均衡价格 (w, r, q)、两个阶层的人口数量 N_w 和 N_l、每个阶层的消费水平以及拥有土地的家庭的平均土地持有量 x。如果我们以一个正确的顺序求解这些问题，那么这并不比上一小节中的李嘉图式的分析困难。

在稳态中，任何没有租金收入的人——"工人"——的消费将是式（1）的唯一解 c_m。均衡工资率再次等于 $c_m + k$，因此，由式（2）决定的整个经济体的土地—劳动比为：

$$z = \frac{L}{N_w + N_l} \tag{11}$$

土地—劳动比反过来又决定了稳态下的土地租金 $r = f'(z)$。那么，到目前为止，我们已经求出了这一系统中两种均衡价格，而无需参考系统的资源 L、地主的数量、他们的偏好或者他们决策问题的性质。

给定价格 w 和 r，地主的家庭行为由式（8）～式（10）决定。消除式（8）和式（10）中的 rx，得到：

$$m(c) = k + \frac{c + k - w}{\rho(c)} \tag{12}$$

---

① 条件 $\rho'(c)<0$ 并不同样让人感兴趣，因为在式（9）中等号成立时所实现的稳态是不稳定的。见卢卡斯和斯托基（Lucas and Stokey, 1984）。

根据式（1）和式（2）可知，c_m 是式（12）的一个解，但是这不可能与一个人能获得正的土地租金的均衡相一致。接下来，我们假定偏好 W，从而函数 $m(c)$ 和 $\rho(c)$ 与图 5.6 描述的一致。图 5.6 中显示的较大解，记作 c_l，代表地主的消费。根据预算约束（10），可以求得每个持有土地的家庭的平均土地持有量 x，以及持有土地的家庭的数量 $N_l = L/x$。最后，式（11）决定了没有土地的家庭数量 N_w。给定 z，均衡状态下拥有土地家庭的数量为 $N_l = L/z$ 个。

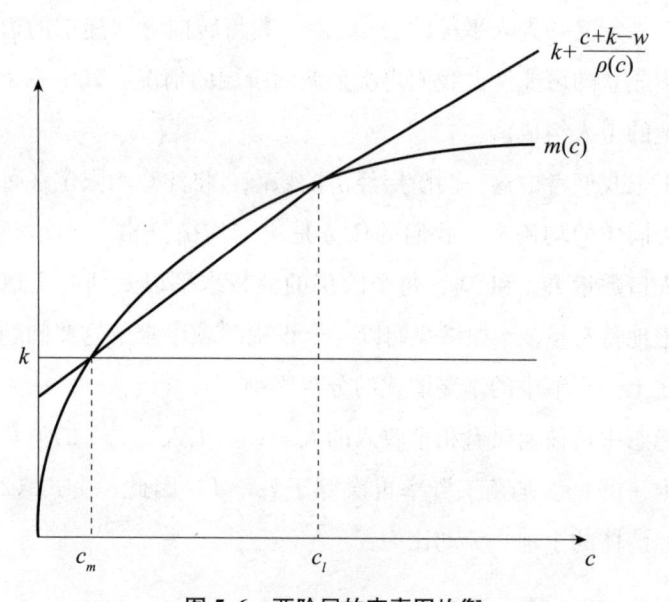

图 5.6　两阶层的李嘉图均衡

此处没有使用均衡条件（9），因为对富裕阶层而言，式（9）为等式方程，利率和土地的价格由下式决定：

$$\rho(c_l) = \frac{r}{q} = \frac{f'(z)}{q}$$

那么如果上述描述的结构在事实上是一个均衡，在该均衡中，没有土地的家庭能够以价格 q 获得土地，如果它们选择不这样做，那么式（9）意味着：

$$\rho(c_m) \geqslant \rho(c_l)$$

综上，根据卢卡斯和斯托基（Lucas and Stokey，1984）给出的理由，一个两阶层竞争均衡稳态将要求低收入者具有递减的边际不耐烦，较高收入者具有递增的边际不耐烦。

讨 论

本节和上节提出的所有模型的核心特征是工人的稳态收入 c_m+k 的决定与技术、人口水平或资源无关，仅取决于养育子女的产品成本 k，以及父母对子女和养育子女的态度。李嘉图认同马尔萨斯的人口理论，但是值得强调的是，他从马尔萨斯理论中获得的是关于动态稳态收入水平的合乎情理的想法，而不是关于几何和算术增长率的著名谬论。正如李嘉图记载，这一思想同样出现在斯密的研究中，虽然斯密附加了一个重要条件即由生育行为决定的收入水平仅仅只是"低阶层工人的工资"（Ricardo，1817，p. 215）。简而言之，所有的古典经济学家都是"马尔萨斯主义者"，并且他们中没有人看到减少生育水平能够使生活标准的持续提高成为可能的潜力。

李嘉图（Ricardo，p. 93）将收入水平 c_m+k 称之为"劳动的自然价格"，正如我刚刚所做的那样，将它定义为一个稳态："这一必需的价格使得劳动者能够……维持生存并繁衍后代，既没有增加也没有减少。"在此我所做的是使用效用理论推导这一水平和它的稳定性，这在古典经济学家那里全然不知，但是这与他们对"自然价格"决定因素的讨论完全一致。在我的架构中，是否应该将参数 k 和函数 W 描述为偏好或技术尚不清楚。在李嘉图的定义中"必需"（necessary）这一有疑问的词也同样地含糊不清。他后来指出必需是指"那些由习俗决定的绝对必需的享受品"，但是在随后他又补充道（p. 96）："劳动的自然价格不能理解为绝对固定和恒常不变的，即使食物和必需品的价值也是如此。它在同一国家的不同时期中是有变化的，在不同的国家差别就十分大。这一点基本上取决于人民的习惯风俗。"*

偏好决定了生活水平的想法既具有可能性，又具有危险性。在《政

---

* 引文的翻译采用了《李嘉图著作和通信集》中第一卷《政治经济学及赋税原理》（中文版）（商务印书馆，1962）第 80 页的译文。——译者注

治经济学及赋税原理》第一个版本中，李嘉图指出："将源于习惯的英国劳动者的舒适和享受的偏好给予爱尔兰劳动者，爱尔兰劳动者将愿意把更多的时间用到工业上，他们愿意用更多的时间来工作以获取这种享受。"* 对于此，乔治·恩索尔（George Ensor）提出了足够合理的质疑，"但是这些偏好为何使爱尔兰劳动者感到兴奋呢？这是否假设他们与其他人种不同呢？他们宁愿选择贫困吗？"** 在后边的版本中，李嘉图放弃了用偏好来解释英国—爱尔兰收入差异的说法。① 在李嘉图试图用文化因素来解释收入差异失败之后，人们又提出了无以数计的其他文化因素解释，但在历史事实面前也都失败了。

古典理论关于各国生活水平差异以及造成这种差异的原因的争论是令人感兴趣的。直到今天，经济史学家还对同样的议题进行研究。在一个马尔萨斯动态的世界中，任何社会的平均收入都在 600±200 美元（1985 年美元价格）水平上，显然一个经济体是处于 800 美元的水平还是处于 400 美元的水平是非常令人感兴趣的。即使能够对 18 世纪欧洲和亚洲之间这种规模的收入水平差别进行解释，但无论如何它也绝对无法对工业革命真正的缘由给予解释。究竟是什么经济力量将收入水平初始时微小的差异转变为增长率上持续的差异呢？

5. 资本积累和生育

尽管意识到物质资本和人力资本积累的重要性，但是古典经济学家缺乏一种能观察它们对均衡值影响的方法。可操作的资本理论完全是 20 世纪才发展起来的。以新古典理论重述古典生产理论的益处是，它可以直接将可再生资本整合到理论中。对古典理论进行这种清晰的修正是很有用的，这将有助于理解它怎样与古典理论或现代增长理论产生联

---

① 斯拉法（Sraffa）描述了这一交流（Ricardo, 1817, p. 100）。

*和** 引文的翻译参考了《李嘉图著作和通信集》中第一卷《政治经济学及赋税原理》（中文版）（商务印书馆，1962）第 83 页脚注的译文。——译者注

系，有助于理解生育理论如何能够被整合到现代增长理论中，有助于进一步验证索洛（Solow，1956）关于仅有物质资本无法将一个停滞经济转为永久增长经济结论的正确性。① 随着这些结论的确立，我们将考虑收入持续增长的先决条件。

我们考虑在一个阶层结构中引入可再生的资本，即在第 4 节描述的地主和工人模型中，引入一个资本家阶层。这一方法符合李嘉图的精神，但是它要求工人和地主都不能拥有资本，类似于上节中工人不能拥有土地。从最近 200 年资本主义经济发展的道路来看，明确划分阶层的假设在经验上的问题不断增多，而且难以与理性人相容，因此，在这里我将仅处理无阶层社会模型。②

我们还需决定引入的可再生资本是取代土地投入要素，还是把它作为土地投入要素的一个补充。为了不偏离第 3 节、第 4 节的李嘉图结构太远，让我们保留土地投入要素，并考虑在第 3 节描述的典型行为人经济中增加第三个生产要素可再生资本。如第 3 节那样，令 x 表示每个家庭的土地数量，且令 z 表示每个家庭可再生资本的存量。这样两种资产组合 (x,z) 完整地描述了家庭状况，我们要为它的价值函数 $v(x,z)$ 构造一个贝尔曼方程。

当不同种类资本积累进一步加强时，我们在考虑子女的成本时采取时间形式还是产品形式变得非常重要。现在，我们继续使用第 3 节和第 4 节关于每个子女耗费 k 单位产品的假设。假设每个家庭的商品生产是资本、劳动以及土地投入的不变规模报酬函数，并且假设劳动投入固定化为一个单位，一个单人家庭的生产记作 $f(x,z)$。令末期每个子女的资本量为 y（因此总资本是 yn），同时，纯粹为了简化，假设不存在资本折旧。我们采用一个单部门的方式：经济中只存在一种产品，该产品

---

① 本节中探讨的模型直接来自于拉辛和班-齐昂（Razin and Ben‐Zion，1975）。同样感谢以下作者的贡献：阿依图（Ahituv，1995）、本哈比和西村（Benhabib and Nishimura，1993），埃利希和卢伊（Ehrlich and Lui，1997），盖勒和韦尔（Galor and Weil，1996），纳洛夫、拉辛和萨德卡（Nerlove, Razin, and Sadka，1987），以及拉辛和萨德卡（Razin and Sadka，1995）。

② 当然，"无阶层"社会与收入相等的社会不是一回事。

既可以用来消费也可以当作资本。那么，一个家庭的资源约束是：
$$c+(k+y)n \leqslant f(x,z)+z \tag{1}$$
它的贝尔曼方程是：
$$v(x,z) = \max_{c,n,y} W(c,n,v(x/n,y)) \tag{2}$$

该方程约束条件为式（1）。式（2）反映了可再生资本这种由商品生产过程之外的投资积累的资本与不可再生的土地之间的差异，其中，土地存量 x 仅仅在 n 个子女中平均分配，每个子女将分得 x/n。

问题（2）的一阶条件和包络条件是：
$$W_n(c,n,u') = (k+y)W_c(c,n,u') + W_u(c,n,u')v_x(x/n,y)x/n^2$$
$$W_u(c,n,u')v_z(x/n,y) = nW_c(c,n,u')$$
$$v_z(x,z) = W_c(c,n,u')(f_z(x,z)+1)$$
$$v_x(x,z) = W_c(c,n,u')f_x(x,z) + W_u(c,n,u')v_x(x/n,y)\frac{1}{n}$$

其中，
$$u' = v(x/n,y)$$

在稳态中 $n=1$，$z=y$ 并且 $u=u'=v(x,z)$，该系统可以简化为：
$$u = W(c,1,u) \tag{3}$$
$$c+k = f(x,z) \tag{4}$$
$$W_n(c,1,u) = (k+z)W_c(c,1,u) + W_u(c,1,u)v_x(x,z)x \tag{5}$$
$$W_u(c,1,u)v_z(x,z) = W_c(c,1,u) \tag{6}$$
$$v_z(x,z) = W_c(c,1,u)(f_z(x,z)+1) \tag{7}$$
$$v_x(x,z) = W_c(c,1,u)f_x(x,z) + W_u(c,1,u)v_x(x,z) \tag{8}$$

使用包络条件式（7）和式（8）去消除价值函数的两个导数，则一阶条件式（5）和式（6）能够被重新写成：
$$\frac{W_n(c,1,u)}{W_c(c,1,u)} = k+z+\frac{W_u(c,1,u)}{1-W_u(c,1,u)}f_x(x,z)x \tag{9}$$
$$W_u(c,1,u)(f_z(x,z)+1) = 1 \tag{10}$$

可以将式（3）、式（4）、式（9）和式（10）视为关于 u，c，x，z 稳态值的四个方程。

按照第 3 节中使用的步骤，求解式（3），得到 $u=g(c)$，并按照第 3 节的方式定义边际替代率函数 $m(c)$ 和贴现率函数 $\rho(c)$。有了这些函数，式（9）和式（10）可以被重新写成：

$$m(c) = k + z + \frac{f_x(x,z)x}{\rho(c)} \tag{11}$$

$$f_z(x,z) = \rho(c) \tag{12}$$

现在我们对式（4）、式（11）和式（12）求解，以得到 c，x 和 z 的稳态值。给定每个人土地的均衡数量 z，这一给定的土地数量决定了均衡人口。

当人均值 c 和 x 不变时，这些方程显然无法描述可持续增长的经济。从稳态消费和福利与技术无关来看，这一系统是马尔萨斯式的吗？柯布-道格拉斯生产的特例再次发挥了作用，尽管我们还无法由此得到结论。令 $f(x,z) = A x^\alpha z^v$，$\alpha + v < 1$，由此，式（4）、式（11）和式（12）变为：

$$c + k = A x^\alpha z^v \tag{13}$$

$$m(c) = k + z + \frac{\alpha A x^\alpha z^v}{\rho(c)} \tag{14}$$

$$v A x^\alpha z^{v-1} = \rho(c) \tag{15}$$

使用式（15）消除 x，并代入式（13）和式（14）中得到：

$$c + k = z \frac{\rho(c)}{v} \tag{16}$$

$$m(c) = k + \left(\frac{\alpha + v}{v}\right) z \tag{17}$$

消除这些方程中的 z 得到：

$$m(c) = k + (\alpha + v) \frac{c + k}{\rho(c)} \tag{18}$$

当经济中只有土地投入时，式（18）等于第 3 节中的式（8）。

在没有资本折旧的稳态中，土地和可再生资本的进入完全是对称的。系统能够再次递归求解，一次解出一个变量。给定抚养子女成本 k 及生产函数参数 α 和 v，从式（18）可以求得稳态消费。生产函数截距 A 不影响稳态消费水平。给定 c，就能决定均衡贴现率 $\rho(c)$，并且能够从式（16）中获得可再生资本 z，z 同样与 A 无关。最后，每个家庭的土地量 x 能够从式（15）中解得。给定总的土地数量，这意味着均衡人口也确定了。A 的增加仅仅导致人口的增加，这完全与第 3 节和第 4 节描述的经济一样。①

两种变化

以上刚得到的均衡是脆弱的，在某种程度上，它的一些最本质的特征依赖于特定的假定，其中一点是土地与资本共同作为输入变量存在。如果我们引入资本取代土地作为输入，那么价值函数将依赖于单一的状态变量 z，一阶条件和包络条件构成的系统被以下三个条件所取代：

$$W_n(c,n,u') = (k+y)W_c(c,n,u')$$
$$W_u(c,n,u')v'(y) = nW_c(c,n,u')$$
$$v'(z) = W_c(c,n,u')(f'(z)+1)$$

类似于式（3）、式（4）、式（9）和式（10），稳态方程系统变为：

$$u = W(c,1,u) \tag{19}$$

$$c + k = f(z) \tag{20}$$

$$\frac{W_n(c,1,u)}{W_c(c,1,u)} = k + z \tag{21}$$

$$W_u(c,1,u)(f'(z)+1) = 1 \tag{22}$$

但是式（19）～式（22）是关于三个未知变量 c，u 和 z 的四个方程：该系统是过于武断的！

在土地不作为必要投入的情况下，令生育水平 n 可变，并求解下列系统，可得到类似的稳态均衡：

$$u = W(c,n,u) \tag{23}$$

$$c + (k+z)n = f(z) + z \tag{24}$$

$$\frac{W_n(c,n,u)}{W_c(c,n,u)} = k + z \tag{25}$$

---

① 与第 3 节和第 4 节相同，生产函数截距 A 变动与份额参数 α 和 v 变动之间的巨大差异在很大程度上是由柯布-道格拉斯这一特定假设引起的。离开这个假设，将会出现其他可能性。

$$W_u(c,n,u)(f'(z)+1)=n \tag{26}$$

式（23）～式（26）中的一个解（c,u,n,z）对应于一种平衡的增长路径，在该平衡增长路径上，人口以一个固定的比率 $n-1$ 增长（或下降！），并且人均资本和消费保持不变。我们可以将这一平衡路径视为索洛（Solow，1956）和卡斯（Cass，1965）原始增长模型的对照物（counterpart），但是前者不存在外生的技术变化，而且不等于 0 的人口增长率是由模型内生决定的而不是基于简单的假设。在拉辛和班-齐昂（Razin and Ben-Zion，1975）的研究中，我们得到了总产出持续增长而不是生活水平持续增长的理论。

就本节描述的基本模型中稳态人口水平的存在而言，抚养孩子采用产品数量形式也是至关重要的，而不仅仅是时间的形式。注意到这一点，我们转向第二种变化。我们重新将土地作为生产要素引入，但是假设抚养 n 个子女需要花费家庭 kn 单位的时间而不是产品。也就是说，我们需要重新构建资源约束如下：

$$c+yn \leqslant f(x,1-kn,z)+z \tag{27}$$

此处，$f(x,l,z)$ 是三个投入变量——土地 x、劳动 l 以及可再生资本 z 的一个不变收益函数。在这种情况下，家庭的贝尔曼方程为：

$$v(x,z)=\max_{c,n,y} W(c,n,v(x/n,y)) \tag{28}$$

其约束条件为式（27）。

我们将在以下的假设下研究该问题：对于任何给定的 n，W 是关于 (c,u) 的线性齐次方程，且生产是柯布-道格拉斯型的：$f(w,l,z)=Ax^a l^{1-a-v} z^v$。在这些条件下，这些变量的变换为：

$$w=x^a z^{v-1}$$

（类似于卡瓦列和桑托斯（Caballe and Santos，1993）使用的方程）该方程将状态空间维度从二维减少到一维，是非常有用的。根据变量组合 (x,w)，生产函数可以被写成：

$$f(w,l,z)=Al^{1-a-v}zw$$

并且资源约束（27）变为：

$$c+yn \leqslant A(1-kn)^{1-a-v}zw+z \tag{29}$$

使用状态变量 (z,w)，家庭的贝尔曼方程是：

$$\psi(z,w) = \max_{c,n,y} W\left(c, n, \psi\left(y, wn^{-\alpha}\left(\frac{y}{z}\right)^{v-1}\right)\right) \tag{30}$$

其约束条件为式（29）。

令 $\omega = c/z$，$\gamma = y/z$，可以合理地推测式（30）有形式 $\psi(z,w) = z\varphi(w)$ 的解，其中函数 φ 满足：

$$\varphi(w) = \max_{\omega,n,\gamma} W[\omega, n, \gamma\varphi(wn^{-\alpha}\gamma^{v-1})] \tag{31}$$

约束条件为：

$$\omega + n\gamma \leq A(1 - kn)^{1-\alpha-v}w + 1 - \delta \tag{32}$$

这一思想的正式推导如下：

定理[*]。如果 $\varphi(w)$ 为式（31）的解，那么 $\psi(x, w) \equiv x\varphi(w)$ 为式（30）的解。

证明。假设 φ 满足式（31）。令 w 固定，并且令 (ω, n, γ) 满足式（31），那么式（32）是成立的，且 $(c, n, y) = (\omega z, n, \gamma z)$ 满足式（29）。如果 $(z\hat{\omega}, \hat{n}, z\hat{\gamma})$ 是满足式（29）的任意组合，$(\hat{\omega}, \hat{n}, \hat{\gamma})$ 也满足式（32），我们有：

$$\psi(z,w) = z\varphi(w) = zW[\omega, n, \gamma\varphi(wn^{-\alpha}\gamma^{v-1})]$$

$$\geq zW[\hat{\omega}, \hat{n}, \hat{\gamma}\varphi(w\hat{n}^{-\alpha}\hat{\gamma}^{v-1})]$$

$$= W\left[z\hat{\omega}, \hat{n}, z\hat{\gamma}\varphi\left(w\hat{n}^{-\alpha}\left(\frac{z\hat{\gamma}}{z}\right)^{v-1}\right)\right]$$

$$= W\left[z\hat{\omega}, \hat{n}, \psi\left(z\hat{\gamma}, w\hat{n}^{-\alpha}\left(\frac{z\hat{\gamma}}{z}\right)^{v-1}\right)\right]$$

注意倒数第二个步骤使用了 W 的齐次性。

在系统达到稳态和处于平衡增长路径时，状态变量 w 具有固定不变的特征，将满足：

$$w = wn^{-\alpha}\gamma^{v-1}$$

或

$$n = \gamma^{(v-1)/\alpha} \tag{33}$$

---

[*] 原文为 Lemma，直译应为"引理"，但考虑到本章尚未出现与之相关的定理，用引理不妥，改译为"定理"。——译者注

因此，若稳态中人口不变，即 $n=1$，物质资本水平也将不变，即 $\gamma=1$，但是这种稳态的存在纯粹是巧合。一般而言，n 不等于 1，并且式（33）要求资本的增长率能保持资本边际产品不变（在柯布-道格拉斯情况下，是产出—资本比的一个比例）。例如，假如 $n>1$，那么人口永远增长。因为土地总数量是固定的，所以每个家庭的土地数量将永远下降，并且因为土地和资本是互补品，这本身将意味着资本边际产品将永远下降。为了维持持续性，以及保持式（33）满足的条件，那么每个家庭的资本和商品消费将永远下降。想象一个世界，在那里有越来越多的人口，但仅有一小部分人用越来越少的资本耕种越来越少的土地。

本节中基本模型的两种变化都存在一个问题，即以不同的方式割裂了资源和人类生理学的联系。在第一个变化中，土地以及其他任何固定的资源都没有投入生产中，因此，这种情况下的经济学只能决定人口与可再生资本的比例。在第二个变化中，仅仅是成年人的时间被用于"生产"一个新的成年人；土地被用于生产产品，但是每个人消费的产品数量可以无限地增加或减少。稍后我们想要模拟一个对土地的限制变得越来越不重要的现代经济，类似第二种变化的模型，将成为一个有趣且有用的模拟。但是在目前的情况下，我们正在寻找一种能帮助一个社会从马尔萨斯人口理论中解放出来的资本积累的理论，从这点来看，本节中研究的两种变化并没有太大的意义。

探讨

没有古典经济学家会将本节中的模型无法产生人均收入可持续增长的结果视为一个意外或者缺陷。为了知道他们试图理解的总量行为，只需将图 5.3 中 1817 年（此时，李嘉图的《政治经济学及赋税原理》首次出版）以后的部分遮盖起来。事实上，真正引人注目的是 19 世纪斯密和李嘉图的继承者们对发生在他们身边的工业革命缺乏兴趣。正如乔治·斯蒂格勒（George Stigler，1960，p.37）评论的那样：

在工业革命的高潮时期，当伟大的科技进步如雨后春笋般涌现时，古典经济学的主流仍然用旧的眼光审视技术的变化。技术被视为不定时的零星的改进，其强度无法抵消农业部门的收益递减力量。因此，经济生活最重要的特征被经济理论完全排除了。

李嘉图的理论力量如此强大，以至于他的继承者们完全没有看到持续的经济增长已经开始！

但是直到19世纪中叶，（至少）对卡尔·马克思（Karl Marx）和弗里德里希·恩格斯（Friedrich Engels）而言，他们已经看到在最富裕的国家已经发生了人类历史上全新的事情。回忆一下他们在《共产党宣言》[①]中论述资本主义经济进步的那一个段落：

> 资产阶级在它的不到一百年的阶级统治中所创造的生产力，比过去一切世代创造的全部生产力还要多，还要大。自然力的征服，机器的采用，化学在工业和农业中的应用，轮船的行驶，铁路的通行，电报的使用，整个整个大陆的开垦，河川的通航，仿佛用法术从地下呼唤出来的大量人口——过去哪一个世纪料想到在社会劳动里蕴藏有这样的生产力呢？*

马克思相信在这一段所描述的工业革命是随着技术变迁而产生的从一个稳态到一个新的稳态的转变，技术变迁——"工厂系统"——使得资本密集型生产更加有利可图。马克思将它视为不会永久改变穷人生活水平的事件，而不是生活水平持续增长的开端。确实，这在1848年的时候是难以反驳的：再次看图5.3。虽然今天我们可以对马克思这一不成功的预测进行批驳，但是正如斯蒂格勒所评述的那样，他的同时代的古典经济学家也持有相似的观点。我们应当对他将真正的新事物从旧事物中剥离出来的经验判断给予赞扬。

我们能够从式（18）中看到，在没有阶层结构时，资本弹性 v 的增加将会导致稳态消费（和福利）的增加；土地弹性 α 的增加也会产生同

[①] 参见马克思和恩格斯（Marx and Engels，1848，p. 209）。

* 引文的译文采取了《共产党宣言》的译文，参见《马克思恩格斯选集》，3版，第一卷，405页，北京，人民出版社，2012。——译者注

样的效果；可继承资本的生产率的任何变化都会影响数量—质量权衡并支持生育的减少。一些当代观察者试图将工业革命看作是在一系列技术冲击下，从一个稳态转向到另一个稳态的过程，以便将收入持续增长的事实与工业革命的思想协调起来。一些人习惯于对工业革命简单地加以编号或贴上更加丰富多彩的标签，将工业革命分成第一次工业革命、第二次工业革命等等不同的阶段。这种观点看起来确实有一定的道理——我们无法通过不断重复的发明来获得持续的增长——但是在构建一系列具体的、长时间间隔的、大冲击的模型方面，迄今为止，还没有人取得经验上的成功。我倾向于将这些流行的观点看作是技术分析的缺乏，而不是对技术变迁和增长的进程有了实质的洞见。

6. 生育和可持续增长

我们知道，在给定人口增长的模型中，物质资本的积累本身并不足以创造出人均收入的持续增长。由于将生育决策加入到理论中并不能提供一个增长引擎，所以这一修正没有产生增长理论也就不足为奇。在本节中，我将在没有生育决策的模型中使用两个已经被用于创造持续增长的修正：引入外生给定技术变迁和在不变报酬技术下引入内生人力资本积累。我们将会看到这两种潜在的增长引擎以不同的方式与生育理论发生作用。

一个具有外生人力资本增长的模型

为了以后能建立平衡增长均衡路径，对于任何生育水平 n，继续保留动态偏好函数 W 作为组合 (c,u) 的线性齐次假设是非常重要的。这一在先前讨论中被反复使用（以对数形式）的特征在如下例子中被保留：

$$W(c,n,u) = c^{1-\beta}n^{\eta}u^{\beta} \tag{1}$$

在技术方面，从不变报酬、仅有劳动投入的生产技术开始是最简单的。具体而言，假定每个家庭的产出为 $h_t u_t$，u_t 为每个家庭单位时间投入生产的比例，h_t 是家长的人力资本。在本例中，我简单地假设 h_t 以一个给定的不变速度 $\gamma-1$ 增长。

$$h_{t+1} = \gamma h_t$$

剩余时间被假设用于抚养子女。这一行为在技术上的要求是投入到单个子女的抚养时间（不是产品）是一个不变的数量 k，因此，拥有 n 个子女的父母将投入 $1-kn$ 单位的时间生产产品。那么典型家庭的资源约束是：

$$c \leqslant h(1-kn) \tag{2}$$

该家庭的贝尔曼方程是：

$$v(h) = \max_{c,n} W(c, n, v(\gamma h)) \tag{3}$$

约束条件为式（2）。

式（3）将有一个形式为 $v(h)=Bh$ 的解，根据 W 的线性齐次特征，参数 B 应该满足：

$$Bh = \max_n W(h(1-kn), n, B\gamma h) = \max_n h W(1-kn, n, B\gamma)$$

消去 h 得到：

$$B = \max_n W(1-kn, n, B\gamma) \tag{4}$$

问题（4）的一阶条件为：

$$W_n(1-kn, n, B\gamma) = k W_c(1-kn, n, B\gamma) \tag{5}$$

我们可以将式（5）和式子

$$B = W(1-kn, n, B\gamma)$$

看作能够求出 n 和 B 的两个方程，这两个方程与技术水平 h 无关。

对于特例（1），n 的解由下式给出：

$$kn = \frac{\eta}{1-\beta+\eta} \tag{6}$$

这类似于第 3 节中狩猎者—采集者社会的解。① 在这种情况下，注意技

---

① 这种类似是自然的，因为这两个例子中都包括仅有劳动投入的技术；但是这种类似并不精确，因为在现在的例子中抚养子女的成本采取的是时间形式而非产品形式。

术变化率 γ 对生育根本不产生影响：参数 B 是 γ 的一个增函数（假设 $\beta\gamma<1$），但是 B 和 γ 都不影响 n 的解。

更一般地，只要我们能保持如下的互补假设（见第3节第1小节的脚注）：每个子女未来效用的增加将提高子女对于父母的边际效用——父母希望子女幸福而非不幸——那就意味着生育水平对于技术变化率是非递减。我看不出如何从这个理论中得到人口变迁的结论。另一方面，如果我们推翻这个互补假设，那么前工业社会模型中的马尔萨斯均衡将失去其稳定性。

一个具有内生人力资本增长的模型

把这一仅有劳动投入的模型重述为内生的技术变迁模型将完全解决这一困境，我将在下文中给予证明。用下式取代外生给定的人力资本增长率 γ：

$$h_{t+1}=h_t\varphi(r_t) \tag{7}$$

其中，r_t 是家庭用于子女人力资本投资的单位时间禀赋的比例。我继续假设花费在每个子女身上的时间最少为 k（在这种情况下，不是产品），因此典型家庭的资源约束为：

$$c \leqslant h(1-(r+k)n) \tag{8}$$

家庭的贝尔曼方程现在重写为：

$$v(h) = \max_{c,n,r} W(c,n,v(h\varphi(r))) \tag{9}$$

约束条件为式（8）。

我们能够再一次看到 W 的齐次性特征意味着式（9）的一个解将采取 $v(h)=Bh$ 的形式，并且不变比例的 B 必须满足：

$$B = \max_{n,r} W(1-(r+k)n, n, B\varphi(r)) \tag{10}$$

两个一阶条件为：

$$W_n(1-(r+k)n, n, B\varphi(r)) = (r+k)W_c(1-(r+k)n, n, B\varphi(r)) \tag{11}$$

$$W_u(1-(r+k)n, n, B\varphi(r))B\varphi'(r) = nW_c(1-(r+k)n, n, B\varphi(r)) \tag{12}$$

在特例（1）的情况下，式（11）变为：

$$\frac{\eta}{n} = (r+k)\frac{1-\beta}{1-(r+k)n}$$

该式能重新改写为抚养子女的总时间支出：

$$(r+k)n = \frac{\eta}{1-\beta+\eta} \tag{13}$$

对比式（13）与外生技术变化情况的解（6），将会发现式（13）与式（6）不同，式（13）无法单独决定生育数量 n 和人力资本投资 r。

在本例特定的参数下，一阶条件（12）变为：

$$\beta\frac{\varphi'(r)}{\varphi(r)} = n\frac{1-\beta}{1-(r+k)n}$$

假设人力资本积累技术的形式为：

$$\varphi(r) = (Cr)^\varepsilon$$

那么，我们可以得到：

$$\beta\varepsilon = rn\frac{1-\beta}{1-(r+k)n} \tag{14}$$

现在用式（13）和式（14）分别解出 r 和 n，可以得到：

$$n = \frac{1}{k}\frac{\eta-\beta\varepsilon}{1+\eta-\beta}$$

和

$$r = \frac{\beta\varepsilon}{\eta-\beta\varepsilon}k$$

在这一指数特例中，人力资本积累函数中参数 C 的变化不会影响行为，但是指数 ε 的增加会导致人力资本积累时间 r 的增加以及生育的减少。[1] 这显然不是我探讨质量—数量权衡在决定生育中起到关键性作用的第一个例子，但却是我论述技术改进——ε 的增加——将会导致生育永久下降的第一个例子。这是贝克尔、墨菲以及田村（Becker, Mur-

---

[1] 函数形式 $\varphi(r) = (Cr)^\varepsilon$ 有利于得到这一例子的明确的解，但是并不是所有的 r 值都有意义；考虑 $r=0$ 的情况。我认为参数 C 的选择要保证均衡增长为正，这要求 $Cr>1$。在本例中，ε 的增加能提高每一个 r 水平上的人力资本增长率，这非常明确地表明了技术的进步。

phy, and Tamura, 1990) 论及人口变迁的核心思想。

近期一些关于经济增长的研究已经赋予增长引擎——技术变迁——这一外生性假设极其重要的地位。(一些著者甚至将这一特征视为新古典模型的限定特征!) 这一强调在我看来带有明显的误导:毫无疑问,技术变迁一定起源于一些花费时间的行为。当前的例子表明,要解释人口变迁中的生育行为,我们需要给予由私人收益率激发的内生人力资本积累一个更加重要的角色。当然,我们不需要假设投资在人力资本中的私人收益与社会收益相等。根本没有进行投资的人也可能获得新知识,在这种情况下,他们或许会把技术变迁理解为"外生的"。

物质资本的引入

如果在上一个模型中增加物质资本,我们实际上是对"论经济发展的机制"中提到的理论(第1章)和卡瓦列和桑托斯(Caballe and Santos, 1993)的理论进行了修正,以将生育决策纳入到模型中来。具体而言,假设每个家庭的商品生产是物质资本 z 和劳动投入 h 的不变报酬函数(这个假设意味着具有人力资本为 h 的人,其生产力相当于两个人力资本为 $h/2$ 的人),令物质资本折旧率为 δ,那么一个禀赋为 (z,h) 的家庭产出为 $f(z,h)$,可支配收入为 $f(z,h)+(1-\delta)z$ 个单位商品。这些商品将在消费 c、预留给子女的资本 yn 和抚养子女成本 $(r+k)hn$ 之间分配。最后,假设人力资本技术采取式(7)的形式。于是,一个典型家庭面临的资源约束为:

$$c+[y+(r+k)h]n \leqslant f(z,h)+(1-\delta)z \tag{15}$$

该家庭的贝尔曼方程为:

$$v(z,h) = \max_{c,n,r,y} W(c,n,v(y,h\varphi(r))) \tag{16}$$

约束条件为式(15)。

类似于第5节最后的例子中使用的变量变换,可以将该问题简化为具有单一状态变量的模型。令 $w=z/h$ 是物质资本与人力资本的比率,令 $\theta=c/h$ 是消费与人力资本的比率,并令 $\gamma=y/x$,以使 $\gamma-1$ 为人均物质资本的增长率。根据组合 (w,h),将资源约束(15)重新表述为:

$$\theta+(\gamma w+r+k)n \leqslant f(w,1)+(1-\delta)w \tag{17}$$

如果在约束条件（17）下，函数中 $\phi(w)$ 是下式的解，

$$\phi(w) = \max_{\theta,n,r,\gamma} W\Big(\theta, n, \varphi(r)\phi\Big(\frac{\gamma w}{\varphi(r)}\Big)\Big) \tag{18}$$

那么可以推测 $h\phi(z/h)$ 将是式（16）的解。我们对它进行规范化推导。

定理。如果 $\phi(w)$ 满足式（18），那么 $h\phi(x/h)$ 满足式（16）。

定理的证明要用到 $W(c,n,u)$ 是关于（c,u）的线性齐次的性质，其证明过程在本质上与第 5 节定理的证明是相同的。

不必给出所有的细节，我们就能够看出，问题（18）的一阶条件和包络条件构成的系统与平衡的均衡路径是一致的，在该均衡路径上，消费和两种资本存量 z 和 h 以不变的、相同的增长率 $\gamma=\varphi(r)$ 增长，并且比率 $w=z/h$ 也是不变的：这实际就是"论经济发展的机制"（第 1 章）第 4 节中的模型。在这一平衡路径上，生育水平 n 和投资在每个子女身上的人力资本水平 r 都是不变的。

结论

人均收入持续增长模型可以基于外生的技术进步、知识进步和人力资本进步，也可以基于能产生这些进步的投资行为的经济决策。当人口增长率被视为不变的时候，这类模型很难使用总量时间序列得到区分。一旦生育被视为经济决策，这两类模型将会得出极其不同的结论。将技术变迁视为外生的理论意味着较高的增长应该与较高的生育相关：人们更愿意生育更多而不是更少的子女，这能够给他们带来更加富裕的生活。与之相反，那些认为较高的增长反映了人力资本投资收益提高的理论却意味着较高的增长与生育的减少相关。这正是本节中第二个例子描述的情况。按照这个例子的技术，家庭要想利用知识投资获得收益就需要减少子女的数量以便将更多的时间和资源用于子女身上。只有基于内生人力资本增长的第二类理论与人口变迁相一致。

人力资本是一个宽泛的概念，涵盖了从基本的科学发现到孩子学习如何阅读或者如何用马耕犁等内容。如果我们把经济增长和工业革命的

观点集中在人力资本积累上,那么我们应该考虑哪些行为呢?当罗默把"知识资本"强调为"原创设计"时,他考虑的人力资本处于该范畴中最抽象和最微妙的一端:一个社会人力资本重要的新增部分,对于绝大多数人来说,不需要为它做任何事情,它就会产生。当另一位经济学家强调文化水平提高时,他考虑的人力资本处于另外一端,远不同于上述包含人力资本在内的科学一端*,认为人力资本积累需要许多人贡献他们的时间和精力。在实际社会中,知识积累将同时采用这两种极端形式,以及它们之间存在的可能形式,但是只有第二种形式才有助于我们解释生育的下降,这对于从逻辑上击败马尔萨斯理论是至关重要的。

人口迁移要求知识积累必须包括特权阶层或少数人以外的人群。这样的积累发生了几个世纪,包括技术进步、生活水平提高以及人口增长,但是最后还是回到早期的生活水平。在人口迁移中必须包含人力资本积累收益提高的新元素,这种收益提高能影响到每一个人,从而影响到每个家庭生育决策。工业革命要求人们看待他们子女的未来生存机会要有一个新的变化,这种变化能被广泛传播,对有财产和无财产的人都产生影响,从而足以减少各经济阶层的生育数量。

在我看来,殖民系统未能为亚洲和非洲的殖民社会带来收入持续增长的事实,与我关于工业革命的人口观点是一致的。欧洲思想的流入必然带来英国殖民地印度和荷属东印度群岛**生产率的提高和人口的增加,但是,对于这两个社会的普通家庭而言,殖民主义的所为并没有带给他们对子女投资收益的增加,也没有潜在地改变这些家庭面临质量—数量权衡问题的选择,从而诱发人口变迁。(我猜想)民族独立消除了殖民体系强加在等级制度上的限制,改变了这种权衡的条件,并为人均产出和总产出同时增长开辟了一条新的道路。

---

  * 原文为 far from Science with a capital S,Science 的首字母大写,后面的 S 是单个字符,也许作者想要表达的是人力资本的科学不同于知识意义上的科学,这里参照上下文进行了意译。——译者注
  ** 印度尼西亚的旧称。——译者注

7. 人口和产业变迁

第 6 节中的内生人力资本积累增长模型本质上是贝克尔、墨菲和田村（Becker, Murphy, and Tamura, 1990）使用的"Ak"模型。通过修正低人力资本水平上的人力资本积累技术（我表述为 $h_{t+1}=h_t\varphi(r_t)$），这些作者得到一个局部稳态值 h^*，他们将该值称之为马尔萨斯稳态值。由于在他们的模型中嵌入了数量—质量权衡，所以在 h^* 处的生育水平高于持续增长路径上的生育水平（这同样也是他们建立的模型的一个解）。在这个意义上，从低水平稳态过渡到持续增长路径意味着人口变迁。但是，事实上，在贝克尔、墨菲和田村的模型中低水平稳态与马尔萨斯并没有什么关系：土地不是生产要素，而且在他们的人口动态中，相对于土地的固定供给，人口增加的压力不起任何作用。

汉森和普雷斯科特（Hansen and Prescott, 1998）提供了从马尔萨斯经济过渡到永久增长经济的富有启发性的另一种描述。在他们的模型中，用于生产商品的劳动和土地技术，缺乏任何增长动力。生育关系也同样将人口和人均生产水平联系在一起。只要经济中只有使用土地的技术在起作用，那么经济将趋向一个稳态水平，并保持这一稳态水平，理所当然可以将这一稳态称为马尔萨斯稳态。

汉森和普雷斯科特假设了第二种技术，即只投入劳动而不投入土地，并且像索洛模型一样，它以一个外生给定的速度改进。只要第二种技术的水平足够低，那么它也是无关紧要的，但是对于经济而言，这两种技术迟早要一起使用。随着时间的推移，越来越多的劳动将投入到增长技术中，尽管使用土地技术的稻田条件（Inada condition）使它永远不会被抛弃。这个模型将渐近变成一个"Ak"模型。

当这个变迁发生时，人口增长会出现什么情况呢？生育水平与收入水平之间的关系被简单假定为一个倒 U 形曲线。当收入从马尔萨斯稳态水平上升时，人口增长率首先增加，然后再下降。在该模型中，人口

第 5 章 工业革命：过去与未来

所扮演的角色完全是被动的，既不存在数量—质量权衡，也不存在人口增长和人均收入增长之间的选择。

两组作者都论述了工业革命的核心问题，但是他们都试图使用单一的外生状态变量来完成这个工作：在贝克尔、墨菲和田村那里使用的是人均人力资本，在汉森、普雷斯科特那里使用的是人均土地（物质资本能够加入到两个模型的任意一个模型中，不会带来实质性变化）。他们的模型对于思考工业化的起源是有用的，但是我认为需要将这两种方法融合起来。在本节中，我将发展这一思想。

我的出发点是假设存在两种生产技术，这一思想本质上来自于汉森和普雷斯科特。我们考虑一个家庭，具有 h 个单位的人力资本和 x 个单位的土地，使用 l 个单位的时间生产一种消费品。这种商品可以使用两种不同的技术生产，一种是使用土地和劳动生产 $Ax^\alpha l^{1-\alpha}$ 个单位的商品，另一种是只使用熟练工人生产 Bhl 个单位的商品。注意技术水平 h 在使用土地的技术中不起作用。家庭在使用土地技术上投入 $\theta(\theta \in [0,l])$ 单位的劳动，在增长技术中使用剩余的 $l-\theta$ 单位的劳动。如果这一分配是最优的，那么商品生产总量将是：

$$F(x,h,l) = \max_\theta [Ax^\alpha \theta^{1-\alpha} + Bh(l-\theta)] \tag{1}$$

问题（1）的一阶条件是：

$$(1-\alpha)Ax^\alpha \theta^{-\alpha} \geq Bh,\ 当\ \theta < l\ 时取等号$$

该问题的解，即劳动分配为：

$$\theta = \min\left[\left(\frac{(1-\alpha)A}{Bh}\right)^{1/\alpha} x, l\right]$$

因此，存在一个如下的间接生产函数：当 $\left(\frac{(1-\alpha)A}{Bh}\right)^{1/\alpha} x < l$ 时，

$$F(x,h,l) = Bhl + \alpha(1-\alpha)^{1/\alpha-1} A^{1/\alpha} (Bh)^{1-1/\alpha} x$$

当 $\left(\frac{(1-\alpha)A}{Bh}\right)^{1/\alpha} x \geq l$ 时，

$$F(x,h,l) = Ax^\alpha l^{1-\alpha}$$

为了检验这一技术的含义，我们再次假设家庭偏好采用柯布-道格拉斯形式：

$$W(c,n,u) = c^{1-\beta}n^\eta u^\beta$$

该家庭拥有一个单位的劳动,其中,rn 个单位用于抚养子女,$l=1-rn$ 个单位用于商品生产。它生产 $c+kn=F(x,h,l)$ 单位的商品,其中 c 是父母的消费,kn 是子女的消费。当父母的人力资本为 h 时,每个子女的时间投资 r 将赋予每个子女 $h\varphi(r)$ 个单位的人力资本。

根据这些偏好和技术,我们能够看到这是第 3 节研究的古典经济和第 6 节介绍的内生人力资本增长模型的过渡。如果仅使用投入土地的技术,那么该模型就变成了第 3 节中的李嘉图模型。正如我们将看到的,这一均衡能够产生,并且将无限期地持续下去。如果仅使用增长技术,那么该模型几乎变成了本节内生的人力资本模型("几乎"是因为每个子女的固定成本 k 在这里采用的是商品形式而非第 6 节的时间形式)。按照我已经假设的柯布-道格拉斯型的土地—劳动技术,这将完全不可能发生——一些劳动总是与可利用的土地联系在一起——但是增长技术中使用劳动的比例在特定的条件下可以接近 1。

为了规范地表述这种思想,我们首先给出该家庭的贝尔曼方程:

$$v(x,h) = \max_{c,n,r} W(c,n,v(x/n,h\varphi(r)))$$

约束条件为:

$$c+kn \leqslant F(x,h,1-rn) \tag{2}$$

消去变量 c,得到:

$$v(x,h) = \max_{n,r} W(F(x,h,1-rn)-kn,n,v(x/n,h\varphi(r))) \tag{3}$$

令动态过程(3)的策略函数为 $c(x,h)$,$n(x,h)$,$r(x,h)$,那么状态变量 (x_t,h_t) 的演进服从自治差分方程 (autonomous difference equation):

$$x_{t+1} = \frac{x_t}{n(x_t,h_t)}$$

和

$$h_{t+1} = h_t\varphi(r(x_t,h_t))$$

我们的目标是寻找这些路径解。

为此,我们在柯布-道格拉斯偏好特例下研究问题(3)的一阶条件和包络条件。这些条件分别为：

$$n(1-\beta)[F_l(x,h,1-rn)r+k]$$
$$= \eta c - \beta \frac{c}{u} v_x[x/n, h\varphi(r)]\left(\frac{x}{n}\right) \quad (4)$$

$$n(1-\beta)F_l(x,h,1-rn) \geqslant \beta \frac{c}{u} v_h[x/n, h\varphi(r)]h\varphi'(r)$$

如果 $r>0$，等号成立， (5)

$$v_x(x,h) = (1-\beta)\frac{W}{c}F_x(x,h,1-rn)$$
$$+ \beta \frac{W}{u} v_x[x/n, h\varphi(r)]\left(\frac{1}{n}\right) \quad (6)$$

$$v_h(x,h) = (1-\beta)\frac{W}{c}F_h(x,h,1-rn) + \beta\frac{W}{u}v_h[x/n, h\varphi(r)]\varphi(r) \quad (7)$$

其中，u' 是 $v[x/n, h\varphi(r)]$ 的简写。

接下来，考虑 $h=0$ 时的稳态 (x,h)。在我假设的函数形式下，最初没有人力资本的经济体不可能积累人力资本，因此 $r=0$，且式（5）和式（7）不用考虑。在这种情况下，劳动和土地的边际产品分别是 $F_l(x,h,1)=(1-\alpha)Ax^\alpha$ 和 $F_x(x,h,1)=\alpha A x^{\alpha-1}$。在稳态时，$n=1$ 且 $c=W=u'$。因此，条件（4）和（6）变为：

$$(1-\beta)k = \eta c - \beta v_x(x,0)x$$
$$v_x(x,0) = (1-\beta)\alpha A x^{\alpha-1} + \beta v_x(x,0)$$

我们能够在这两个方程中消去土地边际值 $v_x(x,0)$，并应用 $Ax^\alpha=c+k$，得到：

$$c = \frac{1-\beta+\alpha\beta}{\eta-\alpha\beta}k$$

这正是第 3 节得到的古典经济的稳态消费方程。对应的稳态人均土地持有量为 x_e。正如第 3 节中所显示的那样，当 $h=0$ 时，该稳态对于所有的 (x,h) 都是稳定的。

现在我们转向相反的情况，检验 h 为较大值时系统（4）～（7）的行为。这种情况是非常有趣的，因为一旦增长技术付诸使用，如果永远保持下去，h 将无限制地增长，土地的相对重要性将会降低。我将寻求一个 n 和 r 为固定值的解，且 n 和 r 满足 $n \geq 1$ 和 $\varphi(r) > 1$。在这一路径解上，x 保持有界，如果 $n > 1$，则趋向于 0，并且 h 的增长率为 $\varphi(r) > 1$。以下是基于生产技术的极限，对于分析将是有用的。

$$\lim_{h \to \infty} \frac{c}{h} = \lim_{h \to \infty} \frac{c+k}{h}$$

$$= \lim_{h \to \infty} \frac{1}{h}[Bh(1-rn) + \alpha(1-\alpha)^{1/\alpha-1} A^{1/\alpha}(Bh)^{1-1/\alpha} x]$$

$$= B(1-rn)$$

类似地，

$$\lim_{h \to \infty} \frac{1}{h} F_l(x,h,l) = B$$

$$\lim_{h \to \infty} F_h(x,h,1-rn) = B(1-rn)$$

$$\lim_{h \to \infty} F_x(x,h,l) = \lim_{h \to \infty} [\alpha(1-\alpha)^{1/\alpha-1} A^{1/\alpha}(Bh)^{1-1/\alpha}] = 0$$

利用这些结果，在 h 较大的情况下，式（4）~式（7）变为：

$$n(1-\beta)r = \eta(1-rn) \tag{8}$$

$$n(1-\beta)B = \beta \frac{c}{u'} v_h[x, h\varphi(r)] \varphi'(r), \tag{9}$$

$$v_x(x,h) = \beta \frac{W}{u'} v_x[x, h\varphi(r)] \left(\frac{1}{n}\right) \tag{10}$$

$$v_h(x,h) = (1-\beta)\frac{W}{c} B(1-rn) + \beta \frac{W}{u'} v_h[x, h\varphi(r)] \varphi(r) \tag{11}$$

这里，$n=1$ 或者 $x=0$ 都必须满足。

我将寻找一个边际值 v_h 和 v_x，以及 n 和 c/h 都不变的路径解。在这一路径上，$W/h = u'/(h\varphi(r))$ 将是固定的，并且我们有：

$$\frac{W}{h} = \left(\frac{c}{h}\right)^{1-\beta} n^\eta \left(\frac{u'}{h}\right)^\beta = \left(\frac{c}{h}\right)^{1-\beta} \left(\frac{W}{h}\right)^\beta n^\eta (\varphi(r))^\beta$$

这意味着：

$$\frac{W}{h} = \left(\frac{c}{h}\right) n^\eta \varphi(r)^{\beta/(1-\beta)} = B(1-rn) n^\eta \varphi(r)^{\beta/(1-\beta)}$$

那么：

$$W/c = \varphi(r)^{\beta/1-\beta},\ W/u' = 1/\varphi(r),\ 且$$

$$c/u' = (W/u')/(W/c) = (1/\varphi(r))/(\varphi(r)^{\beta/1-\beta}) = \varphi(r)^{-1/(1-\beta)}$$

从而式（9）~式（11）能够简化为：

$$n(1-\beta)B = \beta\varphi(r)^{-1/(1-\beta)}v_h\varphi'(r) \tag{12}$$

$$v_x = \beta\frac{1}{\varphi(r)}v_x\left(\frac{1}{n}\right) \tag{13}$$

$$v_h = (1-\beta)\varphi(r)^{\beta/(1-\beta)}B(1-rn) + \beta v_h \tag{14}$$

因为 $\beta<1$，$n\geq 1$ 且 $\varphi(r)>1$，式（13）意味着 $v_x=0$。我们能够使用式（14）消除 v_h，并代入式（12）中，简化得到：

$$n(1-\beta) = \beta(1-rn)\frac{\varphi'(r)}{\varphi(r)} \tag{15}$$

式（8）意味着：

$$rn = \frac{\eta}{1-\beta+\eta} \tag{16}$$

这与第 6 节中式（13）中 $k=0$ 的情况相同。联立式（15）和式（16），能够分别求出 r 和 n，这完全与第 6 节中的情况相同。

这是两状态变量系统的长期可能情况：收入水平不变的马尔萨斯稳态，以及由人力资本积累推动的收入永恒增长的类似 "Ak" 系统。对于该模型偏离这两种稳态的情况，我们知之甚少，并且因为本节的目标是研究从一个稳态到另一个稳态的过渡，这是一个严重的局限。虽然如此，图 5.7 和图 5.8 描绘了一些可能的行为。

考虑曲线：

$$h = \frac{(1-\alpha)A}{B}x^\alpha \tag{17}$$

在该曲线上，是否使用增长技术并不重要。如果状态 (x,h) 在此曲线上，一种情况是设定 $r=0$ 并令 h 递减。如果这种决策是最优的，那么令 h 减少到 0 的决策将是最优的，并且因为 h 永远不被使用，所以 $v_h(x,h)=0$。对于曲线（17）上方或者下方的 (x,h)，我们可以向下投影到 x 轴得到 $v(x,h)=v(x,0)$ 和 $n(x,h)=n(x,0)$。在这种情况下，存在一条位于曲线（17）上方的曲线，r 移动到一个正值。在第二条曲线上*，r 必须跳到能使 h 持续增加的值，否则正的 r 值是一种浪费。

图 5.7 的相位图（phase diagram）描述了这些特征。

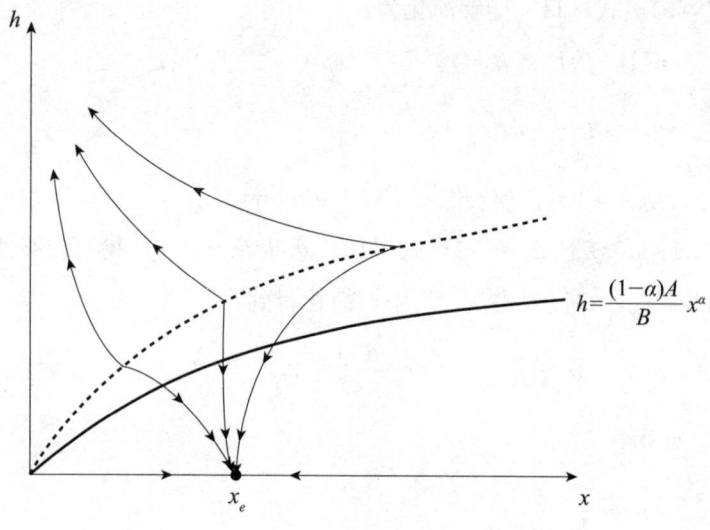

图 5.7　可能的变迁动态：1

图 5.8 提供了一个相反情形的相位图，沿着曲线（17），$r>0$。在这种情形中，在曲线（17）的下方存在一条曲线——图中的虚线——h 已经开始增长，即使出现 h 的使用对于生产仍然不经济的情况。因此，代理人必须在人力资本投入生产之前，预测它的经济价值！

至于两种动态中哪一种可能发生，则需要对我提供的系统（4）～（7）进行更加深入的分析。① 图 5.8 显示的行为过于依赖于我所做的完全预期（perfect foresight）假设，即假设人们已经预见工业革命即将到来，并且开始积累在工业革命中非常有用的技能，尽管之前从未发生类似的事件。

利用图 5.7 思考工业革命开始期的方法是：从一个处于 (x,h)（$h>0$）位置的社会开始，考虑哪些冲击能将该社会带入到持续增长区域，即图中虚线上方的位置。这个社会在开始时如何能获得一个正的 h 值呢？在前工业化经济体中，一些技能是非常有用的（尽管该模

---

① 特别地，对该模型的真实校准形式进行模拟是非常有趣的，正如莫（Moe，1998）和贝洛索（Veloso，1999）在相关背景中所做的那样。

* （17）上方的曲线。——译者注

$$h = \frac{(1-\alpha)A}{B}x^{\alpha}$$

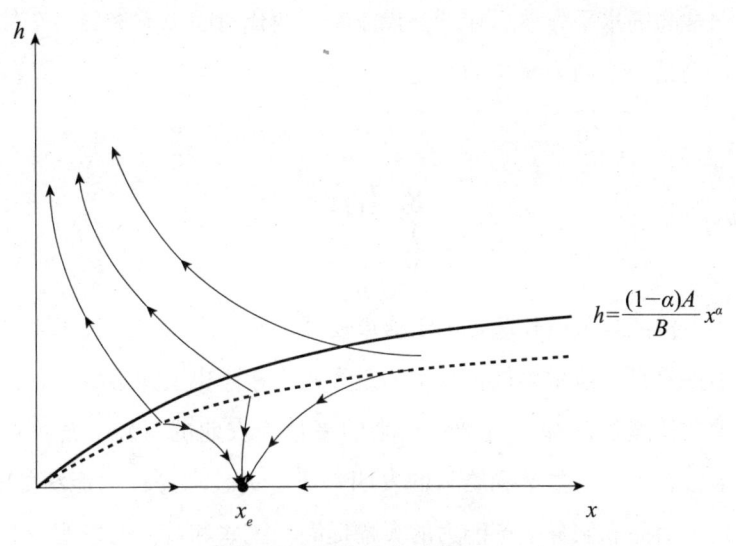

图 5.8　可能的变迁动态：2

型并没有说明这一点)。一些技能的积累并非出于经济目的：比如说，赞助者支持的艺术和科学。现在假如一些因素使得曲线(17)下移，并且伴随它的下移，位于曲线(17)上方的虚线显示 h 已达到触发经济增长的临界水平。B 值(增长技术的效率)的上升就具有这种效应，土地的减少或农业生产函数 A 的下降也具有这种效应，同样，由农业技术中劳动密集度 $1-\alpha$ 下降释放的劳动用在其他用途上也具有这种效应。

我们可以把导致这种移动的经济因素理论化，并且这样做也可能是非常有用的。本节我的目标比较折中，即试图设计一个与古典经济学和现代增长理论事实都一致的经济理论，在该理论下一个一劳永逸的移动将导致经济从马尔萨斯停滞状态变迁到持续增长状态。

以上讨论的行为，即图 5.7 中的初始状态 (x,h) 跳跃到虚线之上的行为，是否能很好地描述人口变迁呢？一个穿过此虚线的系统——以某种方式——将永远沿着收入和人口增长的路径前进，而不是回到最初人口和人均收入都不变的稳态 $(x_e,0)$。也许人口增长一开始很快，然后慢了下来，甚至可能减速到 0 或负值水平。是否可以通过选择参数，就像在最近才开始工业化的经济体中看到的那样，使得人口增长起初跳跃到非常高的水平，然后在下一代或者下两代时间里下降到一个较低的水平，仍是一个尚未解决的问题。

8. 结论

作为持续收入增长起点的工业革命并不是一个专门的技术事件，甚至并不主要是个技术事件。技术的重大进步在历史上并不少见，但是生活水平的持续提高却是近 200 年来的事情。农业的革新、畜牧业的出现，语言、文学、数学和绘画的发明，风、火、水等自然能源的利用，都导致了商品和服务生产能力的大幅提高。这些和其他的发明也为人口的爆炸式增长带来了可能。一些发明改变了不同社会之间力量的对比，这依赖于发明所出现的地方。事实上，到了 17 世纪，创造新技术的能力使得欧洲人征服了世界许多地区，但是这些发明中没有任何一个导致了普通人生活水平的持续提高，不管是欧洲人，还是其他人。所有这些事实都是马尔萨斯和李嘉图理论明确预测到的，或者更恰当一点，正是马尔萨斯和李嘉图理论所要解释的事实。

当然这并不是说 200 年前每个人都生活在维持生存的水平，即使对维持生存水平的规定，像我所做的那样，为经济学而非有些不同的生理学定义。只要确立土地和其他资源的所有权，所有者的收入就会超过，通常是远远超过它维持生存的水平。[①] 从本质上看，我们认为文明的所有东西无不受到产出中土地份额的支持，而且大部分政治史和军事史都是在争夺这一份额中产生的冲突史。事实上，持续了几个世纪的富裕地

---

① 据约翰逊（Johnson，1948）考察，美国 1910—1946 年期间土地占农场收入的份额在 0.30～0.35 之间（table Ⅳ，p.734），这个比例在不同收入水平之间也是非常稳定的。根据麦克伊维蒂和琼斯（McEvedy and Jones，1978）的估计，在罗马统治时代，埃及的人口约为 400 万，若人均收入为 600 美元（1985 年美元价格），则 GDP 为 24 亿美元，且几乎全都是农业收入。将 GDP 乘以 0.3 可得到地租收入的估计值为 7.2 亿美元，这些收入的一部分一定被罗马统治者掠夺，但是即便如此，我们仍不难发现维持舒适享受的生活和建造震撼人心的纪念碑的资金来源。

主家庭的存在与李嘉图和马尔萨斯的生育理论并不冲突，因为任何拥有可遗赠财产的父母都面临着在子女数量和子女"质量"（即效用）上进行贝克尔式的权衡。

常识告诉我们，在土地可继承的情况下进行数量—质量的权衡并不能产生持续的收入增长。土地的再分配能减少一些家庭的生育同时增加另一些家庭的生育，但正如第 4 节中例子所表明的那样，这种再分配无法影响平均收入的长期水平，当然在任何合理的假设下都无法影响长期的增长率。可再生资本的积累增加了新的可能，但是正如索洛（Solow，1956）在我们熟悉的原创论文中指出的理由那样，收益递减将使得物质资本无法成为增长的引擎。由此，解释收入持续增长的任务就留给了人力资本。

人力资本可以作为持续增长的引擎已经众所周知，而且这一思想已融入到了各种易处理的模型之中。但是，人力资本这一术语过于宽泛，以至于只要将旧的理论改一下标签就与基于人力资本的增长理论没有什么两样了。在上一节中，我曾经指出，在增长理论中引入生育决策能帮助我们更深刻地思考哪些人力资本对增长来说是重要的。我们需要的是在一个数量—质量权衡的社会中，大多数家庭都会有人力资本投资的机会。一小群悠闲自得的贵族可能会创造出希腊哲学和葡萄牙航海术，但这绝不会诱发工业革命的出现。

变迁

本章许多灵感都来源于贝克尔、墨菲和田村（Becker, Murphy, and Tamura，1990）关于经济从传统收入停滞的稳态变迁到永久增长状态的模型。在他们的模型中长期行为有两种可能性，一种是高生育、低增长，另一种是低生育、高增长。但他们的低增长均衡在任何意义上都不是真正的马尔萨斯或古典的：土地不起作用，收入水平不是由马尔萨斯或古典理论决定。莱特纳（Laitner，1994）对土地作为一种生产要素在工业革命过程中所起作用的变化进行建模，他的模型在技术处理上很有前途，而且建立在坚实的经验证据之上。汉森和普雷斯科特（Hansen and Prescott，

1998）提出了一个更加简洁的变迁模型，在模型中，使用土地的静态技术逐渐被一个以外生给定的速度不断进步的技术所取代。

在这一结论部分中，我尝试在一个模型中概括这些论文的思想。在该模型中人均土地和人力资本水平（或技术水平）都是状态变量。这里的分析很不完整，而且也只是定性分析，但是它提供了一个在我看来很有前途的研究方向。通过关注能提高人力资本收益的力量，模型将同时影响产出增长、生育和人力资本投资的各个动态进行了分离，以使我们能够在一个又一个经济体中观察到各个动态产生的影响。

扩散

对于工业革命起源的理解有助于提高我们对工业革命在各个国家之间扩散的理解。田村（Tamura，1991，1996）提出了一个工业革命的扩散机制，这一机制的核心思想是，任何经济体中人力资本积累的收益是世界所有经济体人力资本水平的递增函数。一旦一个经济体进入了人力资本持续增长阶段，世界人力资本存量注定要开始无限的增长。这种增长将通过外部效应不断提高人力资本投资的收益，最终足以在其他任何经济体中引起人口变迁。这个模型符合我们对知识扩散的直觉认识，也符合我们对工业革命是一个单独事件而不是许多独立事件的直觉认识。基于人力资本的增长模型从外部效应对扩散现象进行解释的事实，我认为，也是该模型的另一点优势。

这些外部效应是如何发生的呢？一个社会的知识是如何影响另一个社会的积累率呢？地理环境显然是对这一问题的部分回答：我们能通过历史数据看到工业化在地域上的扩散。但地域的邻近不可能是关键因素：阿尔巴尼亚没有分享意大利战后的增长奇迹，朝鲜也同样没有分享日本的奇迹。地域邻近的重要性在于它通过贸易和贸易刺激的思想交流增加了经济的交往。斯托基（Stokey，1988，1991a）和扬（Young，1991）对贸易和人力资本增长之间的联系作了规范表述。张（Chuang，1993）、欧文和克莱诺（Irwin and Klenow，1994）对学习溢出效应的重要性进行了实证分析。在第 3 章"创造奇迹"中，我对贸易的核心作用进行了论证,并对帕伦特和普雷斯科特(Parente and Prescott, 1994)的观点作为补充进行了解释。

预测

持续增长的现代理论,如本章第 6 节中的那些,普遍抽象掉了土地供给要素和有限资源要素。这些理论能够吻合并且确实很好地吻合了经济的长期序列,但是显然它们不可能永远吻合这些数据。在某一时间点上,人口将到达上限,然后停止上涨或开始下降。当前流行的讨论强调了燃料(fuel)的有限供给所造成的限制,但关于燃料耗尽的预言——尤其是燃料耗尽将令人吃惊地影响到每一个人的预言——并没有得到经济分析上更多的支持。有限的土地供给最终可能会导致相对价格的上涨,尽管目前还没有这个迹象,或许引起的是住宅土地价格的上涨。居住空间具有很高的收入弹性,因此如果人均收入继续无限增长,人口最终会出现负增长。我们可能成为居住条件越来越奢华而数量却越来越少的稀有物种(race)。显然我这里已经开发的模型对思考这些遥远未来的问题没有更多的帮助,但是这并不意味着经济学推理就无法应用到这些问题上。[①]

即便人口最终必然会存在一个上限,我们也不能将类似的推理应用到人均收入上。一些理论模型将人口增长率和知识增长率联系在一起,其结论为人口的零增长就意味着生产率的零增长,但这些特征带有偶然性,易于修正,而且也无法得到证据的支持。[②] 人口迅速增长的经济体其生产增长率不一定比其他经济体高(Backus, Kehoe, and Kehoe, 1992)。另一方面,新知识的发现弥漫着神秘的色彩,很难保证未来的增长率能保持 20 世纪的速度。我们唯一能确定的是没有迹象表明科学家和其他人能够解决所有我们观察到的但仍未解决的问题。19 世纪认为科学可以解开的谜团,到了 20 世纪仍然没有实现。

即使我们无法得知最富裕国家的生产率将加速还是减弱,但是,我

---

① 科恩(Cohen, 1995)对长期人口估计的讨论令人振奋,但他的讨论完全不是经济学方式。

② 最早见于阿罗(Arrow, 1962)。

163

们也知道相对生产率的演进是非常清晰的且在理论上是易于处理的。在工业革命初期,一些经济体进入了持续增长模式,其余的经济体仍处于马尔萨斯均衡状态。到了 19 世纪中叶,一些国家持续的增长和另外一些国家的停滞导致了欧洲和被欧洲统治的国家的生活水平大约是世界上其他国家的 1.7 倍。到了 20 世纪初,这个差距大约扩大到了 3.2 倍。① 整个 20 世纪上半叶这个差距还在扩大,到 1950 年时,欧洲和非欧洲社会之间的差距达到了 5.7 倍,而最富裕的社会和最贫穷的社会的收入差距达到了 15 倍～20 倍。

从二战和殖民时代结束以来,各国之间收入的不平等保持相对稳定。在这个时期,许多社会加入到了工业革命,减少了收入的不平等,而另外一些社会继续处于停滞状态,增加了收入的不平等。我们很难根据 1960—1990 年的数据去推测未来,但是,我认为有一点变得越来越清楚,那就是战争时期形成的巨大不平等到了顶峰,未来这一不平等将逐渐下降,直到相对收入恢复到 1800 年的水平。自 1950 年以来,在欧洲内部和欧洲与美国之间出现了戏剧性的收入趋同。跟随日本的步伐,一个又一个欧洲以外的国家进入了收入快速增长阶段,而其他一些国家由于不稳定的国内政策和重商主义的贸易政策,未能做到这一点。

在 20 世纪初,许多资深的观察人士相信北欧人的种族或文化优势可以解释 19 世纪出现的收入差距。当前,在新世纪的开端,有一点是非常清楚的,那就是工业革命的成果向所有国家开放,而不管其种族或文化背景。图 5.9 绘制了 1750 年至今欧洲统治的经济体的人口和产出在世界中的份额。这两个份额在 1750 年大致相等,大约为 0.24,表明在那个时期人均产出是大致平等的。欧洲人口的份额在 20 世纪 20 年代达到高峰,大约为 0.37。该份额在 1850 年时略低于 0.30,目前又回到了这个水平。欧洲经济体的产出份额在 1950 年达到了 0.76 的峰值,目前为 0.65。是否有人怀疑这两个时间序列的最终发展方向?我们从工业革命继承的经济增长遗产是人类获得的既定收益,其规模仍然未知。越来越清楚的是,

---

① 文中的"欧洲和被欧洲统治的国家"指的是图 5.3 中的第Ⅰ、第Ⅲ和第Ⅳ组。

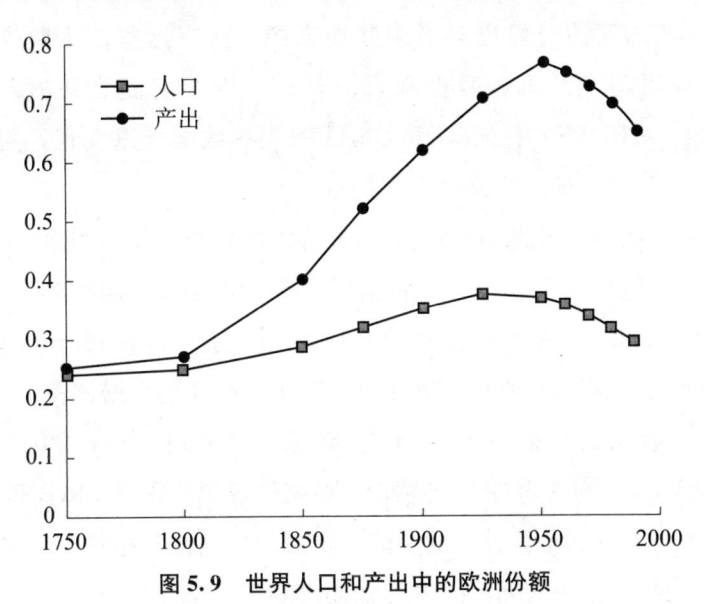

与增长的收益同时产生的不平等将是一个转瞬即逝的历史现象。

图 5.9 世界人口和产出中的欧洲份额

数据附录

本附录介绍了正文中图 5.1~图 5.5 的数据来源和制作过程。这些图使用的人口和人均 GDP 数据都来自于表 5.1 和表 5.2。表 5.1 给出了世界 21 个地区 1500—1990 年之间的 15 个特定年份的人口估值。表 5.2 列出了 1750—1990 年之间的 11 个特定年份的人均 GDP 估值（以 1985 年的美元价格计算）。首先我将介绍取得人口估值的来源和一般步骤，然后介绍产出估值的来源和步骤，最后对 21 个地区进行定义并且讨论可能出现的特殊问题。

除非另有说明，表 5.1 中从 1960 年开始的人口估值均采用萨默斯和赫斯顿（Summers and Heston，1991）的宾大世界数据表（Penn World Tables）的第 5.6 版，我将这个来源简称为 S&H。1950 年以及之前所有地区的人口数据均取自麦克伊维蒂和琼斯（McEvedy and Jones，1978），我将其简称为 M&J。第二次世界大战后这两个资源都缺乏的人口数据一般来源于联合国统计年鉴的数据,简称为U.N.。当需要的时候也会引用其他来源。所有这些二手数据都利用了任何可得到的调查数据和官方估值,因此它们之间的差异很小。对比一下1950年M&J和S&H的人口数据可以发现,对于大多数地区而言,双方的数据都很接近。

表5.2给出了上述21个地区的人均产出数据。如果GDP和GNP都可得到,则采用GDP数据,否则就使用GNP数据,但我把所有的数据都称为GDP。除非另有说明,从1960年开始(如果1950年数据可得,则从1950年起)所有GDP估值都来自S&H的数据。表5.2中的黑体数字表示最早来源于S&H的数据。我采用S&H中的变量2(RGDPCH)作为人均GDP的估值。根据该资源的介绍,RGDPCH是一个以基准年国际价格计算的一国真实总产出的链式指数序列(chain index series)。表中所列数据均以1985年国际价格计算。

1950年及更早年份的人均GDP数据来源于巴洛克(Bairoch, 1981),简称B(麦迪逊(Maddison, 1983, 1991, 1995)也提供了世界不同国家和地区的人均GDP估值),这些估值都以1960年美元价格计算。我使用来自S&H的1960年和1985年的缩减指数将这些估值转换为1985年的美元价格,也就是说只需将B的估值乘以3.5即可。

在重合年份,一般为1960年,S&H和B的估值存在差异。如果差异不超过4%,我就将B的估值乘以S&H和B在重复年份的估值之比。在下面介绍到具体地区时,如果用到这一方法我就会指出这个乘数因子的大小。

当重合年份的估值差异超过4%时,我使用不同的处理方法。对于这种情况,我利用巴洛克对1800年及以后年份的收入水平的估值来估计1800年以来的增长率,然后选用一个常数来乘以这些增长率以调整B和S&H的估值使二者在1960年相一致(如果1950年的数据存在,则使用1950年的估值)。不同地区具体情况不同,将分别在下面具体地区的介绍中给出。

第5章 工业革命：过去与未来

表5.1 世界人口（百万），1500—1990 年

	1500	1600	1650	1700	1750	1800	1850	1875	1900	1925	1950	1960	1970	1980	1990
1 非洲	38	44	48	52	56	60	68	76	88	111	162	235	301	381	510
2 北非和中东	28	35	34	33	34	36	44	52	63	77	111	143	188	242	303
3 美国	1	1	1	1	2	6	24	44	76	115	150	181	205	228	250
4 加拿大	0.2	0.2	0.2	0.2	0.3	0.5	2	4	5	10	14	18	21	24	27
5 墨西哥	5	4	4	4	5	6	8	9	14	15	27	38	53	67	82
6 南锥地区	1	1	1	1	1	1	3	5	9	16	25	31	36	42	49
7 拉丁美洲其余国家	7	6	6	7	8	11	22	29	43	67	111	149	197	250	307
8 日本	17	22	25	29	29	28	32	36	45	60	84	94	104	117	124
9 中国	110	160	140	160	225	329	433	413	472	527	582	668	820	983	1 136
10 东亚	4	5	5	7	8	10	12	13	15	23	39	47	64	79	91
11 东南亚	20	22	24	26	29	33	44	57	85	122	180	219	283	362	442
12 印度次大陆	105	135	150	165	175	190	230	255	290	330	445	553	700	887	1 108
13 英国	5	5	6	7	8	11	21	29	38	45	50	53	56	56	57
14 法国	15	18	21	22	24	29	36	38	41	40	42	46	51	54	57
15 德国	9	12	11	13	15	18	27	33	43	55	70	72	78	78	79
16 低地国家	2	3	4	4	4	5	8	9	12	16	19	21	23	24	25
17 斯堪的纳维亚	2	2	3	3	4	5	8	10	12	16	18	20	21	22	23
18 西欧其余国家	22	29	27	31	37	46	60	67	77	88	108	116	125	134	139
19 苏联	17	21	23	27	34	45	74	93	124	168	181	214	243	266	289
20 东欧	13	17	17	18	23	31	43	53	68	82	87	98	106	115	120
21 澳大利亚和新西兰	0.2	0.3	0.3	0.3	0.4	0.4	1	2	4	8	10	13	15	18	20

表 5.2　人均 GDP（1985 年美元价格），1750—1990 年

	1750	1800	1850	1875	1900	1925	1950	1960	1970	1980	1990
1 非洲	455	455	455	466	489	525	636	**763**	961	1 116	966
2 北非和中东	542	542	542	571	634	742	1 129	**1 647**	2 574	3 583	3 494
3 美国	837	870	1 519	2 581	3 943	6 034	**8 772**	9 895	12 963	15 295	18 054
4 加拿大	821	854	1 279	1 923	3 095	4 254	**6 380**	7 258	10 124	14 133	17 173
5 墨西哥	826	858	922	1 105	1 373	1 646	**2 198**	2 836	3 987	6 054	5 827
6 南锥地区	826	858	958	1 262	1 756	2 313	**3 594**	4 028	4 987	5 720	4 600
7 拉丁美洲其余国家	817	858	907	1 041	1 228	1 409	1 757	**1 983**	2 664	3 853	3 598
8 日本	636	636	625	681	1 025	1 401	**1 430**	2 954	7 307	10 072	14 331
9 中国	630	630	630	630	630	630	500	**568**	697	973	1 325
10 东亚	630	630	630	630	630	630	630	**1 004**	1 812	3 458	6 807
11 东南亚	630	630	630	630	630	630	630	**696**	915	1 403	1 954
12 印度次大陆	630	630	630	630	630	630	630	**779**	873	935	1 296
13 英国	805	840	1 864	2 633	3 527	4 362	**5 395**	6 823	8 537	10 167	13 217
14 法国	665	752	1 207	1 612	2 152	3 110	**4 045**	5 823	9 200	11 756	13 904
15 德国	652	738	1 048	1 488	2 179	2 974	3 122	**5 843**	8 415	11 005	13 543
16 低地国家	665	752	1 274	1 795	2 464	3 564	**4 518**	5 851	8 844	11 222	13 158
17 斯堪的纳维亚	692	783	979	1 373	2 044	2 879	**4 930**	6 541	9 450	11 798	14 444
18 西欧其余国家	665	753	1 126	1 408	1 840	2 301	2 813	**3 951**	6 622	8 694	10 729
19 苏联	578	620	697	815	991	1 114	1 713	**2 397**	4 088	6 119	7 741
20 东欧	578	620	709	797	911	1 078	1 340	**1 823**	2 621	3 986	3 970
21 澳大利亚和新西兰	837	870	1 862	2 650	3 672	3 984	**6 676**	7 815	10 505	12 143	13 962

说明：黑体数字表示最早来源于萨默斯和赫斯顿的估值。

接下来我将对这 21 个地区进行定义，并说明每个地区的数据来源。

1. 非洲

包括整个非洲，除了以下几个北部的国家外：摩洛哥，阿尔及利亚、突尼斯、利比亚和埃及。

人口：整个非洲的人口（M&J，p.206）减去马格里布（p.221）、利比亚（p.225）和埃及（p.227）的人口。1650 年、1750 年、1875 年和 1925 年采用插值法得到。利维-巴茨（Livi-Bacci，1992）在表 1.3 中也提供了整个非洲大陆的人口数据。这些估值基本上都高于 M&J 对非洲大陆的估值，尤其是在比较早的年份（例如两者对 1500 年的估值分别为 4 600 万和 8 700 万）。

GDP：1960 年起的估值来源于 S&H。1950 年及更早年份的估值基于 B 的表 1.7 对非洲大陆在 1800 年、1860 年、1913 年、1938 年、1950 年和 1960 年的估值。1800 年的估值为 $455=130\times 3.5$，也应用于 1750 年。以后年份的估值基于表 5.3 给出的地区 1 的年增长率的数据采用插值法得到。如表 5.3 第 1 行的数据所示，这些增长率乘以常数 0.957 以使得 1960 年的人均收入估值与 S&H 的估值相等，然后采用插值法得到 1850—1950 年特定年份的人均 GDP。

2. 北非和中东

包括摩洛哥、阿尔及利亚、突尼斯、利比亚和埃及，以及土耳其、叙利亚、黎巴嫩、巴勒斯坦地区（以色列、约旦）、阿拉伯地区（科威特、巴林、阿联酋、沙特阿拉伯、阿曼、也门、卡塔尔）、伊朗、伊拉克和阿富汗。

人口：马格里布、利比亚和埃及的人口加上以下地区的人口：土耳其的欧洲部分（M&J，p.113）、土耳其的亚洲部分（p.134）、叙利亚和黎巴嫩（p.138）、巴勒斯坦和约旦（p.143）、阿拉伯（p.144）、伊拉克（p.150）、伊朗（p.152）和阿富汗（p.154）。1650 年、1750 年、1850 年、1875 年和 1925 年采用了插值法。对比来看，1950 年 M&J 的数据为 1.12 亿，而 S&H 的数据（由联合国统计年鉴补充）为 1.18 亿。

表 5.3 不同地区的相对增长率

地区	1800—1850	1860—1875	1875—1900	1900—1925	1925—1950	1950—1960	来源	常数
1	0	0.001	0.002	0.003	0.008	0.019	表 1.7	0.957
2	0	0.001	0.002	0.003	0.008	0.019	表 1.7	2.1
5	0.001	0.005	0.006	0.005	0.008	0.011	表 1.7	1.45
6	0.001	0.005	0.006	0.005	0.008	0.011	表 1.7	2.2
7	0.001	0.005	0.006	0.005	0.008	0.011	表 1.7	1.1
13	0.015	0.013	0.011	0.008	0.008	—	表 1.4	1.06
14	0.009	0.011	0.011	0.014	0.01	—	表 1.4	1.052
16	0.01	0.013	0.012	0.014	0.009	—	表 1.4	1.055
18	0.009	0.01	0.012	0.01	0.009	0.038	表 1.6	0.89
19	0.003	0.008	0.01	0.006	0.022	0.043	表 1.4	0.78
20	0.004	0.007	0.008	0.01	0.013	0.046	表 1.6	0.67
21	0.014	0.013	0.012	0.003	0.019	—	表 1.4	1.087

说明:"来源"一栏指的是大多数增长率所基于的巴洛克(Bairoch, 1981)表。

GDP：从1960年开始的数据来源于S&H，并作了一些较小的外推处理。1960年以前的数据来源于B的表1.7。1800年的数据取自亚洲和非洲的平均估值，以1985年美元计价是542美元，这个数据同样也应用于1750年。1800—1960年的数据是以插值法计算的，假定增长率与表5.3中非洲的增长率成比例，这个比值为2.1。

3. 美国

人口：M&J，第287页和290页。夏威夷的人口在第334～336页单独列出。

GDP：B的表1.4提供了1830年起美国和加拿大的人均数字，1750年和1800年美国和加拿大的数字来源于表1.6中的北美数字。从1950年开始改用S&H的数据，1960年之前的估值被乘以1.04，这是S&H与B对于1950年估值的比率。

4. 加拿大

人口：M&J，第285页。

GDP：1830年以后的数据来源于B的表1.4，1750年和1800年采用表1.6中的北美数据，从1950年开始改用S&H的数据。1960年之前的估值被乘以1.02，即S&H与B对于1950年估值的比率。

5. 墨西哥

人口：M&J，第293页。M&J指出1500年的人口数据存在争议，估值分别为500万和3 000万，M&J选用较低的那个数据，1650年采用插值法得到。

GDP：1950年开始的估值来源于S&H，1925年及之前的数据基于B的表1.7对"美洲的第三世界国家"（Third World America）的整体估计，包括1800年、1860年、1913年、1928年、1938年和1950年。1800年的估值是858，在保持与美国比例固定的前提下，这个数据也被用来通过外推法得到1750年的数据：（858/870）×837＝825。1800年之后的估值基于B的表1.7中的估值，采用插值法得到，也就是表5.3中第5行的年增长率。我估计的增长率与B的估值之比为1.45。

6. 南锥地区

包括阿根廷、智利和乌拉圭。

人口：M&J，第 315~317 页

GDP：1950 年及以后年份的数据来自 S&H，1800 年的估值来自 B 的表 1.7 对所有拉丁美洲国家的估计。1750 年的数据采用与墨西哥相同的外推法得到（结果也与墨西哥相同）。1850—1950 年特定年份的收入使用插值法得到，假设南锥地区的增长率与表 1.3 中第 6 行的增长率之比为 2.2。

7. 拉丁美洲其他地区和加勒比海地区

包括加勒比群岛、中美洲（危地马拉、伯利兹、萨尔瓦多、洪都拉斯、尼加拉瓜、哥斯达黎加和巴拿马）、哥伦比亚、委内瑞拉、圭亚那、苏里南、巴西、厄瓜多尔、秘鲁、玻利维亚以及巴拉圭。

人口：M&J，第 295~311 页，1650 年、1750 年、1875 年和 1925 年采用了插值法。从 1950 年开始各国的人口数据取自 S&H，如果无法得到数据，则使用联合国统计年鉴的数据。

GDP：除了极少数的几个地方外，从 1960 年开始的数据采取 S&H 的数据。1960 年之前，采用的是 B 的表 1.7 中的数据，处理方法与上文地区 5 和地区 6 中的相同，这意味着我们将采用表 5.3 中第 7 行的增长率。我对增长率的估值与这些增长率之比为 1.1。

8. 日本

人口：M&J，第 181 页。

GDP：1950 年之前的估值采用 B 的表 1.6 中的数据，其余的数据来自 S&H。取自 B 的估值被乘以 1.01，即 S&H 和 B 对 1950 年估值之比。

9. 中国

包括蒙古，中国台湾与中国香港未统计在内。

人口：M&J 的估值，第 167 页，中国台湾人口（第 175 页）和中国香港人口被扣除，蒙古人口（164 页）被添加进来。1900 年之前中国香港人口可以忽略不计，1901 年的人口是 37 万，1925 年为 71 万，

1950 年为 193 万（最后两个采用插值法得到），这些数据来自联合国人口统计报告中关于中国香港的报告，需要从中国总人口中扣除。S&H 没有提供 1950 年的数据，因此采用的是 M&J 的估值。1975 年 S&H 估计中国人口是 9.16 亿，远远高于 M&J 的数据 8.15 亿。

GDP：1960 年开始的估值取自 S&H，B 的表 1.7 则包括早些年份的估值，但是 1960 年 B 的估值是 S&H 估值的 1.41 倍，甚至 B 对 1800 年的估值是 S&H 对 1960 年估值的 1.29 倍！权衡之下，我没有采取 B 的估计值，而是将 1950 年的数据设定为 500（部分反映了 B 的表 1.7 记录的 1950—1960 年的增长），将之前所有年份数据设定为 630。（详见下文对地区 10~12 的讨论。）

10. 东亚

包括中国台湾、朝鲜、韩国和中国香港。

人口：M&J，第 174~178 页，关于中国台湾和韩国的人口数据。1650 年、1750 年和 1875 年采用插值法得到，如地区 9 中所提到，中国香港地区在 1900 年和 1950 年的人口数据来自联合国人口统计报告（1974 年），1900 年前的人口忽略不计，1960 年起使用 S&H 的数据。朝鲜 1960 年起的数据来源于联合国统计年鉴。

GDP：1950 年之前的估值基于 B 的表 1.7 对亚洲所有国家的估计，这些估值意味着 1800—1950 年没有增长，1800 年的估值 630＝180×3.5 被用于 1750—1950 年间所有年份。1960 年起使用 S&H 的数据，对朝鲜的数据采用外推法得到。

11. 东南亚

包括缅甸、泰国、中印半岛（老挝、越南、高棉共和国/柬埔寨）、马来西亚、新加坡、印度尼西亚和菲律宾。也包括大洋洲在内：美拉尼西亚群岛（巴布亚新几内亚、俾斯麦群岛、所罗门群岛、新赫布里底群岛（瓦努阿图的旧称）、斐济）以及波利尼西亚（汤加、萨摩亚群岛、塔希提岛和库克群岛）。

人口：M&J，第 190~203 页和第 330~336 页，1650 年和 1750 年

采用插值法得到。

GDP：就像地区 10 中提到的，B 的表 1.7 估值 630 被应用于 1750—1950 年间所有年份，1960 年起使用 S&H 的数据，同时也进行了一些修正。S&H 的附录 B 估计 1985 年越南人均 GDP 是美国同时期的 3.1%，这个比率也被我应用于 1960—1990 年中印半岛国家。

12. 印度次大陆

包括巴基斯坦、印度、孟加拉国、斯里兰卡、尼泊尔、锡金（现属于印度）和不丹。

人口：M&J，第 183 页，1650 年和 1750 年采用插值法得到。

GDP：就像地区 10 中讨论的，B 的表 1.7 中的估值 630 被应用于 1750—1950 年间的所有年份，1960 年起使用 S&H 的数据。我假定不丹的人均 GDP 和孟加拉相同。

13. 英国

人口：M&J，第 43、47 页。

GDP：自 1950 年起的估值来源于 S&H 的数据。1750 年和 1800 年的估值通过 B 的表 1.3 中"最发达国家"一栏中的数据乘以 3.5 得到。1800—1950 年的增长率利用 B 的表 1.4 的估值采用插值法计算得到，即表 5.3 第 13 行给出的年增长率。我估计的增长率与这些增长率估值之比为 1.06。

14. 法国

人口：M&J，第 57~59 页。

GDP：自 1950 年起的估值来源于 S&H 的数据。1750 年和 1800 年的估值通过 B 的表 1.6 中"西欧"一栏中的数据乘以 3.5 得到。1800—1950 年的增长率利用 B 的表 1.4 中对法国的估值采用插值法计算得到，即表 5.3 第 14 行给出的年增长率。我估计的增长率与这些增长率估值之比为 1.052。

15. 德国

包括处于分裂状态的民主德国和联邦德国。

人口：M&J，第69页。1950年、1960年和1990年民主德国（包括东柏林在内）的数据来源于联合国统计年鉴。

GDP：自1970年起的估值来源于S&H的数据。1960年联邦德国的估值来自S&H的数据。在假定1960年联邦德国与民主德国人均GDP的比例与1970年两国人均GDP（采用S&H的数据）的比例相等的前提下，民主德国的估值采用插值法得到。1750年和1800年的估值通过B的表1.6中"西欧"一栏中的数据乘以3.5得到。1800—1960年的收入水平利用B的表1.4中的估值采用插值法得到。我将B对联邦德国估值的0.72与他对民主德国估值的0.28加权得到1950年的数据。我将B对联邦德国估值的0.77和他对民主德国估值的0.23加权得到1960年的数据。这些人口权重来源于S&H。所有B的估值被乘以系数0.98，即1960年S&H的估值与B的估值之比。

16. 低地国家

包括比利时、卢森堡和荷兰。

人口：M&J，第62~64页。

GDP：自1950年起的估值来源于S&H。1750年和1800年的估值通过B的表1.6中"西欧"一栏中的数据乘以3.5得到。对于1950年，将B的表1.4中的比利时和荷兰的估值分别乘以S&H的人口权重0.46和0.54后再相加得到。1800—1950年的增长率的估值是表5.3第16行用插值法算出的年增长率。我估计的增长率与这些估值之比为1.055。

17. 斯堪的那维亚

包括丹麦、瑞典、挪威及芬兰。

人口：M&J，第51页。

GDP：自1950年起的估值来源于S&H。1750年和1800年的估值通过B的表1.6中"西欧"一栏中的数据乘以3.5得到。对于1950年，将B的表1.4中的丹麦、芬兰、挪威和瑞典的估值分别乘以S&H人口权重0.23、0.22、0.18和0.37后再相加得到。1800—1950年的收入估值根据这些估值采用插值法计算得到。所有B的估值都乘以系数

1.04，即 1950 年 S&H 与 B 估值之比。

18. 其余欧洲国家

包括爱尔兰、瑞士、奥地利、西班牙、葡萄牙、意大利、阿尔巴尼亚、希腊、塞浦路斯、马耳他、冰岛、格陵兰岛以及目前西班牙和葡萄牙所属群岛。

人口：M&J，第 47、87、89、105、107、113 和 119 页。1650 年、1750 年和 1875 年的数据采用插值法得到。除了阿尔巴尼亚（所有年份）和马耳他（1950 年和 1990 年）的数据来源于联合国统计年鉴外，其余的数据自 1950 年起都来源于 S&H。

GDP：自 1960 年起的估值来源于 S&H。阿尔巴尼亚在 1960 年、1970 年、1980 年和 1990 年的人均 GDP 估值是 1990 年的《世界年鉴和事实》(World Almanac and Book of Facts) 中的数据用系数 0.26 乘以南斯拉夫的水平得出的。1750 年和 1800 年的估值通过 B 的表 1.6 中"西欧"一栏中的数据乘以 3.5 得到。1800—1950 年的增长率的估值根据 B 的表 1.6 中"西欧"估值采用插值法计算得到，即表 5.3 第 18 行给出的年增长率。我估计的增长率与这些估值之比为 0.89。

19. 苏联

人口：M&J 对以下地区的估值的总和：俄罗斯的欧洲部分（第 79 页）、高加索（第 158 页）、西伯利亚（第 161 页）和俄属土耳其斯坦（第 163 页）。1650 年、1750 年和 1875 年的收入估值是根据这些估值采用插值法计算得到的。1960 年、1970 年和 1980 年的数据来源于 S&H。1950 年和 1990 年的数据来源于联合国统计年鉴。M&J 的 1950 年的估值（181）与联合国 1950 年的估值（193）之间存在很大差异，利维-巴茨（表 E.1）给出的数据是 180，我采用了 M&J 的数据。

GDP：自 1960 年起的估值来源于 S&H。1750 年和 1800 年的估值通过 B 的表 1.6 中"东欧"一栏中的数据乘以 3.5 得到。1800—1830 年的增长率估值来源于对 B 的表 1.6 中"东欧"的估值。1830—1960 年的增长率估值是对 B 的表 1.4 中"东欧"估值采用插值法计算得到的，即表 5.3 第 19 行给出的年增长率。我估计的增长率与这些估值之比为 0.78。

20. 东欧

包括波兰、捷克斯洛伐克、匈牙利、罗马尼亚、南斯拉夫和保加利亚。

人口：M&J 对以下地区的估值的总和：波兰（第 75 页）、捷克斯洛伐克（第 85 页）、匈牙利（第 92 页）、罗马尼亚（第 97 页）、南斯拉夫和保加利亚（第 113 页）。1750 年的南斯拉夫和保加利亚的收入估值是根据这些估值采用插值法计算得到的。除了捷克斯洛伐克（1950 年）、罗马尼亚（1950 年和 1990 年）、保加利亚（1950 年、1960 年和 1970 年）和波兰（1950 年和 1960 年）的估值来源于联合国统计年鉴外，其余 1950 年及其以后的估值都来源于 S&H。

GDP：自 1960 年起的估值都来源于 S&H，以下除外。在假定保加利亚 1960 年的收入与美国收入之比等于 1980 年比例的前提下，保加利亚 1960 年的人均 GDP 通过插值法计算得到。1750 年和 1800 年的估值通过 B 的表 1.6 中"东欧"一栏中的数据乘以 3.5 得到。1800—1960 年的增长率估值是对 B 的表 1.6 中"东欧"估值采用插值法计算得到的，即表 5.3 第 20 行给出的年增长率。我估计的增长率与这些估值之比为 0.67。

21. 澳大利亚和新西兰

人口：M&H，第 329 页和第 339 页。1650 年、1700 年、1750 年和 1875 年的数据通过插值法计算得到。

GDP：自 1950 年起的估值来源于 S&H。1750 年和 1800 年的估值假定与美国的相同（这些年的人口可以不考虑）。1800—1950 年的收入水平根据 B 的表 1.4 中对澳大利亚的估值，并辅之以美国 1860 年之前的收入数据，通过插值法计算得到。这个我们可以参考表 5.3 第 21 行给出的年增长率。我估计的增长率与这些增长率估值之比为 1.087。

参考文献

Aghion, Philippe, and Peter Howitt. 1992. "A Model of Growth Through Creative Destruction." *Econometrica*, 60: 323–351.

Ahituv, Avner. 1995. "Fertility Choices and Optimum Growth: A Theoretical and Empirical Investigation." University of Chicago doctoral dissertation.

Alvarez, Fernando. 1995. "Social Mobility: The Barro-Becker Children Meet the Loury-Laitner Dynasties." University of Pennsylvania working paper.

Andrade, Eduardo De Carvalho. 1998. "Growth, Distribution, and School Policy." University of Chicago doctoral dissertation.

Arrow, Kenneth J. 1962. "The Economic Implications of Learning by Doing." *Review of Economic Studies*, 29: 155–173.

Backus, David K., Patrick J. Kehoe, and Timothy J. Kehoe. 1992. "In Search of Scale Effects in Trade and Growth." *Journal of Economic Theory*, 58: 377–409.

Bairoch, Paul. 1981. "The Main Trends in National Economic Disparities Since the Industrial Revolution." Chapter 1 in Paul Bairoch and Maurice Levy-Leboyer, eds., *Disparities in Economic Development Since the Industrial Revolution*. New York: St. Martin's Press.

Barro, Robert J., and Gary S. Becker. 1989. "Fertility Choice in a Model of Economic Growth." *Econometrica*, 57: 481–501.

Barro, Robert J., and Xavier Sala-i-Martin. 1992. "Technological Diffusion, Convergence, and Growth." *Journal of Economic Growth*, 2: 1–26.

——— 1997. "Convergence." *Journal of Political Economy*, 100: 223–251.

Baumol, William. 1986. "Productivity Growth, Convergence and Welfare: What the Long-Run Data Show." *American Economic Review*, 76: 1072–1085.

Baumol, William, and Edward N. Wolff. 1988. "Productivity Growth, Convergence and Welfare: Reply." *American Economic Review*, 78: 1155–1159.

Becker, Gary S. 1960. "An Economic Analysis of Fertility." In Richard Easterlin, ed., *Demographic and Economic Change in Developed Countries*. Universities-National Bureau Conference Series, no. 11. Princeton: Princeton University Press.

———. 1964. *Human Capital*. New York: Columbia University Press, for the National Bureau of Economic Research.

Becker, Gary S., and Robert J. Barro. 1988. "A Reformulation of the Economic Theory of Fertility." *Quarterly Journal of Economics*, 103: 1–25.

Becker, Gary S., Kevin M. Murphy, and Robert Tamura. 1990. "Human Capital, Fertility, and Economic Growth." *Journal of Political Economy*, 98: S12–S37.

Ben-David, Dan. 1991. "Equalizing Exchange: A Study of the Effects of Trade Liberalization." National Bureau of Economic Research Working Paper No. 3706.

Benhabib, Jess, and Kazuo Nishimura. 1993. "Endogenous Fertility and Growth." In Robert Becker et al., eds., *General Equilibrium, Growth, and Trade, Volume 2: The Legacy of Lionel McKenzie*. San Diego, London, Sydney, Toronto: Harcourt Brace, Academic Press.

Boldrin, Michele, and Jose A. Scheinkman. 1988. "Learning-by-Doing, International Trade, and Growth." In Santa Fe Institute Studies in the Sciences of Complexity, *The Economy as an Evolving Complex System*, 285–300.

Boston Consulting Group. 1968. *Perspectives on Experience*. Boston: Boston Consulting Group.

Boxall, Peter J. 1986. "Labor and Population in a Growth Model." University of Chicago doctoral dissertation.

Burmeister, Edwin, and A. Rodney Dobell. 1970. *Mathematical Theories of Economic Growth*. New York: Macmillan.

Caballe, Jordi, and Manuel S. Santos. 1993. "On Endogenous Growth with Physical and Human Capital." *Journal of Political Economy*, 101: 1042–1067.

Cass, David. 1965. "Optimum Growth in an Aggregative Model of Capital Accumulation." *Review of Economic Studies*, 32: 233–240.

Chari, V. V., Patrick J. Kehoe, and Ellen R. McGrattan. 1996. "The Poverty of Nations: A Quantitative Exploration." National Bureau of Economic Research Working Paper No. 5414.

Chuang, Yih-Chyi. 1993. "Learning by Doing, the Technology Gap, and Growth." University of Chicago doctoral dissertation.

Cohen, Joel. 1995. *How Many People Can the Earth Support?* New York: W. W. Norton.

Davis, Lance E., and Robert A. Huttenback. 1989. "Businessmen, the Raj, and the Pattern of Government Expenditures: The British Empire, 1860–1912." In David W. Galenson, ed., *Markets in History*. Cambridge: Cambridge University Press.

De Long, Bradford J. 1988. "Productivity Growth, Convergence, and Welfare: Comment." *American Economic Review*, 78: 1138–1154.

Denison, Edward F. 1961. *The Sources of Economic Growth in the United States*. New York: Committee for Economic Development.

Directorate-General of Budget, Accounting, and Statistics, executive Yuan. 1987. *National Income in Taiwan Area, The Republic of China*.

Dixit, Avinash K., and Joseph E. Stiglitz. 1977. "Monopolistic Competition and Optimum Product Diversity." *American Economic Review*, 67: 297–308.

Dobb, Maurice. 1945. *Political Economy and Capitalism*. Westport: Greenwood.

Doepke, Mathias. 2000. "Fertility, Income Distribution, and Growth." University of Chicago doctoral dissertation.

Ehrlich, Isaac, and Francis T. Lui. 1991. "Intergenerational Trade, Longevity, and Economic Growth." *Journal of Political Economy*, 99: 1029–1059.

———— 1997. "The Problem of Population and Growth: A Review of the Literature from Malthus to Contemporary Models of Endogenous Population and Endogenous Growth." *Journal of Economic Dynamics and Control*, 21: 205–242.

Galor, Oded, and David N. Weil. 1996. "The Gender Gap, Fertility, and Growth." *American Economic Review*, 86: 374–387.

Goodfriend, Marvin, and John McDermott. 1995. "Early Development." *American Economic Review*, 85: 116–133.

Gordon, Robert J. 1971. "Measurement Bias in Price Indexes for Capital Goods." *Review of Income and Wealth*, Series 17.

Griliches, Zvi, and Dale W. Jorgenson. 1967. "The Explanation of Productivity Change." *Review of Economic Studies*, 34: 249–282.

Grossman, Gene M., and Elhanan Helpman. 1991a. "Quality Ladders and Product Cycles." *Quarterly Journal of Economics*, 106: 557–586.

———— 1991b. *Innovation and Growth in the World Economy*. Cambridge, Mass.: MIT Press.

Hansen, Gary, and Edward C. Prescott. 1998. "From Malthus to Solow." University of Chicago working paper.

Harberger, Arnold C., ed. 1984. *World Economic Growth*. San Franscisco: ICS Press.

Harberger, Arnold C. 1990. "Reflections on the Growth Process." Working paper.

Irwin, Douglas A., and Peter J. Klenow. 1994. "Learning-by-Doing Spillovers in the Semiconductor Industry." *Journal of Political Economy*, 102: 1200–1227.

Jacobs, Jane. 1969. *The Economy of Cities*. New York: Random House.

—— 1984. *Cities and the Wealth of Nations*. New York: Random House.

Johnson, D. Gale. 1948. "Allocation of Agricultural Income." *Journal of Farm Economics*, 30: 724–749.

—— 1997. "Agriculture and the Wealth of Nations." *American Economic Review*, 87: 1–12.

Jones, Charles I. 1997a. "Convergence Revisited." *Journal of Economic Growth*, 2: 131–154.

—— 1997b. "On the Evolution of the World Income Distribution." *Journal of Economic Perspectives*, 11: 19–36.

Jones, Larry E., and Rodolfo E. Manuelli. 1990. "A Convex Model of Equilibrium Growth: Theory and Policy Implications." *Journal of Political Economy*, 98: 1008–1038.

Kamien, Morton I., and Nancy L. Schwartz. 1982. *Market Structure and Innovation*. Cambridge: Cambridge University Press.

King, Robert G., and Sergio Rebelo. 1990. "Public Policy and Economic Growth: Developing Neoclassical Implications." *Journal of Political Economy*, 98: S126–S150.

Kremer, Michael. 1993. "Population Growth and Technological Change: One Million B.C. to 1990." *Quarterly Journal of Economics*, 107: 681–716.

Krueger, Anne O. 1968. "Factor Endowments and Per Capita Income Differences Among Countries." *Economic Journal*, 78: 641–659.

—— 1983. "The Developing Countries' Role in the World Economy." Working paper.

Krugman, Paul R. 1987. "The Narrow Moving Band, the Dutch Disease, and the Competitive Consequences of Mrs. Thatcher: Notes on Trade in the Presence of Dynamic Scale Economies." *Journal of Development Economics*, 27: 41–55.

Kuznets, Simon. 1959. *Six Lectures on Economic Growth*. Glencoe: The Free Press.

Laitner, John. 1994. "Structural Change and Economic Growth." University of Michigan working paper.

Landes, David S. 1969. *The Unbound Prometheus*. Cambridge: Cambridge University Press.

Livi-Bacci, Massimo. 1992. *A Concise History of World Population*. Cambridge, Mass., and Oxford: Blackwell.

Loury, Glenn C. 1981. "Intergenerational Transfers and the Distribution of Earnings." *Econometrica*, 49: 843–867.

Lucas, Robert E., Jr. 1967. "Tests of a Capital-Theoretic Model of Technological Change." *Review of Economic Studies*, 34: 175–189.

——— 1971. "Optimal Management of a Research and Development Project." *Management Science*, 17: 679–697.

——— 1988. "On the Mechanics of Economic Development." *Journal of Monetary Economics*, 22: 3–42. (Chapter 1 of the present volume.)

——— 1993. "Making a Miracle." *Econometrica*, 61: 251–272. (Chapter 3 of the present volume.)

Lucas, Robert E., Jr., and Nancy L. Stokey. 1984. "Optimal Growth with Many Consumers." *Journal of Economic Theory*, 32: 139–171.

Maddison, Angus. 1982. *Phases of Capitalist Development*. Oxford: Oxford University Press.

——— 1983. "A Comparison of Levels of GDP Per Capita in Developed and Developing Countries, 1700–1980." *Journal of Economic History*, 43.

——— 1991. *Dynamic Forces in Capitalist Development*. Oxford: Oxford University Press.

——— 1995. *Monitoring the World Economy, 1820–1992*. Paris and Washington, D.C.: Development Centre Studies, OECD.

Malthus, Thomas R. 1798. "First Essay on Population." *Reprints of Economic Classics*. New York: Augustus Kelley, 1965.

Mankiw, N. Gregory, David Romer, and David Weil. 1992. "A Contribution to the Empirics of Economic Growth." *Quarterly Journal of Economics*, 107: 407–438.

Marx, Karl, and Friedrich Engels. 1848. *The Communist Manifesto*. In Eugene Kamenka, ed., *The Portable Karl Marx*. Viking Penguin, 1983.

Matsuyama, Kiminori. 1991. "Increasing Returns, Industrialization, and the Indeterminacy of Equilibrium." *Quarterly Journal of Economics*, 106: 617–650.

—— 1992. "Agricultural Productivity, Comparative Advantage, and Economic Growth."*Journal of Economic Theory,* 58: 317–334.

McEvedy, Colin, and Richard Jones. 1978. *Atlas of World Population History*. London: Allen Lane and Penguin.

Mincer, Jacob. 1962. "On-the-Job Training: Costs, Returns, and Some Implications." *Journal of Political Economy*, 70: S50–S79.

Moe, Karine S. 1998. "Fertility, Time Use, and Economic Development." *Review of Economic Dynamics,* 1: 699–718.

Murphy, Kevin M., Andrei Shleifer, and Robert W. Vishny. 1989. "Industrialization and the Big Push." *Journal of Political Economy*, 97: 1003–1026.

Nakajima, Tomoyuki. 1999. "Essays on Macroeconomic Theory." University of Chicago doctoral dissertation.

Nerlove, Marc. 1974. "Household and Economy: Toward a New Theory of Population and Economic Growth." *Journal of Political Economy*, 82: S200–S233.

Nerlove, Marc, Assaf Razin, and Efraim Sadka. 1987. *Household and Economy: Welfare Economics and Endogenous Fertility*. Boston: Academic Press.

Parente, Stephen L., and Edward C. Prescott. 1993. "Changes in the Wealth of Nations." *Federal Reserve Bank of Minneapolis Quarterly Review*, 17: 3–16.

—— 1994. "Barriers to Technology Adoption and Development." *Journal of Political Economy*, 102: 298–321.

—— 2000. *Barriers to Riches*. Cambridge, Mass.: MIT Press.

Pritchett, Lant. 1997. "Divergence, Big Time." *Journal of Economic Perspectives*, 11.3: 3–18.

Quah, Danny T. 1996. "Convergence Empirics Across Economies with (Some) Capital Mobility." *Journal of Economic Growth*, 1: 95–124.

—— 1997. "Empirics for Growth and Distribution: Stratification, Polarization, and Convergence Clubs." *Journal of Economic Growth*, 2: 27–60.

Rapping, Leonard A. 1965. "Learning and World War II Production Functions." *Review of Economics and Statistics*, 47: 81–86.

Raut, L. K., and T. N. Srinivasan. 1994. "Dynamics of Endogenous Growth." *Economic Theory*, 4: 777–790.

Razin, Assaf. 1972. "Optimum Investment in Human Capital." *Review of Economic Studies*, 39: 455–460.

Razin, Assaf, and Uri Ben-Zion. 1975. "An Intergenerational Model of Population Growth." *American Economic Review*, 65: 923–933.

Razin, Assaf, and Efraim Sadka. 1995. *Population Economics*. Cambridge, Mass.: MIT Press.

Rebelo, Sergio. 1990. "Long Run Policy Analysis and Long Run Growth." *Journal of Political Economy*, 99: 500–521.

Ricardo, David. 1817. *On the Principles of Political Economy and Taxation.* In Piero Sraffa, ed., *The Works and Correspondence of David Ricardo*, vol. 1. Cambridge: Cambridge University Press. 1951.

Romer, Paul. 1986a. "Increasing Returns and Long-Run Growth." *Journal of Political Economy*, 94: 1002–1037.

Romer, Paul M. 1986b. "Cake Eating, Chattering, and Jumps: Existence Results for Variational Problems." *Econometrica*, 54: 897–908.

——— 1990. "Endogenous Technological Change." *Journal of Political Economy*, 98: S71–S102.

Rosen, Sherwin. 1976. "A Theory of Life Earnings." *Journal of Political Economy*, 84: 545–567.

Schultz, Theodore W. 1962. "Reflections on Investment in Man." *Journal of Political Economy*, 70: S1–S8.

——— 1963. *The Economic Value of Education*. New York: Columbia University Press.

Searle, Allan D. 1945. "Productivity Changes in Selected Wartime Shipbuilding Programs." *Monthly Labor Review*, 61: 1132–1147.

Shell, Karl. 1966. "Toward a Theory of Inventive Activity and Capital Accumulation." *American Economic Review*, 56: 62–68.

——— 1967. "A Model of Inventive Activity and Capital Accumulation." In Karl Shell, ed., *Essays on the Theory of Optimal Economic Growth*. Cambridge, Mass.: MIT Press.

Smith, Adam. 1976. *The Wealth of Nations*. Chicago: University of Chicago Press.

Solow, Robert M. 1956. "A Contribution to the Theory of Economic Growth." *Quarterly Journal of Economics*, 70: 65–94.

Stigler, George J. 1952. "The Ricardian Theory of Value and Distribution." *Journal of Political Economy*, 60: 187–207.

——— 1960. "The Influence of Events and Policies on Economic Theory." *American Economic Review*, 50: 36–45.

Stokey, Nancy L. 1988. "Learning by Doing and the Introduction of New Goods." *Journal of Political Economy*, 96: 701–717.

——— 1991a. "The Volume and Composition of Trade Between Rich and Poor Countries." *Review of Economic Studies*, 58: 63–80.

——— 1991b. "Human Capital, Product Quality, and Growth." *Quarterly Journal of Economics*, 106: 587–616.

Summers, Robert, and Alan Heston. 1984. "Improved International Comparisons of Real Product and Its Composition: 1950–1980." *Review of Income and Wealth*, Series 30.

——— 1988. "A New Set of International Comparisons of Real Product and Price Levels: Estimates for 130 Countries: 1950–1985." *Review of Income and Wealth*, Series 34, 1–25.

——— 1991. "The Penn World Table (Mark 5): An Expanded Set of International Comparisons, 1950–1988." *Quarterly Journal of Economics*, 106: 327–368.

Tamura, Robert. 1986. "On the Existence of Multiple Steady States in One Sector Growth Models with Intergenerational Altruism." University of Chicago working paper.

——— 1988. "Fertility, Human Capital, and the 'Wealth of Nations.'" University of Chicago doctoral dissertation.

——— 1991. "Income Convergence in an Endogenous Growth Model." *Journal of Political Economy*, 99: 522–540.

——— 1994. "Fertility, Human Capital, and the Wealth of Families." *Economic Theory*, 4: 593–603.

——— 1996. "From Decay to Growth: A Demographic Transition to Economic Growth." *Journal of Economic Dynamics and Control*, 20: 1237–1262.

Thompson, Peter. 2001. "How Much Did the Liberty Shipbuilders Learn?" *Journal of Political Economy*, 109: 103–137.

Townsend, Robert M. 1994. "Risk and Insurance in Village India." *Econometrica*, 62: 539–592.

Uzawa, Hirofumi. 1965. "Optimum Technical Change in an Aggregative Model of Economic Growth." *International Economic Review*, 6: 18–31.

Veloso, Fernando A. 1999. "Two Essays on Income Composition, Endogenous Fertility and the Dynamics of Income Inequality." University of Chicago doctoral dissertation.

Vernon, Raymond. 1966. "International Investment and International Trade in the Product Cycle." *Quarterly Journal of Economics*, 80: 190–207.

Willis, Robert J. 1973. "A New Approach to the Economic Theory of Fertility Behavior." *Journal of Political Economy*, 81: S14–S64.

The World Bank. 1984, 1986. *World Development Report*. Oxford: Oxford University Press.

Wrigley, E. A. 1988. *Continuity, Chance and Change*. Cambridge: Cambridge University Press.

Young, Allyn A. 1928. "Increasing Returns and Economic Progress." *Economic Journal*, 38: 527-542.

Young, Alwyn. 1991. "Learning by Doing and the Effects of International Trade." *Quarterly Journal of Economics*, 106: 369-406.

——— 1992. "A Tale of Two Cities: Factor Accumulation and Technological Change in Hong Kong and Singapore." *Macroeconomics Annual*. National Bureau of Economic Research.

——— 1993. "Invention and Bounded Learning by Doing." *Journal of Political Economy*, 101: 443–472.

Lectures on Economic Growth by Robert E. Lucas, Jr.

Copyright © 2002 by the President and Fellows of Harvard College.

Simplified Chinese edition © 2016 by China Renmin University Press.

Published by arrangement with Harvard University Press.

through Bardon-Chinese Media Agency.

All Rights Reserved.

图书在版编目（CIP）数据

为什么资本不从富国流向穷国？：经济增长演讲集/（美）卢卡斯著；郭冠清译．—北京：中国人民大学出版社，2016.8
ISBN 978-7-300-22744-3

Ⅰ.①为… Ⅱ.①卢…②郭… Ⅲ.①经济增长-文集 Ⅳ.①F061.2-53

中国版本图书馆 CIP 数据核字（2016）第 077351 号

"十三五"国家重点出版物出版规划项目
诺贝尔经济学奖获得者丛书
为什么资本不从富国流向穷国？
——经济增长演讲集
小罗伯特·E·卢卡斯　著
郭冠清　译
Weishenme Ziben bu cong Fuguo Liuxiang Qiongguo

出版发行	中国人民大学出版社			
社　址	北京中关村大街 31 号	邮政编码	100080	
电　话	010-62511242（总编室）	010-62511770（质管部）		
	010-82501766（邮购部）	010-62514148（门市部）		
	010-62515195（发行公司）	010-62515275（盗版举报）		
网　址	http://www.crup.com.cn			
	http://www.ttrnet.com（人大教研网）			
经　销	新华书店			
印　刷	涿州市星河印刷有限公司			
规　格	160 mm×235 mm　16 开本	版　次	2016 年 8 月第 1 版	
印　张	13.25 插页 2	印　次	2018 年 1 月第 2 次印刷	
字　数	182 000	定　价	52.00 元	

版权所有　侵权必究　印装差错　负责调换